2019年国家社科基金项目“党建引领社会组织提升社会治理效能的逻辑机理与实践策略研究”（项目编号：19BDJ011）之成果

党建引领社会组织提升社会治理效能的逻辑机理与实践策略研究

曹胜亮　著

WUHAN UNIVERSITY PRESS
武汉大学出版社

图书在版编目(CIP)数据

党建引领社会组织提升社会治理效能的逻辑机理与实践策略研究/曹胜亮著.—武汉：武汉大学出版社，2023.12(2024.12 重印)
ISBN 978-7-307-23787-2

Ⅰ.党…　Ⅱ.曹…　Ⅲ.社会组织—参与管理—社会管理—研究—中国　Ⅳ.D669.3

中国国家版本馆 CIP 数据核字(2023)第 095476 号

责任编辑:胡　荣　　　责任校对:李孟潇　　　版式设计:马　佳

出版发行：**武汉大学出版社**　(430072　武昌　珞珈山)
(电子邮箱：cbs22@ whu.edu.cn　网址：www.wdp. com.cn)
印刷:武汉邮科印务有限公司
开本:720×1000　1/16　印张:19.75　字数:319 千字　插页:1
版次:2023 年 12 月第 1 版　　2024 年 12 月第 2 次印刷
ISBN 978-7-307-23787-2　　定价:88.00 元

目　　录

导　论

一、研究的背景与价值

社会治理是国家治理的重要领域，社会治理现代化是国家治理体系和治理能力现代化的题中应有之义。在新的历史条件下，习近平总书记高度重视社会治理问题，明确提出要加强社会治理制度建设，打造共建共治共享的社会治理格局。习近平总书记在党的十九大上明确指出从2020年到2035年，国家治理的目标是“国家治理体系和治理能力现代化基本实现”，到21世纪中叶国家治理的目标是“实现国家治理体系和治理能力现代化”①。十九届四中全会进一步作出了《中共中央关于坚持和完善中国特色社会主义制度、推进国家治理体系和治理能力现代化若干重大问题的决定》，首次提出坚持和完善中国特色社会主义制度、推进国家治理体系和治理能力现代化的总体目标：“坚持和完善中国特色社会主义制度、推进国家治理体系和治理能力现代化的总体目标是，到我们党成立100年时，在各方面制度更加成熟更加定型上取得明显成效；到2035年，各方面制度更加完善，基本实现国家治理体系和治理能力现代化；到新中国成立100年时，全面实现国家治理体系和治理能力现代化，使中国特色社会主义制度更加巩固、优越性充分展现。”②这对国家治理提出了更高的要求。

社会治理体系和社会治理能力的现代化作为国家治理体系和国家治理能力现

---

① 习近平：《决胜全面建成小康社会　夺取新时代中国特色社会主义伟大胜利——在中国共产党第十九次全国代表大会上的报告》，载中国政府网，http：//www. gov. cn/zhuanti/2017-10/27/content_5234876. htm，访问日期：2021年6月9日。

② 《中共中央关于坚持和完善中国特色社会主义制度　推进国家治理体系和治理能力现代化若干重大问题的决定》，载中国政府网，http：//www. gov. cn/zhengce/2019-11/05/content_5449023. ht，访问日期：2021年6月9日。

代化的重要组成部分，是适应新时代社会发展和自身发展的需要，也是实现国家治理能力现代化的客观要求，需要从理论和实践上作出回答。新时代习近平关于社会治理的重要论述，围绕坚持和完善中国特色社会主义制度、推进国家治理体系和治理能力现代化的总体目标，科学回答了“为何要进行社会治理”“实现什么样的社会治理”“怎样实现社会治理”的理论和现实问题。

社会组织是坚持和完善共建共治共享的社会治理制度的重要载体。推进社会组织参与社会治理，不仅是实现治理体系和治理能力现代化的迫切需要，也是解决社会问题、改善社会服务的迫切需要。社会组织融入社会治理并与政府的治理优势互补，成为政府与社会有效链接的桥梁，对提升社会治理的效能有着突出作用。当下，社会组织的属性与功能覆盖社会救助、慈善事业、科教文卫等广泛、多元的领域。这也印证了社会组织正拓宽着公众参与社会治理的渠道，搭建着公众与政府沟通的桥梁，在参与社会治理中发挥着重要价值。

社会组织参与融入社会治理需要党建引领。从1949年到1978年，这一时期党建与社会组织关系逐渐形成，党建拥有重要的合法性及权威性，为社会组织的健康发展提供了养分。从1978年到2012年，党建与社会组织建立起紧密的管理与服务关系。党建管理下的社会组织运行使党建与社会组织相辅相成，关联性增强。一是将党的各项政策、纲领、路线向社会基层传达，进一步巩固了中国共产党的执政基础和纪律性；二是明显增强了社会组织参与社会治理的认同感，党建与社会组织关系互动形成了一种积极的“同频共振效应”。进入新时代以后，以党建引领为标志，党建与社会组织的关系不断完善。各种探索和创新在全国多个省份和城市不断取得良好效果。在党建引领下，社会组织呈现更为蓬勃发展的态势并受到更多的社会关注。民政部《2020年民政事业发展统计公报》显示，截至2020年年底，我国共有社会组织89.4万个，吸纳社会各类人员就业达到1061.9万人。① 可以说，社会组织俨然成为夯实和加强党建工作的中坚主体。

在新的历史时期，中国社会活力显著增强，社会组织形式、社会结构、社会利益格局都在发生深刻的变化，社会组织参与社会治理面临着大量亟待解决的课题以及实践过程中的困境和瓶颈。社会组织在发展过程中存在结构不稳定、能力参差不齐等问题，具体表现为有的社会组织党建意识薄弱导致内生动力匮乏、社会组织自

① 《2020年民政事业发展统计公报》，第12页。

律性不足与信任困境、社会组织在治理实践中面临制度不畅等，由此导致社会治理的成效欠佳。坚持以党建为引领，有助于夯实社会组织融入基层治理的根基，有助于提升社会组织在基层治理方面的水平，为社会组织参与社会治理提供保障。如何有效加强基层党组织建设，更好地发挥党建引领社会组织融入社会治理是时代新课题。本书聚焦于从思想观念、体制机制、责权分配、领域覆盖、服务机制等方面进行全面审视，提出党建引领社会组织提升社会治理效能的实践路径。

本书的学术价值在于：有利于社会组织参与社会治理效能评估体系的构建。评估体系的构建不仅可以指导本课题的实证研究，也为未来此领域进一步的探讨提供了一种理论路径；有助于完善社会组织理论，并推动社会组织理论在党建嵌入视角下的应用。本书对于促进社会组织中党建功能的发挥，形成导向，实现社会组织治理效能的提升具有重要的学术价值。

本书研究的应用价值在于：为我国党建引领社会组织建设提供切实有效的研究材料。同时，对社会治理体系良性运行具有一定的实践指导意义。通过党建引领，实现社会组织内部的规则设计和工具选择，强化自身建设，不断提升社会组织参与社会治理的效能；不断提升社会组织参与社会治理的广度、深度和精度。

二、国内外研究动态与述评

“共建共治共享”是社会治理现代化的目标、方向和实现路径，也是新时代加强和创新社会治理纲领性的指引，更是新时代对社会组织参与社会治理的广度、深度和精度提出的新要求。完成新时代对社会组织参与社会治理提出的使命和要求，离不开党建引领。这必然涉及党建如何引领社会组织各影响因素良性互动来提升社会治理效能的问题。

（一）国外学术史梳理及研究动态

1. 治理研究

埃尔夫斯特罗姆曾言，日益兴起的全球经济强烈冲击着政府的合法性和与此相关的结构、功能与过程（Gerard Elstrom，1997）。[①] 管理学专家哈拉尔得出了

[①] Gerard Elstrom, *New Challenges for Political Philosophy*, London: Macmillan Press Ltd., 1997, p. 6.

“旧世界的特点是管理事务，新世界的特点需要处理复杂性”的结论，把复杂性理论引入管理，就是“复杂性管理”或“以复杂性为基础的管理方法”(W. E. 哈拉尔，1991)。[①] 复杂科学理论与治理理论，都反映了后工业社会日益复杂的社会系统。综合不同的语境及不同的逻辑起点，对治理的定义亦存在区别：治理理论的主要创始人之一詹姆斯·N. 罗西瑙(James N. Rosenau)将治理定义为一系列活动领域里的管理机制，它们虽未得到正式授权，却能有效发挥作用。与统治不同，治理指的是一种由共同的目标支持的活动，这些管理活动的主体未必是政府，也无须依靠国家的强制力量来实现。[②] 正如法国学者戈丹(Jean-Pierre Gaudin)指出，“治理从头起便须区别于传统的政府统治概念”[③]。多元治理理论巨擘罗茨(R. A. W. Rhodes)同样认为，治理意味着“一种新的统治过程，意味着有序统治的条件已经不同于以前，或者是以新的方法来统治社会”[④]。

2. 社会组织理论研究

国外关于社会组织的研究始于19世纪初，托克维尔、涂尔干等人最早对志愿部门以及协会进行了研究，20世纪70年代后研究开始深入化、多样化。包括社会组织产生的理论基础分析(哈贝马斯，1984)，社会组织对社会经济的作用及机理分析(迈克尔·爱德华兹，1996)，社会组织的运用形式分析(马克·莱昂斯，2006)，形成了第三方管理理论(Salamon，1981)，第三部门相互依赖理论(Robert Wuthnow，1991)等。

3. 社会组织参与社会治理研究

早期文献侧重于对治理进行界定，相关学者对治理的起源、概念和运用等方面进行了研究(库伊曼和范·弗利埃特，1993)，如市场失灵抑或政府失灵(伯顿·韦斯布罗德等)、合约失灵(亨利·汉斯曼)，志愿失灵理论(萨拉蒙)等；近年来，相关理论主要集中在治理体系及主体对治理工具的互动影响上(Rudiger、

---

① [美]W. E. 哈拉尔：《新资本主义》，冯韵文等译，社会科学文献出版社1991年版，第119页。

② [美]詹姆斯·N. 罗西瑙：《没有政府的治理——世界政治中的秩序与变革》，张胜军等译，江西人民出版社2001年版，第5页。

③ [法]让·皮埃尔·戈丹、陈思：《现代的治理，昨天和今天：借重法国政府政策得以明确的几点认识》，载《国际社会科学杂志(中文版)》1999年第1期，第49~58页。

④ Rhodes R, “Understanding Governance: Policy Networks, Governance, Reflexivity and Accountability”, *Social Studies*, 1998, No. 4, pp. 182-184.

Gunningham，2013）。Biermann（2009）和 Pattberg（2014）对多元化治理主体间的联系及该联系对治理工具的影响进行了比较研究。吉德伦、克莱默等（1992）对政府和非营利性组织的关系类型进行总结，提出了四种治理模式。萨拉蒙（1995）提出了第三方治理模式。安塞尔、戈士（2008）提出了合作治理模式。

4. 组织嵌入研究

波兰尼对嵌入进行了开创性研究，他在《大转型：我们时代的政治与经济起源》一书中将嵌入理解为："经济行为嵌入到社会行为中。"①在波兰尼看来，经济与社会密不可分，经济关系对社会体系产生重要影响。格兰诺维特对嵌入概念进行了深化，强调："全部经济活动都嵌入到社会中，并在社会中嵌入和形成了关系的网络。"②波兰尼和格兰诺维特为人们研究经济、社会和国家并找出其相关性提供了参考和借鉴。Uzzi（1997）详细考察了嵌入性产生的结构和社会结构对经济行为的影响，并用嵌入性来描述企业间社会互动水平；McEvily 和 Marcus（2005）将关系嵌入分为信任、优质信息共享和共同问题解决，并认为信任和优质信息共享促进了共同问题解决；Moran（2005）认为，关系嵌入是关于两个伙伴间的互动历史如何影响他们直接关系的质量和强度。作为破解社会治理困境的一种路径和内在生长力量，结构嵌入的方法和视角备受关注。国外关于结构嵌入的研究主要有三种代表性观点：第一，祖琼和迪马吉奥在分析结构嵌入问题时强调："结构嵌入性常被应用于分析公司在网络中所处位置与经济绩效之间的关系。"③第二，对于结构嵌入，波茨指出："嵌入者可以是理性，可以是结构，可以是人，被嵌入者则可以指社会的经济社会文化结构。"④第三，格兰诺维特提出，结构嵌入性以经济学中的网络分析为理论基础，以网络参与者间相互联系的总体性结构（多

① ［英］卡尔·波兰尼：《大转型：我们时代的政治与经济起源》，冯钢、刘阳译，浙江人民出版社 2007 年版，第 50 页。

② Mark Granovetter, "Economic Action and Social Structure: The Problem of Embeddedness", *The American Journal of Sociology*, 1985, Vol. 91, No. 3, pp. 481-510.

③ 谭俊峰、陈伟东：《深度贫困地区脱贫攻坚路径研究——以嵌入性理论为视角》，载《天津行政学院学报》2018 年第 5 期，第 80 页。

④ 杨嘉莹：《结构性嵌入：医养结合在社区居家养老中的实践逻辑》，载《哈尔滨工业大学学报（社会科学版）》2017 年第 5 期，第 61 页。

维关系)为研究视角。①

5. 社会组织参与治理的效能研究

安德鲁斯(Andrews)、乔治·博因(George A. Boyne)和理查德·沃克(Richard M. Walker)对公共部门组织绩效测量的主观和客观方法进行了实证分析；费希尔(2008)通过论述社会组织的作用，对促进社会组织与政府间的合作提出了建议；莱昂斯(1999)阐述了社会组织自身的能力，并提出了如何利用现有资源加强能力建设，以更好发挥社会组织的效能。

(二)国内学术史梳理及研究动态

1. 社会治理研究

根据国家与社会关系的不同形态，有学者将社会治理模式归结于三种：参与治理、社会自治、合作治理。参与治理是在民主行政的理想追求中出现的，社会自治是在非政府组织以及其他社会自治力量的成长中不断探索出来的，而合作治理则是社会自治力量成长的必然结果，也是对前两种社会治理模式的扬弃。在合作治理的条件下，行政权力的外向功能在一定程度上弱化。行政权力服务于抽象的公共利益的状况也会改变，进而会紧密地与行政权力持有者的道德意识相关联(张康之，2008)。② 结合中国具体的国情，随着我国社会运行机制的转轨，我国社会控制机制也同样面临着从传统型向现代型的创造性转换。具体表现为：权威性的失落与“软政权化”现象；经济、社会生活的组织化程度低下；社会流动加剧与社会整合性降低；社会控制介体不规范。现代型社会控制的表现形式为：形成庞大的社会中间层，强化社会控制的中观机制；维护政府权威，逐步建立起中央与地方分工明确、协调的机制；加快道德和价值约束机制的重建，构建新型社会整合机制，统一的社会管理机制；加强村镇一级组织建设，建立有利于乡村社会平稳转型的机制；突出现代社会控制中人的主体性和主动性(贺国锋，

① 谭俊峰、陈伟东：《深度贫困地区脱贫攻坚路径研究——以嵌入性理论为视角》，载《天津行政学院学报》2018年第5期，第80页。

② 张康之：《论参与治理、社会自治与合作治理》，载《行政论坛》2008年第6期，第1~6页。

1996）。[1]

2. 社会组织参与社会治理研究

国内始于20世纪90年代，主要集中在三个方面：(1)对社会组织参与社会治理的作用的研究。（董莉，2011；崔炜，2012；魏金玲，2014）。(2)对社会组织参与社会治理的困境的研究（胡金强，2012；樊红敏，2014；陈发桂，2016）。(3)对社会组织参与社会治理的对策的研究。主要是针对提升治理效果、改变政府职能、促进参与方式多样化发展、完善组织管理和建设进行的研究，也有部分学者提出通过党建引领和完善法律制度来促进对社会治理的效果（李晓深，2014；杨素云，2015；常纪文，2016）。

3. 党建与社会组织关系研究

李图强与张会平（2014）认为后工业文明阶段政府以服务为主，政府与社会组织关系为“信任-服务-合作”；黄一玲（2015）认为“两新”组织对党组织缺乏内生性需求，社会组织自身对政党组织的功能性替代造成对党组织进入的排斥。陈家喜（2016）阐明了中国共产党领导社会组织存在外部嵌入与内部排斥、制度构建与保障缺失等问题。张勇杰（2019）通过北京市的实证研究，论证了党建引领“街乡吹哨、部门报到”改革的可行性，并根据此案例深刻阐述了党建与基层社会组织的向内、向外和向下多层次的协调互动和整合关系。[2] 丁晓强、黄亚玲（2019）以浙江平湖为调查对象，强调社会组织党建工作要以培育社会组织为先导，以党建引领为动力，以党建和社会组织相融入为目标。[3] 伏威（2020）则认为中国的养老服务逐渐从政府供给向社会化供给转变，政府和养老服务社会组织是一种合作关系，二者分别供给资金和服务。[4]

4. 党建引领社会组织治理模式研究

李利冬、张振东、郁娇（2018）提出了党建政治引领服务社会组织模式，认为

---

① 贺国锋：《论我国社会转型期社会控制机制的转换》，载《特区理论与实践》1996年第9期，第43~45、50页。

② 张勇杰：《多层次整合：基层社会治理中党组织的行动逻辑探析——以北京市党建引领“街乡吹哨、部门报到”改革为例》，载《社会主义研究》2019年第6期，第125~132页。

③ 丁晓强、黄亚玲：《新时代党建引领社会组织融入社会治理的新探索——关于平湖样本的调查考察》，载《上海党史与党建》2019年第7期，第8~13页。

④ 伏威：《政府与养老服务社会组织合作的优化路径研究》，载《延边大学学报（社会科学版）》2020年第1期，第93~100页。

强化党建在政治和思想领域的引领作用将提升学会业务工作水平，为新时代的学会工作增添活力。① 刘志辉、杨书文(2019)在肯定和认同社会组织公共性的前提下，从目标、价值和主体三个维度论述了政府购买社会组织公共服务公共性的模式，并将这种模式作为社会组织的价值选择。② 张丽(2019)进一步阐明了“党委引领+中心运行+多家社会组织参与+周边居民受益”的“1+1+N+X”党建引领模式，为党建引领社会组织提供了示范。③ 陈东辉(2019)强调，在基层党建引领社会治理过程中，社会组织尽管数量庞大，但成长不充分且发展不够均衡，部分社会组织具有浓厚的行政色彩，还没有找到合适的创新发展方式。④ 王杨进一步明确指出，社会组织是专业性的组织，因此其党建能力较为欠缺，需要运用政策工具加以优化。⑤ 钱坤(2019)指出，枢纽型社会组织在面向社会组织供给专业化服务时，容易遭遇专业化困境；而当其承接管理职能或面向政府时，容易遭遇形式化困境。枢纽型社会组织的双重困境呼唤其功能定位的转型。⑥ 陈家喜(2016)阐明了北京枢纽型“3+1”模式、江苏“双报双推”模式、浙江“1+N”模式、辽宁“协会+党委”模式；张波、陆沪根(2014)提出了社会组织购买党建服务模式；李图强与张会平(2014)则提出要建立相互尊重的规制模式。叶敏(2018)提出了政党组织社会即中国共产党是一种高度嵌入社会机体的使命型政党，同时也是一种引领社会、形塑社会的政党组织。纵览这方面的研究，可发现鲜有涉及党建相关的论述。总体而言，既有文献为党建引领社会组织提升社会治理效能的深入探讨提供了启发性意义。不过尽管党建研究的外部视野拓展了党建研究的理论视野和实

① 李利冬、振东、郁娇：《充分发挥学会党建的政治引领作用》，载《学会》2019年第2期，第47~51页。

② 刘志辉、杨书文：《政府购买社会组织公共服务的公共性论纲》，载《理论月刊》2019年第10期，第116~122页。

③ 张丽：《滨州市滨城区市东街道探索党建引领社会组织发展新模式》，载《中国社会组织》2019年第19期，第37~38页。

④ 陈东辉：《基层党建引领社会治理创新的探索与路径》，载《理论与改革》2019年第3期，第181~188页。

⑤ 王杨：《论新时代社会组织党建政策工具的优化——基于2015年至2018年部分省级政策文本的量化分析》，载《社会主义研究》2019年第5期，第135~142页。

⑥ 钱坤：《从“管理”走向“服务”：枢纽型社会组织的实践困境、功能转型与路径选择》，载《兰州学刊》2019年第11期，第134~145页。

践方向，凸显了“党建引领”的治理意涵，但“党建引领”的路径和机制仍然比较模糊。①

5. 社会组织参与社会治理的效能研究

关于社会组织参与社会治理效能的研究也引发了学界的广泛关注，普遍认为社会组织行动意味着社会组织在社会治理中不断发挥作用，其优越性逐步得到展现。刘笑霞(2011)基于公众受托理论，确认了公众、立法机关、上级政府等多元化的评价主体体系；吴绍琪、冉景亮(2006)阐述了各类绩效评估主体参与绩效评估的渠道及绩效结果应用的权重配比；刘晶与王建华(2018)阐述了加强社会组织效能要厘清“社会组织”边界，推动基层党建制度创新，要以新党章为坐标，勘定社会组织党建发展方向；张继亮与王映雪(2018)阐明了政府与社会组织协同治理效能提升的三重维度。陈思、凌新(2017)强调，在社会治理精细化的背景下，应该充分利用社会组织的优势，找准正确方向，全面增强社会组织参与社会治理的能力及水平。② 刘莹(2018)具体论述了街镇综合执法改革中的社区社会组织建设问题，强调社会组织在参与综合执法等社会治理中能够发挥“稀释剂”和“缓冲剂”等重要效能。③ 孙浩、龚承(2016)指出，现代治理体系建设要求社会组织承接公共服务，但是社会组织的这种行为并不一定带来其活力和效能的增加。④

综上所述，国外对社会组织的研究一般从组织理论和公共管理的角度以及新制度经济学和社会学的角度进行理论研究与实践探索。它关注的是社会组织的形成、作用以及与政府、市场的关系等理论层面的问题，凸显的是所谓“后工业社会”背景下国家与社会的分离及各种团体自我组织、自我管理的规律。我国关于社会组织的研究主要集中在社会组织自身发展、社会力量的动员以及与政府的合作三个方面，偏重于对社会组织参与社会治理的困境(影响)进行个体化的研究。

---

① 杜鹏：《迈向治理的基层党建创新：路径与机制》，载《社会主义研究》2019年第5期，第113页。

② 陈思、凌新：《社会治理精细化背景下社会组织效能提升研究》，载《理论月刊》2017年第1期，第147~150页。

③ 刘莹：《论街镇综合执法改革中的社区社会组织建设》，载《长白学刊》2018年第3期，第134~140页。

④ 孙浩、龚承：《社会组织承接公共服务效能的评价及提升研究》，载《湖北大学学报(哲学社会科学版)》2016年第5期，第133~140页。

在诸多研究中没有突出社会组织中党建的作用。在党建引领社会组织参与社会治理过程中，涉及一些关键性的问题，如党建如何嵌入社会组织，社会组织提升社会治理效能的评价指标与模型构建等。目前这些相关研究较少，尤其是在新时代加强各领域党建的大背景下，党建对其各影响因素的互动优化和参与社会治理效能提升等还是一个涉猎较少的学术议题。本书力求从指标构建与效能提升等方面形成研究的突破口。

三、研究进路与研究方法

本书以党建引领社会组织提升社会治理效能这一问题为研究对象，在逻辑分析的基础上提出党建促进社会组织社会治理效能提升的理论基础与逻辑机理；立足实证，研究党建引领社会组织提升社会治理效能的运行机制与实践路径。遵循“价值研究→理论研究→现状分析→实践路径”的研究进路，从新时代党建引领社会组织提升社会治理效能的背景、使命与要求入手，在逻辑分析的基础上，研究党建引领提升社会组织治理效能的理论基础与逻辑机理；通过因素评价指标与评价模型的构建及社会治理效能状况的实证调研，找准问题，研究党建引领社会组织提升社会治理效能的运行机制与实践路径。全书共分为七章：第一章“社会组织参与社会治理的理论基础与现实困境”，主要阐述本书涉及的重要概念及理论基础，并在此基础上梳理社会组织参与社会治理的时代背景与现实困境；第二章“党建引领与社会治理能力现代化的耦合与互促”，主要论述党建与社会治理能力现代化在“系统-结构-功能”上的耦合机制；第三章“党建引领社会组织参与社会治理的‘三维逻辑’”，主要是从理论、历史及实践三个角度进一步论证党建引领社会组织参与社会治理的内在逻辑；第四章“党建引领提升社会治理效能的评价指标构建”，从实证角度构建社会治理效能评价指标；第五章“党建引领提升社会治理效能的实证调研与比较分析”，主要是通过对实证数据的统计学分析，将调研的数据由定量分析向定性分析转变；第六章“社会组织参与社会治理的党建嵌入与运行机制”，主要论述如何在社会组织参与社会治理过程中嵌入党建的内容；第七章“党建引领社会组织提升社会治理效能的路径选择”，系统地论述了党建如何引领社会治理效能提升。

本书遵循“价值研究→理论研究→现状分析→对策研究”的研究思路，运用文献分析、案例分析、实证分析、跨学科分析等研究方法。

1. 文献分析法

依据研究思路和框架，分类梳理、整合研究国内外相关研究成果和文献。在分析我国社会治理历程、社会组织参与社会治理的历程等阶段特征时，运用文献分析法对重要的文献进行搜集、整理和分析。本书参考国内相关文献研究 200 余篇，国外书目加文献 50 余篇。

2. 问卷调查法

本书课题组发放《社会组织发展状况调查问卷》50 份，回收 47 份，其中有效问卷 47 份，问卷有效率达 94%、发放《党建引领下的社会组织提升社会治理的效能评估》(社会组织工作人员调查表)360 份，回收 346 份，其中有效问卷 342 份，问卷有效率达 95%。课题组还采用了华东理工大学发布的“中国社会工作动态调查(CSWLS2019)”数据作为补充验证资料。该调查于 2019 年 6 月至 10 月在全国 57 个城市展开，采用多阶段随机抽样方法，最终获得社会工作机构有效问卷 979 份，社会工作者有效问卷 6776 份(含民政、医务社会工作者)，本书使用的机构样本为 954 个，社会工作者样本为 5943 个。

3. 访谈法

实地访谈的目的有二：一是前期的实地访谈为课题研究设计，包括调查问卷设计和抽样设计提供依据，确保变量测量的信度和效度，保证数据收集的深度和广度；二是在资料收集环节严格遵循多来源策略，多视角、多渠道的数据能够提供更精确的信息和调查结果。实地访谈对象共 60 余人，包括机构负责人、理事长、秘书长、项目主任、党支部书记和党建负责人等。实现访谈对象的机构与成员的多元化，具体而言，访谈对象可分为两大类：一是主管单位及领导，包括省(市)社会组织管理局、省(市)社会组织总会、市民政局社会组织管理科、省(市)社会组织党委办公室、联合党委等分管领导或负责人；二是研究主体，包括部分社会组织发起人、负责人代表(含社会团体、民办非企业单位与基金会三大类)，如社会组织的理事长、秘书长、项目主任、党支部书记、党建负责人、工作人员等若干人员。深度的实地访谈有助于充分掌握各相关单位对当前党建引领社会组织提升社会治理效能的认知及看法，了解社会组织如何通过党建在维系生存发展的基础上实现组织资源整合、渠道拓展，推动社会发育和社会建设进程。

4. 案例分析法

通过分析实证调研过程中搜集的典型案例以及社会组织参与社会治理的具体做法与成功实践，梳理现有的党建促进社会治理效能提升的经验，分析当下党建引领社会组织促进社会治理方面的不足。

5. 实证分析法

首先根据实地调研和访谈的数据，利用统计软件 SPSS20.0 和指标测量模型和回归模型方法对实施选择的合理性以及各因素间的结构关系进行实证分析；建立关联性概念模型，提出理论假设，并对调研数据进行信度和效度检验，进行 Pearson 相关分析和方差分析。

四、研究的创新与不足

本书从“党建－管理学－经济学－政治学”的研究视角展开理论探讨和制度分析，研究新时代社会组织提升社会治理效能为什么需要党建引领，党建如何引领，党建引领实况如何，如何评价党建引领，党建引领怎样提升治理效能等内容，建构可操作的运作机制与实践路径。其创新之处在于：

(1)在学术思想上，治理效能强调组织整体目标的实现程度，研究划分其维度并检验其维度构成，揭示党建嵌入对社会组织治理效能的影响机制与实现程度，探索社会组织参与社会治理效能评价从而考察效能因素的优化，促进社会组织的治理体系与治理能力现代化。

(2)在学术观点上，核心观点是党建与社会组织应实现深度融合，以此来促进社会组织治理。新时代社会组织应强化党建的引领作用，整合社会治理中的各影响因素，形成“结构嵌入”模式与运行机制，探索针对性和可操作性的实践路径。具体而言，第一章基于中西比较视野梳理了社会组织进行社会治理的相关概念和理论基础；第二章从理论、实践和机制建构三个维度论证了党建引领与社会治理现代化之间的耦合和互促关系；第三章从理论、历史和实践分析了党建引领社会组织参与社会治理的逻辑机理；第四章对党建引领社会组织参与提升社会治理效能进行了综合评价，为不同地区不同社会组织参与社会治理效能的评估提供了可供量化比较的指标体系；第五章以调研数据为主要分析资料，实证分析党建引领对社会组织治理效能的提升作用，通过构建数据模型并推导其内在的逻辑关联。探究党建引领对社会组织治理效能的提升的因果机制；第六章从组织嵌入、资源嵌入和制度嵌入三个层面分析社会组织参与社会治理的党建嵌入模式，并在党建引领下构建一套高效、灵活和协调的运行机制，确保党建嵌入社会组织各要素的互动过程和运行机理的有序推进；通过主体优化、机制优化和体制优化等方面进行全面审视，找寻党建引领社会组织提升社会治理效能针对性和可操作性的实践路径。

(3)在研究方法上，本书融合党建、政治学、经济学、管理学等跨学科的分析方法。从逻辑分析、建模分析、实证分析、比较分析四个维度研究党建如何引领社会组织提升社会治理效能。本书建构了党建引领社会组织参与社会治理的评估模型，评估模型的直观与相对准确性有助于我们更好地理解和分析评估当前党建引领社会组织治理效能的情况，估计预期效果。在具体操作过程中，由于评估主体的认识能力以及评估过程中信息不完善、评估标准系统细微不一致等问题导致评估主体对客体的认识可能存在差异。因此，在具体的过程中，我们根据党建引领社会组织提升社会治理的效果的情况，建立一定的理论模型，以此修正评估者的能动性以及促进党建引领下社会组织参与社会治理的效能，提高政治绩效，促进全面推广。

本书的不足之处在于：第一，本书课题组在研究前期积累了大量的文献，并形成了较为充分的研究基础。但由于部分外文研究下载受限，以及相关专业术语和表达晦涩难辨，故本书对外文文献的搜集和梳理较为有限。因此，对域外最新的理论研究成果未能全面掌握。第二，实证研究过程中选取案例的广泛性尚存扩展空间。实证研究涉及深入实地调研并掌握大量的一手数据和资料。本书课题组成员充分展开社会资源、调足调研时间深入湖北省咸宁市、湖北省武汉市江夏区、贵州省贵阳市以及广西壮族自治区桂林市进行实地调研。不过，受制于本书课题组负责人及成员的链接各地各部门的能力有限，因而存在实证研究过程中案例选取的广泛性不足的问题，本书课题组会在未来的相关研究中继续深耕。另外，受新型冠状病毒性肺炎疫情的持续影响，本书在主体实证调研的基础上的补充研究未能按照预期赴实地展开，后期补充调研的形式只能由线下转变为线上。另外，受制于数据的有限性，本书课题组采用了华东理工大学发布的“中国社会工作动态调查(CSWLS2019)”数据作为补充验证资料。第三，研究对策的指导性有待进一步证实。本书提出了党建引领社会治理效能提升的路径选择，通过党建引领社会组织社会治理的主体优化、体制优化与机制优化来促进效能提升。目前对策建议还处在论证阶段，未形成相关咨政报告，也未能被采纳落地，因而对策建议的指导性有待进一步验证。

第一章　社会组织参与社会治理的理论基础与现实困境

社会组织作为促进社会进步的重要力量，是承担社会治理责任的重要主体和依托。社会组织能充分参与到社会治理之中，体现了我国现阶段社会治理主体多元化的格局，推动了新时代社会治理格局中政府职能的转变，有利于保障公民的基本权利，维护社会的稳定与和谐。① 当下，社会组织作为推进国家治理体系和治理能力现代化的重要推力，已经成为各界的广泛共识。

近年来，我国社会组织迎来了蓬勃发展的春天。民政部《2020 年民政事业发展统计公报》显示，截至 2020 年年底，我国共有社会组织 89.4 万个，吸纳社会各类人员就业达到 1061.9 万人。② 这些社会组织的属性与功能覆盖社会救助、慈善事业、科教文卫等广泛、多元的领域。这也印证了社会组织正拓宽着公众参与社会治理的渠道，搭建着公众与政府沟通的桥梁，在参与社会治理中发挥着重要价值。

从社会组织参与社会治理的实践层面来看，一方面，在共建共治共享的社会治理格局中，社会组织正在以蓬勃之势融入社会治理的共同体；另一方面，当前社会组织整体发展程度和水平相对滞后，难以与政府和其他治理主体形成合力推进社会治理现代化，③ 也是不容忽视的客观事实。从社会组织参与社会治理的理论角度来看，基于西方话语体系的治理理念及社会组织参与社会治理的相关理论研究较为充裕，而本土化的理论指引相对匮乏。由此，对社会组织参与社会治理

---

① 曹胜亮、胡江华：《新时代社会组织参与社会治理创新的理论困境和路径选择》，载《武汉理工大学学报(社会科学版)》2021 年第 5 期，第 46 页。

② 《2020 年民政事业发展统计公报》，第 12 页。

③ 向羽：《新时代社会组织参与社会治理的现实困境与应对策略》，载《中共济南市委党校学报》2022 年第 1 期，第 44 页。

的相关内涵、核心概念、理论基础进行系统分析和阐述，有助于我们对社会组织参与社会治理的基本理路、内部结构和外延拓展形成基本的学理认知，有助于本书进一步深入探讨党建引领社会组织提升其参与社会治理效能的必然性与可能性等问题。

第一节 社会治理理念、方式及价值嬗变

宏观意义上的治理模式基于人类社会的形态发展及理性成长而形塑。与人类社会发展的形态农业社会–工业社会–后工业社会相伴随的是社会统治–社会管理–社会治理模式。可以说，社会治理打破了传统的、高度集中的、政府主导下的政府组织管理方式，为协调国家、市场和社会三者的关系提供了新的实现渠道。本书的对象“社会组织”就在国家治理模式的转变中萌芽并在社会治理创新的新要求下不断发挥主体作用。因此，在“社会组织”研究正式登场前，有必要先从理论上梳理并厘清“社会治理”的内涵，从经验上把握“社会治理”历史逻辑与现实导向。本节将深入探讨治理的理念、方式与价值嬗变，由此作为社会组织参与社会治理的知识背景。

一、“治理”及“社会治理”的理论内涵

理论是推进实践发展的重要因素。兴起于20世纪末的治理理论是当今国际社会科学领域重要的跨学科理论思潮，它也是研究社会组织参与社会治理的重要理论根基。对于本土化的治理理论而言，应从西方治理理论脉络当中把握制度差异以及探索中国的适用性问题，并结合本土社会治理的历史实践，寻求理论对话的共识。

（一）词源演变：从“治理”到“社会治理”

“治理”一词可溯源于古希腊语，原为“引导、操作、管控”之意。① 在相当长的历史语境中，“治理”与“管理”在政治经济活动中都被交替使用。“治理”概念与“统治”相区分，并独立起来，在国际上是在1989年由世界银行提出。1989

① 吴志成：《西方治理理论述评》，载《教学与研究》2004年第6期，第60~65页。

年，在《撒哈拉以南非洲：从危机到可持续增长》报告中，世界银行以“治理危机”(crisis in governance)来揭示非洲发展问题的根源，此后，“治理”便被广泛用于政治发展的研究中，尤其是用来解释后殖民地和发展中国家的治理状况。① 可以说，“治理的出现标志统治内涵的改变，象征的是一种全新的社会管理过程和社会管理方式”。②

由于“治理”本身在政治、经济、社会等领域实践的多元化表征，不同的学科视角聚焦“治理”，呈现的概念也必然会如同多棱镜、万花筒。关于“治理”的纷繁复杂的概念在一时间成为“学术迷雾”(Academic Fog)。③

治理理论的创始人詹姆斯·N. 罗西瑙于其所处的公共管理领域提出，治理涵纳政府和非政府组织的治理机制，纵使是非政府的其他治理主体未被赋予正式的权力，也能在治理中发挥作用。④ 罗伯特·罗茨(R. Rhodes)进一步界定“治理”：“一种新的管理过程，或者改变了的有序统治状态，或者一种新的管理社会的方式。”⑤对于治理的主体、目标、过程、手段等，格里·斯托克给予了更明晰的解释：从治理的主体来看，包括政府和社会公共机构以及行为人；在治理过程中集体行动行为个体之间权力相互依赖；从社会治理的手段来看，更强调政府运用新的工具和技术来调控和引导。⑥ 在经济学领域，青木昌彦在《比较制度分析》中分析：“就算在一些发达经济体中，私有制与契约不会仅仅依赖正式的法律系统。各种治理机制——包括私人与公共，正式的与非正式的，它们作为制度安排的复合体都同时发挥作用。”⑦

上文中，学者们从不同的学科领域研究了“治理”的内涵、范畴。在“治理”

---

① 俞可平：《治理与善治》，社会科学文献出版社 2000 年版，第 1 页。

② ［英］罗伯特·罗茨：《新的治理》；转引自俞可平：《治理与善治》，社会科学文献出版社 2000 年版，第 9 页。

③ Bouckaet G., “Governance: A Typology and Some Challenges”, in Massey A, Johnston K, *Handbook of Public Administration and Governance*, Massachusetts: Edward Elgar Publishing Limited, 2015, p. 35.

④ ［美］詹姆斯·N. 罗西瑙：《没有政府的治理》，江西人民出版社 2001 年版，第 65 页。

⑤ 俞可平：《治理与善治》，社会科学文献出版社 2000 年版，第 88 页。

⑥ ［英］格里·斯托克：《作为理论的治理：五个理论点》，载《国际社会科学(中文版)》1999 年第 1 期，第 21~25 页。

⑦ ［日］青木昌彦：《比较制度分析》，上海远东出版社 2001 年版，第 88 页。

概念的界定上，全球治理委员会对治理的定义为许多学者所采纳："治理是或公或私的个人和机构管理其共同事务的诸多方式的总和。它是使相互冲突的或不同的利益得以调和并且采取联合行动的持续的过程。它包括有权迫使人们服从的正式制度和规则，也包括各种人们同意或以为符合其利益的非正式的制度安排。它有四个特征：治理不是一整套规则，也不是一种活动，而是一个过程；治理过程的基础不是控制，而是协调；治理既涉及公共部门，也包括私人部门；治理不是一种正式制度，而是持续的互动。"①

(二)聚焦"社会治理"：相关理论及理念

1. 西方社会治理的理论来源

在治理的理念基础上，学界进一步聚焦社会治理。西方社会治理理论强调转变政府的传统治理模式、优化公共财政结构、完善公民社会的参与机制等，形成了以"合作治理理论""公民社会理论""结构功能理论"为代表的具有鲜明特点的社会治理理论体系。

(1)"合作治理论"。在公共管理学领域，新公共管理理论的范畴中形成了"合作治理论"。新公共管理理论的理论基础聚焦于公共选择理论、新制度经济学以及私营企业的管理理论及方法，在实践中导向政府的公共政策化与管理社会化②。进一步来看，政府公共政策化和管理社会化即意味着重新审视政府与市场、政府与社会组织、政府与公民的关系，使得大政府逐步放权于市场、社会组织、公民，也即不同主体间的"合作治理"。

(2)"公民社会理论"。公民社会理论的萌生受到市场的发展和资产阶级作为一种新兴实力崛起的影响，其主题聚焦于寻求社会和个人解放，限制国家与政府的权力，保障个人自由。作为公民社会理论的开端，洛克区分了社会解体与政府解体的不同；潘恩则把社会与政府明确区分开来。19 世纪，黑格尔"将英国和法德两个思想传统结合起来，第一次提出了现代意义上的公民社会理论"③。在马克思那里，公民社会与国家才真正分化。在他看来，市民社会是人类社会发展到

① 全球治理委员会：《我们的全球伙伴关系》，牛津大学出版社 1995 年版，第 23 页。

② 张康之：《论政府的非管理化——关于"新公共管理"的趋势预测》，载《教学与研究》2000 年第 7 期，第 31~37 页。

③ 科恩：《社会理论与市民社会》，中央编译出版社 1999 年版，第 75 页。

特定时期的产物，是“全部历史的真正发源地和舞台”①，是“一个以生产为基础，以所有尤其是私人所有为前提，通过分工结成广泛交往关系的社会组织和体系”②。

(3)“结构功能理论”。结构功能论围绕着社会系统、社会整合等概念展开。在涂尔干那里，“集体意识”③和“法律和制度”④构成了社会团结的基础。在“机械团结”和“有机团结”两种社会团结的形态中，前者是社会成员扮演相同的角色，共同遵循价值观念；后者依赖于社会高度专业化的分工。帕森斯是结构功能理论的集大成者，与古典经济学家持“社会控制是由于对自我利益的理性追求而产生”的观点相悖，他认为是基于共享得到的价值来控制互动，“社会是一种特殊类型的社会系统。我们将社会系统看成人的行动系统”⑤。

不难发现，以上关于“社会治理”的学术论点虽异彩纷呈，也存在一定共性：社会治理对传统的国家和政府权威提出挑战，因为政府并不是国家唯一的权力中心，各种公共的和私人的机构只要其行使的权力得到公众认可，就可能成为在各个不同层面上的权力中心。在社会治理目标上，都将社会治理的目标锁定为对社会秩序的维护与社会的自我管理；在社会治理主体方面，提倡公众参与到社会治理中来。

2. 当代社会治理理论的中国话语

(1)对合作治理研究的视野拓展。在西方合作治理研究的基础上，我国学者对理论视野拓展与完善作出了重要贡献。如对合作产生的时代背景的新认识，将合作治理置于当前全球化与后工业化同步的时代背景中，由于全球化的高度复杂性和不确定性，“人再也不可能独自生存，而是需要把自己的生存寄托于他人同样能够生存下去的前提下”。⑥ 关于合作的形式，西方的合作治理理论建立在哈

---

① 《马克思恩格斯选集》(第二卷)，人民出版社1972年版，第41页。

② 洪岩：《马克思市民社会理论研究》，吉林大学出版社2011年版，第33页。

③ 涂尔干：《社会分工论》，渠敬东译，生活·读书·新知三联书店2000年版，第42页。

④ 涂尔干：《社会分工论》，渠敬东译，生活·读书·新知三联书店2000年版，第31页。

⑤ 帕森斯：《社会行动的结构》，译林出版社2008年版，第3页。

⑥ 张康之：《为了人的共生共在》，人民出版社2016年版，第205页。

贝马斯公私领域之分的基础上，是一种局部的、偶然化的合作，我国视阈下的合作则是“人类命运共同体”基础上的合作，“打破了公共领域和私人领域的边界，改变了治理者与被治理者分立的静态治理结构”①。

(2)对社会治理范式的转变。面对多元主体(无论政府、市场还是社会组织)在进行社会治理过程中，都可能出现失灵现象，即治理失效的问题，“善治”(Good Governance)作为一个独立的治理研究视角②应运而生。不过西方学者对于“善治”的研究并不充分。以俞可平为代表的中国学者，通过不断深入、总结中国社会治理的实践，从而丰富了善治的内涵与解释力。③ 在中国社会治理话语体系中，“善治”具有很强的价值追求和价值色彩，“关于治理的关键因素和核心价值仍然有一个基本的认识，即治理必定是政府、公民社会和私人部门三方的合作互动，善治所涉及的主体价值必定包括民主、人权、法治、平等、透明、负责任等基本内容”④。在俞可平那里，善治包含十大要素：合法性、透明、责任性、法治、回应性、有效性、公民参与、稳定、廉洁和公正。⑤ 不难发现，善治的理论贡献在于将社会治理与中国政治有机结合在一起，一方面为社会治理赋予政治合法性，另一方面巩固了政治(如党的领导)的社会基础。

上述关于“治理”和“社会治理”的简要论述，为我们新时代深化对社会治理规律的认识提供了借鉴。综合以上论述，可将社会治理定义为，以政府为主导的包括其他社会力量在内的行为主体，在法律、法规、政策的框架内，通过各种方式对社会领域的各个环节进行组织、协调、服务、监督和控制的过程。⑥ 与社会统治相比，社会治理是一种内涵更为丰富的现象。它既包括政府机制，也包括非正式、非政府的机制，随着治理范围的扩大，各色人等和各类组织得以借助这些

---

① 张康之：《为了人的共生共在》，人民出版社 2016 年版，第 145 页。

② 罗兹所总结的六个相对独立的理解和使用“治理”概念的角度或层次即包括：“作为善治的治理，立意与在一个民主授权机制中，建立比政府组织更广泛的、更开放的公共事务管理与服务体系”。参见[英]罗伯特·罗茨：《新的治理》，转引自俞可平：《治理与善治》，社会科学文献出版社 2000 年版，第 86~107 页。

③ 王庆华、郭钢：《俞可平与中国知识分子的善治话语》，载《公共管理学报》2016 年第 1 期，第 1~10 页。

④ 周红云：《国际治理评估指标体系研究述评》，载《经济社会体制比较》2008 年第 6 期，第 36 页。

⑤ 俞可平：《中国治理变迁 30 年》，社会科学文献出版社 2008 年版，第 156 页。

⑥ 李培林：《社会改革与社会治理》，社会科学文献出版社 2014 年版，第 189 页。

机制满足各自的需要，并实现各自的愿望。①

二、本土社会治理理念及方式的嬗变

社会治理模式的选择与人类社会的形态发展及理性成长的形塑密切相关。不同国家在不同历史时期的社会治理模式，实际上是该国经济基础与政治主体理性模式在社会治理过程中的具体表现。人类社会的发展的形态可分为农业社会、工业社会与后工业社会。与之相适应，人类经历了统治型、管理型及服务型管理模式。在统治型社会治理中，治理的主要手段是“神治”和“王治”，表现的形态只有命令与服从，强调统治阶级的单向度支配和控制，强调国家政权的稳定。管理型社会治理主要是近代以来的社会治理形式，它强调以法的形式对权力予以制约，防止权力的滥用给人们带来的伤害。从政治主体看，国家管理主要是执政党、政府。从政治方式看，国家管理注重自上而下的纵向支配和管控。政府本身就是一个由不同层级构成的科层制组织体系，并会运用不同方式和手段去支配和管控社会。尽管国家管理强调方式和手段，但其背后仍然强调管理者的中心地位和单向性。服务型社会治理是与自治型社会相适应的一种社会治理模式，是实现法治与德治统一的必然选择。在服务型社会治理中，法律与道德不是一般意义上的存在物，而是作为治理方式而存在的。② 服务型社会治理也呈现出一些新的治理形式，这主要体现在社会治理的主体、过程及方法中。

回溯我国社会治理理念与方式变革的历程，不难发现，以追求善治，谋求人民群众的根本福祉为目标，我国社会治理理念与方式的不断变革是上层建筑与经济基础客观规律相适应的必然要求，且贯穿着我国改革开放和社会主义现代化建设的始终。通观改革开放40多年来中国社会治理理念与方式的变革轨迹，可以清晰地把握其历程：从单中心秩序到多中心秩序，从人治到法治，从全能型政府到服务型政府，从集权到分权（见图1-1）。

---

① ［美］詹姆斯 N. 罗西瑙：《没有政府的治理》，张胜军等译，江西人民出版社2001年版，第4~5页。

② 刘明、杨党校：《社会转型与社会治理研究》，载《党史文苑》2007年第4期，第52~54页。

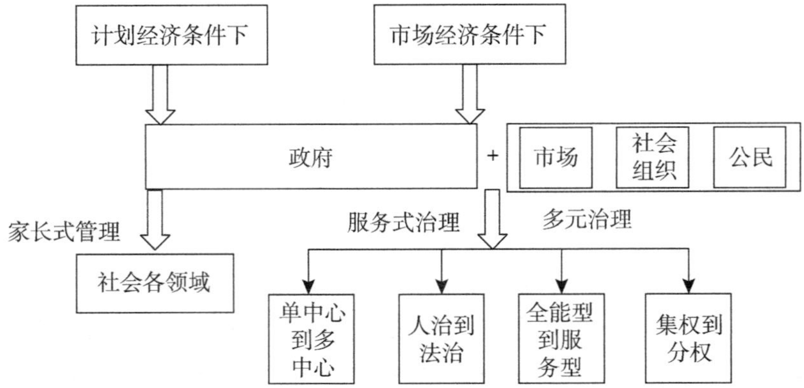

图 1-1　国家社会治理理念与方式变迁

（一）从单中心秩序到多中心秩序

单中心秩序的萌芽自中华人民共和国成立初始，由于国民经济的凋敝与百废待兴，因而由政府掌握一切公共权力的行使以及垄断公共资源配置，并通过单向性的控制结构对国家政治和行政事务、公共事务进行管理。① 我国社会治理图景主要体现为政府作为唯一的权力主体，采取自上而下的控制管理模式②，也即单中心秩序。这种管理模式对于恢复战后社会生产和秩序，从根本上改变中国贫穷落后的面貌，巩固国家经济基础与政权基础，为国家工业化服务起到重要的保障作用。

单极化的管理模式逐步与社会发展产生不适应，是在改革开放以来凸显出来的。随着计划经济体制向市场经济体制的转轨，单极化的管理模式逐渐不能适应社会建设发展的要求，使得政社不分、政企不分，导致公共管理抵消、民主进程阻滞等问题。③ 随着问题的不断暴露，我国政府也开始重视起来，“要严肃解决

① 陈胜利：《中国特色社会主义国家治理之主要特征透析》，载《云南行政学院学报》2014 年第 5 期，第 32~33 页。

② 马克思、恩格斯在《共产党宣言》中就提出：“无产阶级将利用自己的政治统治，一步一步地夺取资产阶级的全部资本，把一切生产工具集中在国家即组织成为统治阶级的无产阶级手里，并且尽可能快地增加生产力的总量。”参见《马克思恩格斯选集》（第一卷），人民出版社 2012 年版，第 421 页。

③ 易轩宇：《社会组织参与社会治理的机制创新研究》，湘潭大学出版社 2016 年版，第 40 页。

党政企不分、以党代政、以政代企的现象”。①

随着从单中心秩序到多中心秩序的实践，学术界也紧跟实践进行了理论回应，探索了单中心秩序自身的弊端，如：(1)治理模式的单向性：由于治理主体全权由政府担当，其虽能在特殊时期实现紧迫目标，但是，由于其决策层面缺少市场、社会、公民等主体的博弈共识，因而社会治理在很多时候无法有效和深入展开。(2)受益的单向性。国家与集体的利益是单中心秩序下政府聚焦的，而在此过程中公民的利益容易被忽视。(3)治理思维的单向性。在单向度的社会治理中，市场、社会、个人是国家机器中的零配件，一方面社会群体和个体的诉求缺乏表达渠道，另一方面，社会与个体的主动性也未能得到有效激发。

因此，自改革开放以来，党和政府的责任有了适度分离，随后，中央相继出台了对政企和政社的分开指导办法。到 20 世纪 80 年代末，随着农村村委会制度、村民自治制度的推行，城市基层社会治理不断探索与践行，我国的单极秩序向多元秩序格局转变。

(二)从人治到法治

我国有着 2000 多年人治历史，君主的权威性力量居于法律之上，并由这种力量决定国家和社会的一切重大事项。② 作为社会治理模式，人治社会中的最高权力不受法律的制约，人治社会通行的理想是由“开明君主”推行“贤人政治”或“精英政治”。③ 随着中国共产党对国家法治经验的升华与追求，社会主义法治建设成为主要任务与目标。党和政府十分重视向法治国家的转变。1980 年，邓小平同志指出，“全党同志和全体干部都要按照宪法、法律、法令办事，学会使用法律武器”④，紧接着，在 1981 年党的十一届六中全会通过的《关于建国以来若干历史问题的决议》规定：“党的各级组织同其他社会组织一样，都必须在宪法

① 中共中央文献研究室：《三中全会以来重要文献选编》，人民出版社 1982 年版，第 7 页。

② 王建华：《培育法治文化的前提：“人治”与“法治”的再认识》，载《天府新论》2014 年第 1 期，第 86 页。

③ 王建华：《培育法治文化的前提：“人治”与“法治”的再认识》，载《天府新论》2014 年第 1 期，第 86 页。

④ 《邓小平文选》(第二卷)，人民出版社 1994 年版，第 371 页。

和法律的范围内活动。"[①]1982 年 9 月，党的十二大通过的党章明确规定："党必须在宪法和法律的范围内活动。"[②]这对于我国社会治理从"人治"走向"法治"有着重要推动作用。1997 年，党的十五大明确提出"依法治国，建设社会主义法治国家"的治国方略。在此之后依法治国方略被载入宪法。在宪法的保障下，我国延续了几千年的封建"人治"传统被彻底摒弃，实现了以保障公民权利为本位的"善法之治"。[③]

（三）从全能型政府到服务型政府

在我国计划经济时期，政府在资源配置中发挥主导、支配作用，决策与执行高度合一。政府行政权力全方位地控制社会，一方面政府的力量渗透至社会各个层面，另一方面社会中的个体出于被动的状态，社会活力无法有效释放。在此种情况下，政府行为造就了其全能政府的治理模式。[④]

随着我国市场的发展及现代化的历程加快，"政府并非万能""政府失灵"等中外实践困境不断萌生，由此，党和政府认为应适度调整政府在社会治理方面的主体性作用，全能型政府社会治理模式转向"放权""松绑"，使政府由"划桨者"变为"掌舵者"。[⑤] 即在社会治理过程中，合理界定政府职能，厘清权利与义务的边界，实行有限度的政府干预和调节。[⑥] 服务型政府的提出，就是为了克服计划经济体制下全能型政府模式的弊端所形成的现代政府治理模式。2004 年，我国将"服务型政府建设"作为改革的基本目标，并拟定了相应的规划与措施。党的

---

① 1981 年 6 月 27 日中国共产党第十一届中央委员会第六次全体会议一致通过：《关于建国以来党的若干历史问题的决议》，http：//www.people.com.cn/item/20years/newfiles/b1040.html，访问日期：2022 年 6 月 29 日。

② 《中国共产党章程》（1982 年 9 月 6 日十二大通过），https：//fuwu.12371.cn/2012/09/27/ARTI1348715767823434.shtml，访问日期：2022 年 1 月 20 日。

③ 王建华：《培育法治文化的前提："人治"与"法治"的再认识》，载《天府新论》2014 年第 1 期，第 86 页。

④ 王培军：《论社会转型期政府行政职能的构建——从全能政府向有限政府转变》，载《湖北社会科学》2005 年第 5 期，第 36 页。

⑤ [美]戴维·奥斯本、特德·盖步勒：《改革政府——企业家精神如何改革着公共部门》，周敦仁等译，上海译文出版社 1996 年版，第 6 页。

⑥ 杨龙芳：《改革全能政府，构建市民社会——当代中国政府与社会关系发展变革的基本途径》，载《宁夏大学学报（人文社会科学版）》2004 年第 3 期，第 15 页。

十六大对服务型政府作出了系统阐述，认为人本政府、效率政府、以公共服务为基本职能的政府、实现民主参与与监督的政府才是真正的服务型政府。① 党的十七大中，从行政体制改革、社会建设与发展、服务民生三个角度对服务型政府的建设内容作出了阐释。② 党的十八大首次提出“服务型”政党，并多处强调服务理念，凸显了“把人民举过头顶”的执政观。③ 党的十九大进一步提出“建设人民满意的服务型政府”，由此服务型政府的理论从概念摸索走向理论自觉。④

（四）从集权到分权

“权力过分集中的现象，就是在加强党的一元化领导的口号下，不适当地、不加分析地把一切权力集中于党委，党委的权力又往往集中于几个书记……党的一元化领导，往往因此而变成了个人领导。”⑤我国社会治理结构与内容的变革，也伴随着政府的分权与放权。首先是中央放权于地方，这是一种行政性分权。⑥ 20 世纪 80 年代，中央将政治与经济管理权大幅下放，通过改革干部管理制度和分税制，充分扩大了地方的自主权和经济管理权。其次是市场性分权，由国家所有或国家所有制一元化转变为多种经济成分共存或多种所有制平等，在此过程中，治理主体也由国家让渡为法人。三是政府分权于社会，实现“官民互动式治理”，如基层自治以及农村居民自治等都是国家权力分散的表现。20 世纪 90 年代以后，社会组织在社会治理中的功能与价值逐渐凸显，国家开始广泛培育、扶持社会组织，并引导其参与社会治理实践，形成多元共治的良好局面。

---

① 徐衣显：《转型期中国政府经济职能研究》，中国财政经济出版社 2007 年版，第 4 页。

② 易轩宇：《社会组织参与社会治理的机制创新研究》，湘潭大学出版社 2016 年版，第 59 页。

③ 符永康：《十八大首次提出“服务型”政党执政方式嬗变》，http：//www.china.com.cn/news/18da/2012-11/10/content_27069415.htm，访问日期：2021 年 8 月 24 日。

④ 张桐：《建设人民满意的服务型政府：国家治理的中国方案与中国智慧》，载《光明日报》，http：//theory.people.com.cn/n1/2019/0227/c40531-30904297.html，访问日期：2021 年 9 月 2 日。

⑤ 《邓小平文选》（第二卷），人民出版社 1994 年版，第 328~329 页。

⑥ 杨光斌：《走出集权-分权的二元对立误区——论十八届三中全会〈决定〉中的集权与分权问题》，载《中国特色社会主义研究》2014 年第 1 期，第 13 页。

(五)小结：从家长式管理到服务式治理——社会治理的新表征

第一，社会治理主体从单一主体转向多元主体。社会治理主体的创新主要体现为公共事务治理主体的多元化。在新社会治理形式中，政府并不是国家唯一的权力中心，各种机构(包括社会的、私人的)只要得到公众的认可，都可能成为在各个不同层面上的社会权力的中心。在治理过程中，政府和其他各种社会力量共同构成了相互依存的网络体系。在这一网络中，政府不再是主导社会治理发展的主体，不再具有不可挑战的绝对权威，而是立足于自身职能，调动并服务于多元社会主体参与社会治理，谋划更为合理的方向。

第二，社会治理过程由封闭走向开放。“社会治理不是一整套规则，也不是一种活动，而是一个过程；治理过程的基础不是控制，而是协调；治理是持续的互动，而不是一种正式的制度。”①当下的社会治理更像一种“运动式治理”，在常规治理的基础性制度设施的保障之下，运动式治理可起到针对特定领域、特定事项，精准施策，强力补短板的作用。

第三，社会治理方法由被动转为主动。社会治理意味着治理主体层面会创新管理方法和技术，以提高治理效率，使公共事务得到更好的执行和发展，最终服务于社会的良性运行及发展。在现代市场经济背景下，传统管理模式存在诸多的挑战，如利益冲突与社会矛盾问题凸显，利益格局面临着巨大的调整，社会上还存在着很多不和谐的现象与因素，等等。这对传统的社会管理方式构成了巨大的挑战。面临种种挑战，在社会治理的领域里开始出现了一些新的探索，在理论领域开始接受和引进公共理性、社会治理等现代国家建设理论，并试图通过与公共政策制定和执行的互动，规制公共权力的滥用，纠正某些社会主体谋求个体理性至上的偏颇，把社会治理的探讨与加快执政党理性的公共理性化、保持党的先进性、加强党的执政能力建设、构建服务型政府、增强社会合作治理能力，以及社会主义和谐社会的构建等现代国家建设活动相结合，以谋求构建最合理的社会治理范式。

---

① 俞可平：《治理与善治引论》，载《马克思主义与现实》1999 年第 5 期，第 37~41 页。

三、当下我国社会治理的价值目标

治理可以弥补国家和市场在调控过程中的某些不足，但治理也不可能是万能的，也存在许多内在局限，它不能替代国家而享有合法的政治权力，也不可能代替市场而自发地对大多数资源进行有效的配置。在社会资源配置中，不仅存在国家的失效和市场的失效，也存在治理失效的可能。治理失效表现为以下五种情形：(1)治理相关的制定政策过程这一复杂现实，与据以解说政府而为之辩护的规范相脱离。(2)各方面的责任趋于模糊，易于逃避责任或寻求替罪羊。(3)由于对权力的依赖，以致并非原来所求，而于政府影响不良的结果这样的问题愈加恶化。(4)既然有了自治网络，政府对社会应负什么责任这一条便难以明确。(5)即使在政府以灵活方式控制和引导集体行为之处，治理仍有可能失效。① 社会治理的价值目标反映的就是通过社会资源的配置来避免社会治理的失效，并通过政府、市场及社会组织三者之间利益关系的衡量所追寻的最终目标。从治理理论兴起和社会治理的内涵来看，当代社会治理应从以下几个方面进行价值取向的选择。

(一)推动多元主体共治，实现以人为本理念

社会治理追求的终极价值在于实现人的发展，真正把人放在社会主体的地位上，充分调动人的积极性、主动性和创造性。因此，将以人为本作为社会治理的出发点与落脚点应成为其应有之义。福克斯和米勒把善治归结为民本，与以人为本有着异曲同工之妙。认为“善”就是人民为促进幸福的实现而民主地决定的东西，人民(通过他们的代表)就是标准，是主人，在他们之上没有判定对错的更高标准。② 巴泽雷则把善治归结为公民价值体现，认为善治与传统的官僚制范式不同，它更多的体现了对公民集体价值这一问题应作更多的调查、更明确的讨论

---

① 袁浩、刘绪海：《社会组织治理的公共政策研究》，广西师范大学出版社 2014 年版，第 9 页。

② ［美］查尔斯·J. 福克斯、休·T. 米勒：《后现代公共行政——话语指向》，楚艳红、曹沁颖、吴巧林译，中国人民大学出版社 2002 年版，第 22 页。

和更有效的商榷，暗示了社会自治的要求和能力。①

（二）推进依法治理及合作治理，促进社会和谐稳定

社会治理的最佳状态是善治，而法治是善治的基本要求，没有健全的法制，没有对法律的充分尊重，没有建立在法律之上的社会程序，就没有善治。② 为了实现来自不同权源权力的规范行使，为了实现各治理主体的求同存异、合作共治，营造良好的法治环境，建立良善的法治程序、确定明确的法律责任不可或缺。同时，只有在法治的框架内，各利益主体才能真正实现自身利益的最大化。③ 同时，法律为各个社会主体参与社会治理提供了一个普适性的规则，特别是强调我国政府在行使公共管理职能必须具有法治思维，把合法性作为解决问题的前提。另外，拓展民主渠道，保障公民的知情权、参与权、表达权，从而使民众参与政府引导的社会治理，分享一度由公共部门完全垄断的公共决策权也应成为社会治理创新的重要内容。正如美国学者约翰·克莱顿·托马斯所言，人们已经不再接受这样的观念，即政府的公共政策是由那些掌握权力，声称代表公共利益，但却拒绝公民参与政策过程的少数领导人制定的。④ 公民参与决策有助于增强公共政策与公民需求之间的相互适应性，有助于公民接受政府制定的公共项目的规划，有助于公民帮助政府组织推行公共项目的实施。⑤ 这样形成的公共政策才能在更大程度上得到各种社会主体的认同与服从。基于社会合作与政府有效整合的合作治理，是各种社会主体以相对平等的身份，在有序扩大基层群众参与地方公共决策和社会治理的基础上，积极探索基于信任的合作治理模式，积极引导公众进行广泛、有序、有效的政治参与，从于实现政府治理和基层群众自治的有

---

① ［美］迈克尔·巴泽雷：《突破官僚制：政府管理的新愿景》，孔宪遂译，中国人民大学出版社 2002 年版，第 133 页。

② 覃敏健：《善治理论视野下的“和谐社会”建设》，载《行政论坛》2007 年第 1 期，第 69~71 页。

③ 江必新、李沫：《论社会治理创新》，载《新疆师范大学学报（哲学社会科学版）》2014 年第 2 期，第 25~34 页。

④ ［美］约翰·克莱顿·托马斯：《公共决策中的公民参与：公共管理者的新技能与新策略》，孙柏瑛等译，中国人民大学出版社 2005 年版，第 1 页。

⑤ ［美］约翰·克莱顿·托马斯：《公共决策中的公民参与：公共管理者的新技能与新策略》，孙柏瑛等译，中国人民大学出版社 2005 年版，第 2 页。

机衔接与良性互动。

(三)加强社区治理，发挥基层民主功效

社区是社会的细胞，是基层民主自治的重要载体，对社会进步与现代化建设具有十分重要的作用。社区治理要求在一定区域范围内，政府与社区组织、社区公民共同管理社区公共事务，合作供给社区公共产品，优化社区秩序，推进社区持续发展。社区治理使得治理主体由单一的政府转变为多元的政府、社区组织、其他非营利组织、辖区单位、居民，治理的过程由行政控制转向民主协商，治理的组织体系由垂直科层结构转变为横向网络结构，治理关系由依附与庇护关系转变为信任与互惠关系。通过民主管理、民主决策、民主监督制度的逐步健全，实现广大社区居民的自我管理、自我服务、自我教育和自我监督，增强社区的认同感和归属感，推进社区功能的完善和发展。

(四)培育社会组织，提高社会自治能力

随着全球社团革命的兴起，民主化进程的加快，人们开始意识到社会组织作为社会治理和利益表达的工具应该发挥越来越重要的作用。社会组织作为介于政府和市场之间的第三部门，在解决政府失灵和市场失灵、促进社会和谐发展等问题上具有其独特的价值。首先，社会组织通过对政府的有效监督，可推动政府管理模式的转变。在传统体制中，政府的全能性决定了其对自身的决策与执行过程进行监督，这种体制产生了较多弊端。在全能政府的治理模式下，社会组织不可能承担社会监督和公共服务的功能，它更多的是作为政府的附属物，主要负责执行政府机构的行政指令。这种模式限制了社会组织的活力，削弱了社会组织的监督功能。公民虽然也能行使个人权利对政府进行监督，但由于个人所享有资源的有限性以及体制存在的弊端，要想达到效果是非常艰难的。但社会组织的群众性、团体性特点，能克服个人权利监督的缺陷，督促政府机关加强自身建设，发挥社会监督作用。其次，社会组织建构起基于政府和公民的有效沟通的桥梁。一方面，作为个体的社会成员相对于政府来说始终处于弱势地位，因此个体通过自主地行使结社权，将彼此之间具有共同需要的利益诉求和权利意识表达为一定的集体意志，并通过集体行动的方式参与到各种社会公共事务中，通过表达和参与

形成在社会公共领域中的话语权，从而积极地影响社会过程。① 另一方面，社会组织来源于草根，扎根于社区，可以更准确、及时地传递民声。再次，社会组织为社会成员提供公共物品。社会组织是多元的、竞争的、平等参与的、相互独立的，由各种不同关注、不同取向、不同动机的人群和组织构成，这种组织形态更加灵活，应变能力更强。其在提供社会服务方面优势独特，能够及时洞察社会生活各个方面的细节，同时有强烈的使命特征，在提供公共物品中具有效率高、成本低的特点。

社会治理功能体现了社会组织所具有的社会性或公民主体性，这是社会组织区别于政府和企业的本质特征之一，它们既不是凌驾于社会之上，统治公民的权力体，也不是异化于市场之中、追求利益最大化的经济体。他们源于社会、源于公民、源于结社权这样一种公民基本权利的行使，是公民以组织的方式表达意愿和诉求、参与各种社会事务的最基本的途径之一，并因此而形成公民自主的公共领域。社会组织在世界各地常常被称为“第三部门”“非政府组织”“非营利组织”等，就是因为它们具有根源于民间、作用于社会的治理功能。

第二节　社会组织参与社会治理：相关概念及理论支撑

自20世纪80年代以来，全球性的“社团革命”悄然兴起，社会组织在世界各国大量涌现。可以说，社会组织的发展及其参与社会治理的水平，是衡量社会综合发展水平的重要尺度。从我国的实践来看，改革开放40余年以来，伴随我国政治经济制度的改革以及社会的发展，社会组织的社会主体地位不断提升，其提供公共服务的功能不断凸显，影响力不断增强。“推动社会进步的力量，19世纪是市场，20世纪是政府，21世纪则是社会组织。”②社会组织何以成为政府与市场以外的第三种力量？中西不同的理论话语如何回应社会组织的现实问题？这需要我们去探索社会组织的内涵、类型、特征以及理论渊源。与此同时，我们不仅需要总结西方社会组织理论对社会组织性质、特征、合理性的相关理论阐

① 王名：《社会组织论纲》，社会科学文献出版社2013年版，第105页。

② 叶常林、许克祥等：《非政府组织前沿问题研究》，中国科学技术大学出版社2009年版，前言。

述，更需要在中国特色社会主义语境中梳理社会组织相关研究本土化的脉络与进展。

一、社会组织的多维面向

随着全球性“社团革命”(Associational Revolution)的来临，“民间社会”(Civil Society)理论的发展以及“第三部门”(Third Sector)研究的兴起等，社会组织理论也得以萌芽。社会组织究竟是一种怎样的组织体系？为什么在社会治理中如此受青睐？在社会治理中它扮演着什么角色又存在怎样的困境？这是本节研究中将探寻的问题。

(一)作为“第三部门”的社会组织

1. 社会组织称谓厘清

20 世纪 70 年代以来，兴起了一场由结社而出现的公民社会浪潮，在国家与社会“分离”下，社会空间不断扩展，围绕公民社会这一主体，就产生了类似社会组织的所指，比如第三部门、非营利组织(NPO)、非政府组织(NGO)、公民社会组织(CSO)、志愿组织(VO)等。“第三部门”的提法主要来源于美国，“第一部门”为政府公共部门，“第二部门”为商业部门，“第三部门”则用来指涉前两者之外的既非政府公共部门，又非商业部门的非营利部门。① 真正提出这一概念的是美国学者利维特(Levitt T.)，他认为实际上在政府与私人企业之间有大量的组织从事着政府与私人企业不愿意做或做不了、做不好的事务，这类组织被称为“第三部门”。② 关于“第三部门”，一种观点为其发源与国家干预、控制的弱化与公民自治的扩展有关，认为第三部门的发展与“私有化”进程有关系，并将它视为“官方的替代物”；另一种观点将第三部门和合作主义、“新社会主义”联系起来，认为他们是对自由竞争、私人企业的否定。二者对立的观点折射出学者们对于第三部门的不同理解，前者指第三部门所处的现代或后现代的社会背景，后者

① 卢咏：《第三力量：美国非营利机构与民间外交》，社会科学文献出版社 2011 年版，第 3~4 页。

② Levitt T., *The Third Sector: New Tactics for a Responsive Society*, New York: Amacom, 1973, p. 28.

指第三部门所处的国家和社会之间的位置。①

由于第三部门包罗万象，因而其所包罗的组织类型及范围不一，在实践和学术领域，也有很多指谓，如非政府组织、非营利组织、公民社会组织等。这些称谓在内容上没有实质性差异，但是在具体用法上存在一定的差别。一般而言，"非政府组织"(Non-governmental Organizations)指在主权国家的政府之外的，可以不按照国际条约或协定而组建的国际组织，它在 1946 年源于联合国;②"非营利组织"(Non-profit organizations)强调社会组织的非营利性；公民社会组织(Civil Society Organizations)具有反对专制主义集权统治的社会政治倾向和价值取向，强调在公共领域和私人领域公民有天然的发言权和参与权，往往与国家政治对立；志愿组织(Voluntary Organization)强调这类组织参与人员的自愿性，该概念在英国等欧洲国家较为流行。③"两新组织"是我国特有的新经济组织和新社会组织的简称④，新经济组织，是指私营企业、外商投资企业、港澳台商投资企业、股份合作企业、民营科技企业、个体工商户、混合所有制经济组织等各类非国有集体独资的经济组织。新社会组织，是指社会团体和民办非企业单位的统称；"草根组织和民间组织"往往与官方相对应，指除党政机关、企事业单位以外的社会中介性组织。上述概念的内涵只是从不同角度或侧面进行考量而作出的简单区分，在一般情况下，社会组织和其他类似社会组织的称谓可以通用。在本书中，将上述组织统称为"社会组织"。在本书中，社会组织主要是指侧重于政府体制之外，人们根据自身需求，自愿参与，在政府的推动与扶持下组建，或者是自发组建，具有民间特征的，以反映群体诉求，保障群体利益、服务社会公共事务为组织目

① 秦晖：《传统十论——本土社会的制度、文化及其变革》，复旦大学出版社 2004 年版，第 128~129 页。

② "非政府组织"一词最早出现在《联合国宪章》中，该宪章第 71 条明确规定了各种非政府组织的咨询、参与安排等。联合国经社理事会将非政府组织界定为："任何不是根据政府间协议建立起来的国际组织均应视为非政府组织。"之后，由于社会形势的改变，联合国在 1996 年又将非政府组织的范围作了进一步扩大，即把国际、国内和社区组织都纳入非政府组织。参见盛红生、贺兵：《当代国际关系中的"第三者"——非政府组织问题研究》，时事出版社 2004 年版，第 20 页。

③ 王名、刘培峰等：《民间组织通论》，时事出版社 2004 年版，第 6~7 页。

④ 林立公：《试论两新组织党的建设》，载《政治学研究》2009 年第 5 期，第 42~43 页。

标，对实现群体政治、文化、经济等方面利益的功能或促进某项公共治理的功能具有积极意义的组织。①

2. 社会组织本土化表达演进

在不同的历史时期，社会组织概念及其政策的表达也存有差异。中华人民共和国成立以后，党和政府对我国社会组织的称谓经历了由“人民团体或社会团体”“民间组织”“自治组织”“中介组织”最终统一到“社会组织”的历史过程。这一历史过程表明，党和政府对社会组织的本质及其特征的认识和把握是在实践中逐步深化的。② 具体说来，“社会团体”又被称为“人民团体”，是1950年9月《社会团体登记暂行办法》经中央人民政府政务院通过而诞生。“民间组织”的说法来源于1998年3月发布的《关于国务院机构改革方案的决定》，一个重要的标志就是，民政部“社会团体和民办非企业单位管理司”被更名为“民间组织管理局”。后来，民间组织演变为包括社会团体、民办非企业单位和基金会三部分。在党的十六届六中全会决定中，首次提出“社会组织”的概念，该概念在党的十七大报告中进一步确认下来，即“是对传统的非政府组织、非营利组织、第三部门或者民间组织等称谓的改造，是用中国特色社会主义理论深刻认识这类组织的基本属性、主要特征而形成的科学概括”③。这种提法的重要意义在于：“一是社会组织涵括的范围广泛，能更准确概括除了政府组织、企业组织之外的其他组织；二是从文化社会心理角度而言，社会组织符合中国社会的传统，顺应了大众的普遍心理，易于被接受与推广；三是社会组织可为人民团体与事业单位的改革思路提供启示；四是政府及其工作人员更易接受社会组织这一概念；五是社会组织这一语词可为中国社会在转型时期形成社会共识助一臂之力；六是社会组织一词已在现有法律法规中使用，成为法律术语，更易与现有立法衔接。”④中国共产党第十八

---

① 易轩宇：《社会协同治理中社会组织的博弈评价与优化对策》，载《甘肃社会科学》2014年第12期，第190~194页。

② 张海军：《“社会组织”概念的提出及其重要意义》，载《社团管理研究》2012年第12期，第32页。

③ 周浩集：《中国民间组织概念的发展变迁》，载《学习论坛》2010年第3期，第71页。

④ 陈洪涛：《“社会组织”概念的政策与理论考察及使用必要性探析》，载《社团管理研究》2009年第6期，第23~24页。

次及第十九次全国代表大会中，沿袭了“社会组织”概念。

（二）社会组织的多维分类

从不同的视角可对社会组织形态进行不同维度的考察和分类。国际流行的社会组织分类有根据组织的互益性和公益性的特点来划分，互益性社会组织强调的是组织付出的有偿性和服务对象获取的有偿性，如合作产经类社会组织、教科文类社会组织；公益性社会组织强调组织付出的无偿性和服务对象获取的无偿性，如慈善类社会组织、志愿类社会组织等；也有学者从社会组织参与社会治理的结构和行动上观察，认为“支持型社会组织作为一种新型的社会组织形式，主要以培育和提升一线社会组织为组织目标。当前我国支持型社会组织的具体形态大致可分为政府力量主导型、社会力量主导型及基金会力量主导型三类”①。还有学者从政府和社会关系亲疏的存在状态出发，认为社会组织可分为以下六类：“(1)不需登记或者免于登记的特殊社会团体；(2)官办型社会组织；(3)公益类事业单位；(4)不登记的社区社会组织；(5)民间社会组织；(6)工商部门登记的非营利性组织。”②民政部对我国的社会组织进行了分类管理，根据社会组织的性质划分了四个类型：一是社会团体，如人民团体、登记机关注册的社团以及草根民间组织等；二是民办非企业单位，如企事业单位、社团以及个人等组建的非营利性社会组织；三是涉外的社会组织，包括与国际联合或者与国际相接的各类协会、商会、志愿者以及团募等；四是基金会，包括政府筹办的公办基金会以及民间基金会等。2007 年民政部以领域类型区分又将我国社会组织分为五大类十四小类(见表 1-1)。

---

① 丁惠平：《支持型社会组织的分类与比较研究——从结构与行动的角度看》，载《学术研究》2017 年第 2 期，第 59 页。

② 夏雨：《社会组织分类治理研究》，载《大连海事大学学报(社会科学版)》2019 年第 1 期，第 75~76 页。

表 1-1　　**社会组织分类标准与指标释义①**

类别	门类	代码	类型名称	指标释义
经济	S	1	工商服务业	从事商业、工业、服务业、商会等涉经类组织
	S	2	农业及农村发展	直接为农业及农村发展服务的组织
科学研究	M	3	科学研究	从事自然科学、社会科学研究的组织，包括思想政治工作研究会
社会事业	P	4	教育	从事各种教育活动的组织
	Q	5	卫生	从事各种医疗、卫生、保健服务的组织
	R	6	文化	从事文学、艺术、娱乐、收藏、新闻、媒体、出版等方面的组织
	R	7	体育	从事各种体育运动、健身活动的组织
	N	8	生态环境	从事动物、植物保护，环境保护以及环境治理的组织
慈善	Q	9	社会服务	从事社会福利、救灾救助、社会保障及社会事务的组织
综合	S	10	法律	从事各种法律研究、咨询、援助、代理的组织
	S	11	宗教	各类宗教及宗教交流组织
	S	12	职业及从业者组织	职业协会、专门行业从事者组织
	T	13	国际及涉外组织	国际性非营利组织、外国商会、境外非营利组织驻华机构等
	K	14	其他	校友会、友好协会，及其他未列明的组织

(三)社会组织的特征：公共性与公益性

社会组织的特征是本研究观察和分析社会组织，并探讨其参与社会治理的合理性的线索。社会组织之所以能够成为政府和市场以外的第三种力量，还需要我

① 《民政部办公厅关于修改民政事业统计台账民间组织分类的通知(民办函〔2007〕210号)》，原载中国社会组织网，转载自中国公益网，http：//www. chinagongyi. com. cn/zhengce/1642. html，访问日期：2021 年 7 月 11 日。

们聚焦其特征。美国约翰·霍普金斯大学的莱斯特·萨拉蒙(Salomon，1999)提出了社会组织的七个特征，一是组织性，指有正式的组织机构，有成文的章程、制度，有固定的工作人员等；二是非政府性，指不是政府或其附属机构；三是非营利性，指不以营利为目的，不进行分红或利润分配；四是自治性，指有独立的决策与行使能力，能够进行自我管理；五是志愿性，指成员的参加特别是资源的集中不是强制性的，而是自愿和志愿性的，组织活动中有一定比例的志愿者参加；六是非政治性，指不是政党组织；七是非宗教性，指不是宗教组织。"①一般来说，萨拉蒙后来把第六个和第七个特征去掉而保留了前面五个特征。在本土研究领域，我国学者王绍光提出十特征论，与前者一致的是，他也提出了社会组织的非营利性，除此之外，从社会组织的运行的目的、立场、内容、形式等提出社会组织的中立性、自主性、使命感、多样性、专业性、灵活性、开创性、参与性和低成本等。②

上述分析呈现了社会组织的基本特征，本书认为，社会组织归结起来主要凸显为公共性和公益性，尤其对于社会组织参与社会治理而言，这两大特征支持了社会组织参与社会治理的合理性和必要性。从社会组织的"公共性"来看，这种"公共性"可在哈贝马斯(Habermas，S.)的"公共领域"概念找到注脚。"在国家领域与私人领域之间，存在一个基于平等参与、讨论互动、公众批判，并以公民为主体的政治公共领域。"③公民为主体的社会是公共领域的重要载体，首先，从结构上看，它一方面是上层建筑的组成部分，与正式社会并称；其次，作为功能性存在的社会共同体，它独立于国家与经济共同体；最后，作为生活世界，公民社会独立于政治系统与经济系统。④ 哈贝马斯在此处指的"公民社会"，其就是社会组织的所指。社会组织在公共领域发挥着平等参与、共同合作的作用，由公共领域到公民社会，由公民社会到公共性，可以说，公共性是社会组织参与社会治理

① ［美］莱斯特·M. 萨拉蒙：《公共服务中的伙伴：现代福利国家中政府与非营利组织的关系》，田凯译，商务印书馆2008年版，第40~50页。

② 王绍光：《多元与统一——第三部门国际比较研究》，浙江人民出版社1999年版，第47~63页。

③ ［德］哈贝马斯：《公共领域的结构转型》，曹卫东、王晓珏、刘北城、宋伟杰译，学林出版社1999年版，第10~19页。

④ ［德］哈贝马斯：《公共领域的结构转型》，曹卫东、王晓珏、刘北城、宋伟杰译，学林出版社1999年版，第35页。

的核心构件。

在经济学中，公益性主要体现为“公共福利”；在社会学中，公益性主要体现为“公益慈善”，二者共同体现着对立于市场经济的“营利性”特征的“非营利性”，而又不同于政府自上而下的公共服务的民间性和社会性。① “公益性”是的社会组织在参与社会治理过程中具有政府和企业无法比拟的优势，社会组织的设立目的、组织宗旨、活动开展、提供公共产品都应当以公共利益为依归，其实施的既非企业的营利行为，也不是政府机关在法律的授权范围内以职权或相对人的请求开展的行政行为，而是一种自愿的利他行为。

二、社会组织参与社会治理的多维理论支撑

随着市场经济的不断发展，以社会组织为主体的社会空间得以不断扩展，无论是质与量，社会组织如雨后春笋般成长起来，并在社会治理创新中积极发挥其能量。社会组织的生存理由为何？其参与社会治理是否具有必要性和可能性？需要从理论上作出呼应。

（一）西方学术话语体系下的社会组织参与社会治理

1. 市场失灵和政府失灵理论（The Market Failure Theory/Government Failure Theory）

市场失灵和政府失灵理论聚焦于政府和市场作为“公共物品（collective goods）”提供者，在物品分配中所存在的局限性。市场是一种高效的配置资源的运行机制，但市场会出现失灵的状况。由市场提供公共物品必然会导致物品的短缺，因此，当市场需求降低时，生产者就会提供无法满足公众真正需要和向往的物品和服务，于是需要一些非市场的手段，如政府干预。政府通过面向大众征税来为公共物品买单。然而作为政府本身，在应对不同受众的需求时，也难以一一有效回应，这就不可避免地存在一些“未能满足的需求”。在伯顿·韦斯布罗德和亨利·汉斯曼看来，消费者对于公共物品和私人物品的需求，会因不同民众、不同地区等原因产生异质性，他们对政府提供的公共物品不满意，因此在私人市

① 王名：《社会组织论纲》，社会科学文献出版社 2013 年版，第 12 页。

场上作出了社会无效率的选择，这为非营利组织提供了生存空间。① 社会组织的存在就是为了有针对性地提供公共物品。由此来看，针对基层/社区(居民)需求的多样化，社会组织所运行的产品和服务就应更加广泛和多元。② 这一理论提出的时代背景是基于西方福利国家的危机，从分析范式来看，传统经济学领域的需求-供给策略，主要从功能上论证了非营利组织的存在价值。③

从本土语境来看，中国的市场失灵和政府失灵情形有一定的区别，原因主要系现在我国社会转型中市场机制的不成熟(如市场规则不够健全、市场信息不对称、社会信用体系的缺失等)与政府监管责任的缺失(如宏观调控乏力等)，由于政府在制定市场规则上不利以及市场监管责任的缺失，使得政府与市场之间存在真空地带。④

由此，政府与社会组织之间时常处于契约关系中。如果说无政府状态下为了获得安全，公民让渡一部分权利给国家达成一种契约，体现的是国家和公民的权利关系的话，那么契约主义理论将社会组织与政府之间的关系看作“卖家”和“买家”的市场交易关系，它主张运用市场机制提供公共服务。对于政府而言，主要为社会组织提供购买性服务，在选择什么样的社会组织购买上，引入了竞争机制，并且在运行过程中提供良好的管理服务，营造公平的竞争环境，形成开放的公共服务市场，并且监管公共服务质量。对于社会组织而言，必须具备完备的资质、为社会提供服务的能力、良好的社会美誉度和公信力，并且就服务的内容、质量以及资金的使用等需要接受来自政府和社会的监督和评估。

2. 合约失灵理论(The Contract Failure Theory)

在经济学领域，由于某些商品或服务对于生产者和消费者的内涵产生变化，因而消费者难以获得应得的服务，由此便出现了“合约失灵”，这是由美国法律经济学家亨利·汉斯曼提出的。在理想的状态下，当满足特定条件时，消费者能

① 田凯：《西方非营利组织理论述评》，载《中国行政管理》2003年第6期，第59~61页。

② Salamom L. M., “Of Market Failure, Voluntary Failure, and Third-Party Government: Toward a Theory of Government-Nonprofit Relations in the Modern Welfare State”, *Nonprofit and Voluntary Sector Quality*, 1987, No. 16, pp. 29-49.

③ 田凯：《国外非营利组织理论述评》，载《学会月刊》2004年第10期，第6页。

④ 陈明明：《治理现代化中的中国意蕴》，载《人民论坛》2014年第7期，第32~33页。

获得其真正所需的商品和服务，这些特定条件包括：(1)消费者有能力在购买物品或服务时对不同卖家提供的产品(质量、价格等)进行准确的比较。(2)消费者有能力与企业就他们所提供的物品或服务达成明确的合约。(3)倘若签订合约的公司未能提供协约中规定的服务和商品，那么应按照规定提供补偿。在一些特殊情况下，由于产品购买和消费环境等问题，消费者常较难评估企业提供的物品或服务。而如此企业行为也会造成企业之间无序竞争，产品质量无法保障、价格虚高、市场混乱，消费者福利受损。相较之下，非营利组织的优势就体现出来了，它们的性质决定了它们不可能获取利润，它们的法定承诺是将全部的收入投入服务的生产中，由于它们有这样的制度约束，消费者就可以"货比三家"并享受公正的合约。由此看来，非营利组织，也即社会组织是应对"合约失灵"的一种有效手段。①

3."志愿失灵"(Voluntary Failure)与第三方管理理论(The Third-Party Government Theory)

在前文提及的政府失灵、市场失灵和合约失灵理论中，志愿部门往往被视为政府和市场失灵后的辅助性衍生物，是能提供公共物品的替代性机构。而美国公共政策学者赛拉蒙认为非营利部门本身存在缺陷。如他提出"志愿失灵"(Voluntary Failure)，即志愿部门作为公共服务的提供者也是存在固有缺陷的。这主要体现在，其一，慈善资源供给不足。在公共物品供给中，有些受者确实匮乏相关物品和服务，不过，也存在着搭便车问题，更多的人倾向于不花成本地享受别人提供给自己的福利。因此，对非营利组织来说，存在着大量的公共服务和物品无法合理分配的问题。另外，对于非营利组织而言，慈善的资金来源也容易受经济波动等因素的影响，其资源的获得和维系是不稳定的。其二，非营利组织提供公共服务，就其对象而言，针对多元的服务对象(一般而言是弱势群体)，如老人、孤儿、外来移民、少数民族群体等亚群体，现有志愿组织可能未能覆盖多元公共服务产品的需求。其三，非营利组织的业余主义，对于一些社会组织来说，其具备提供基本的公共服务能力，而对于特殊群体或特殊难题，非营利组织未能组织一批受过专业训练的人员，也可能受资金等条件的限制而缺乏聘用专业

① Hansmann H. B., "The Role of Nonprofit Enterprise", *The Yale Law Journal*, 1980, Vol. 89, No. 5, pp. 835-901.

人士的吸引力。基于非营利组织存在的以上困境，赛拉蒙提出政府通过第三方机构(社会组织)来实施政府功能，即“第三方管理”(Third Party Government)。在该治理体系中，政府与非营利组织分享在公共基金支出和公共权威运用上的处理权。在福利项目中，联邦政府主要充当管理者的角色，管理权由非营利组织来承担。

4. 公民社会(Civil Society)与法团主义理论(Corporation)

自 20 世纪 80 年代以来，国内外围绕社会组织的政治社会意义展开了激烈的讨论，形成了公民社会和法团主义两种互相对照的视角。公民社会“强调社会与国家相对分离的二元性质，关注那些不能与国家混淆或不能被国家淹没的社会生活领域”①，法团主义则主张社会组织作为官办社团，反映的是国家在改革进程中试图继续掌控社会的努力，国家在与社会组织互动过程中占据主导地位。② 公民社会理论起源于面对国家出现的低效问题，转而向公民社会寻求解决方法。它认为位于国家与市场之外的各种社会组织，应当具有独立性、自治性与自律性，国家应该减少对各种平等、独立、自由的社团、组织和群体的限制，使其在社会问题的解决上发挥更大作用，构成多元社会对国家权力进行“社会的制衡”。改革开放以来，随着生产关系的调整和市场关系为基础的社会空间不断扩展，所有制形式不断多元化，社会组织得以空前发展和壮大。这些社会组织一定程度上能弥补政府管理的不足，有效提供资源和社会服务，维护特定群体的利益。③

对于公民社会理论中所持的社会与国家的对抗，法团主义持反对意见——在公民社会发展得不够成熟的情况下，社会与国家的对抗可能会影响国家战略的发展，因此主张国家与社会相互协调，有机整合。在法团主义那里，社会组织是一种公共机构④，通过国家干预将社会组织整合起来，使其兼具利益代表和公共责

---

① [加]查尔斯·泰勒：《市民社会的模式》，载邓正来、亚历山大编：《国家与市民社会——一种社会理论的研究路径》，中央编译出版社 1999 年版，第 3 页。

② 纪莺莺：《当代中国的社会组织：理论视角与经验研究》，载《社会学研究》2013 年第 5 期，第 219~239 页。

③ Howell, J., “Civil Society in China”, in Edwards, *The Oxford Handbook of Civil Society*, Oxford University Press, 2012, pp. 159-170.

④ Daniel, C., “The Corporatist Model and Socialism: Notes on Romanian Development”, *Theory and Society*, 1980, No. 2, p. 13.

任履行职能。① 法团主义理论代表性学者有施密特(Schmitter P. C.)，他认为法团主义是将公民社会中的组织化利益结合到国家的决策结构中。② 法团主义是"一种特殊的社会-政治过程，在这个过程中，数量有限的、代表种种职能利益的垄断组织与国家机构就公共政策的产生进行讨价还价。为换取有利的政策，利益组织的领导人应允通过提供其成员的合作来实现政策"③。

(二)社会组织参与社会治理的本土化研究探索

改革开放40多年来，我国社会组织参与社会治理在理论上的发展，既有借鉴西方社会组织理论的结果，又有我国社会组织自身发展及参与社会治理实践带来的理论上的不断积累、总结、完善。尤其是十八大报告首次明确提出"加快形成政社分开、权责明确、依法自治的现代社会组织体制"后，在理论上取得了很大进步。回顾我国社会组织参与治理社会的历程，无论是治理理念的转变、治理理论的构建、治理模式的探索还是治理制度规范的完善都进行了积极的探索，概括起来有以下几点。

1. 社会组织参与社会治理的理念转变

社会组织的参与，曾经在很长一段时间内不被认为是社会治理的必然选项。改革开放后，一方面，从西方发达国家较为先进的治理理论和成功的治理案例中，国内研究者和管理者认识到西方的社会秩序的良性发展与社会组织在社会治理中的参与密不可分，如金家厚很早就从理论上构建了社会组织参与社会管理的模式："政府、市场组织和社会组织三大行为主体应发挥各自的比较优势，互动合作、相得益彰、共生协同，即政府的行政式管理、市场组织的经营式管理和社会组织的自治式管理并存。"④另一方面，我国在实行社会主义市场经济后，市场

---

① 张钟汝、范明林、王拓涵：《国家法团主义视阈下政府与非政府组织的互动关系研究》，载《社会》2009年第4期，第167~194、228页。

② Schmitter P. C., "Still the Century of Corporation", *Review of Politics*，载张静：《法团主义(修订版)》，中国社会科学文献出版社2005年版，第24~25页。

③ [英]戴维·米勒主编：《布莱克维尔政治思想百科全书》，邓正来译，中国政法大学出版社2011年版，第120页。

④ 金家厚：《转型期的社会管理：我国非政府组织的发展定位与模式构建》，载《云南社会科学》2003年第5期，第56页。

及国家在参与社会公共事务的处理过程中，出现了管理失灵的问题。国家管理者逐步认识到社会治理需要政府、市场和社会组织的共同努力，三者通过充分的协商、对话、妥协来实现多元共治社会。在此基础上，从政府与社会组织的相互关系上看，政府包办一切的公共治理模式需要打破，要不断推进政府的瘦身和职能转变，治理理念相应地由之前“治理社会”到“社会治理”转变，这在治理理念上是一个巨大的进步。

2. 社会组织参与社会治理本土化理论探索

针对西方在社会治理理论的话语体系，一部分国内学者在充分过滤和学习借鉴西方发达国家的先进经验并进行本土化实践后，也意识到“他山之玉”可能导致的“水土不服”问题。这促使学者们开始思考引进的西方理论缺乏中国本土特色，需要立足中国国情，从历史传统中寻找理论根基，最终初步形成了具有中国特色的社会组织理论。有学者提出：“中国特色社会组织是以中国特殊的基本国情为逻辑起点，以马克思主义社会组织理论为指导，涵盖了非政府组织和非营利组织等多种第三部门组织，具有中国社会属性的一种组织形态。中国特色社会组织是‘第一要义、价值核心、根本目标、基本要求’四大内容有机结合的统一体系，社会性是第一要义，以人为本是价值核心，实现社会和谐是根本目标，非政府性、非营利性、自治性和志愿性是基本要求。”①马克思共同体思想统摄入的本质思想、社会-国家思想、自由人联合体思想等，超越了西方社会组织理论，构成中国社会组织建设的理论基础。这种理论探索着眼于传统意义上的马克思主义理论中的市民社会理论和共同体理论，试图构建起具有中国特色的社会组织理论话语体系，在探索中国特色的社会组织参与社会治理理论上实现了突破。

3. 构建社会组织参与社会治理的有效模式

西方国家社会组织在参与社会治理模式上呈现多样化，如德国社会公共领域的法团主义治理模式、法国的财富再分配及社区治理模式、美国政府的自由主义的发展模式等。西方社会组织参与社会治理的模式为中国创新治理模式提供了借鉴基础。学者们以中国的基本国情为出发点，尝试性地构建了社会组织参与社会治理的有效模式。如余娴丽等人认为：“阐述社会主义协商民主时，应强调社会

---

① 蒋永穆、黄晓渝：《中国特色社会组织：内涵厘清与体系架构》，载《上海行政学院学报》2016年第5期，第67页。

组织协商的作用。”①马德坤提出“建立现代化社会组织体制，社会管理以及社会组织自治都要在法治的轨道上进行”，并且其在对社会组织社会治理过程的研究中更新了党建内容，提出：“在社会组织设立党组、发挥党的核心作用、增强党的工作辐射力度、加强党组织的制度保障；激发社会组织活力，鼓励支持社会组织全方位参与社会治理，实现政府与社会组织的良性互动。”②由此在探索政府与社会组织之间的关系以及参与社会治理的模式上取得了重要进展。

4. 建立社会组织参与社会治理的运行方式和制度规范

从西方的社会治理的经验出发，我国在社会组织参与社会治理的运行方式上也出现了如购买型社会服务、政府支持型的合作、嵌入式的多元共治、枢纽型社会组织服务等多样化的治理途径，同时也促进了多种社会制度规范的形成。在政社关系中，无论政府的角色是美国的伙伴型，欧洲的支柱型，还是日韩的家长型，都与我国政府的主导型角色有较大的差异，这就决定了我国在今后相当长时间内，社会组织只能与政府以“协助”或者“协商”的方式来达到协同治理。从不断完善社会组织的制度和规范上进行分析，十八大报告上提出按照“政社分开”“权责明确”“依法自治”三大基本原则，逐步形成了现代社会组织体制。因此，社会组织的制度建构要不断完善，尤其是社会组织参与社会治理在监管、支持、合作、治理和运行体制上也需要进行改革，具体到治理体制上，王名等人认为要逐渐形成充满协商、对话、妥协的多元共治社会，强调社会组织要建立“自治与独立的制度及规范、协同治理的体制及规范、公众参与和社会监督的制度及规范、网络化治理的模式及规范”③。如2016年通过的《慈善法》，将环境保护纳入慈善的领域，将环保社会组织作为慈善组织，在登记注册、税收待遇等方面享受更多的政策优惠，就是一个突出的例子，获得了很好的社会反响。尤其是党的十九大报告中提出“社会组织协商”，并将它与政党协商、人大协商、政府协商、政协协商、人民团体协商、基层协商并列，这充分说明社会组织在参与社会治理

---

① 余娴丽、蔡晓良：《中国特色社会组织理论初探》，载《辽宁行政学院学报》2014年第4期，第36页。

② 马德坤：《21世纪以来党和政府的社会组织建设理论创新述略》，载《当代世界与社会主义》2016年第4期，第93页。

③ 王名、张严冰、马建银：《谈谈加快形成现代社会组织体制问题》，载《社会》2013年第3期，第26~27页。

过程中，“协商”的方式已经明确，这不但肯定了社会组织参与社会治理发挥的作用，也为后续制度的制定和安排起到很好的指导作用。

三、新时代社会组织参与社会治理创新的理论困境

国内学界关于社会组织参与社会治理的研究，是以西方社会组织理论的相关研究为基础，结合我国社会治理能力拓展和提高的实践逐步发展起来的。这些理论在我国社会组织的发展及参与社会治理的过程初期，引导了我国社会治理理论的萌芽和构建，逐渐在我国社会组织参与社会治理的理论发展中占据了重要的地位。但面向我国新时代社会治理所提出的要求，对其是否适应我国的社会发展日臻完善的需要，相关理论研究还较为匮乏，还需得到进一步的甄别、考量和发展，主要体现为新时代社会组织参与社会治理理论的本土特色不够鲜明，有限的理论难以指导解决动态发展中的困境等。

（一）新时代社会组织参与社会治理理论的本土特色不够鲜明

其一，当前国内关于社会组织参与社会治理的研究，主要采用西方的相关理论基础与研究框架来分析和搭建我国社会组织参与社会治理的理论。西方的理论研究具有一定的借鉴意义，不过，以外来的理论解释本土的问题往往会产生预期差距，而且也往往对现实中存在的社会组织参与社会治理的问题难以起到具体指导作用。比如无论在传统的自由主义时期还是转变到现代的自由主义时期，法团主义、契约主义、公民社会理论以及公共池塘博弈理论，其理论的逻辑起点和现实状况是公民社会或者市民社会，强调公民和政府的对立或者监督，以此保持社会组织的独立性、自主性和民主性，即使是处在政府失灵和市场失灵时期或者志愿失灵，仍然是以资本主义处于福利国家阶段作为观察的切入点，因此不能简单套用西方的理论。其二，“由于中国的社会组织高度多样化和异质性，不同类型、处在不同发展阶段的社会组织与政府关系是不同的，政府的不同部门、追寻不同目标的政府部门与社会组织的关系也存在差异，因此有学者用多元主义模式来尝试对中国政府与社会组织关系作出解释”。① 但这种理论的解释又陷入多元理论

① 范明林：《非政府组织与政府的互动关系——基于法团主义和市民社会视角的比较个案研究》，载《社会学研究》2010 年第 3 期，第 159～176、245 页。

指导的困惑之中，不能更好地在实际工作中得以推广应用。其三是有关社会组织参与社会治理理论的现状："一是简单植入西方社会组织理论，没有体现以马克思主义相关理论为指导；二是没有与中国国情相结合，构建具有'中国特色'的社会组织理论。"①党的十九大报告指出："中国特色社会主义进入新时代，我国社会主要矛盾已经转化为人民日益增长的美好生活需要和不平衡不充分的发展之间的矛盾。"②社会是国家的基层场域，中国特色社会治理是国家治理的重要补充和组成部分，其理论底色是马克思主义及其中国化的政治理论，社会治理即党领导人民及社会组织依照国家法律自主管理与自己利益有关的事务。上述各种西方理论植入现实的中国后出现的不适，说明理论的本土特色不够鲜明，如何立足于中国新时代下的基本国情，构架中国特色社会主义制度下社会组织参与社会治理理论需要得到进一步思考。

（二）新时代社会组织参与社会治理理论构建的缺失

由于中国的社会组织高度多样化和异质性，不同类型、处在不同发展阶段的社会组织与政府关系是不同的，政府的不同部门、追寻不同目标的政府部门与社会组织的关系也存在差异，因此有学者用多元主义模式来尝试对中国政府与社会组织关系作出解释。③ 但这种理论的解释又陷入多元理论指导的困惑之中，不能更好地在实际工作中得以推广应用。另外，由于我国社会组织还处于蓬勃发展时期，属于动态社会现象，从社会组织发展历程看，有时候处于曲折压制的发展阶段，有时候又处于快速发展阶段，而且我国政府在政府、市场和社会组织中始终处于主动地位，掌握着大量的社会资源，对人力和物力具有巨大的动员能力，部分社会组织还是政府的垄断性组织，这与西方社会有较大的差异性，静态的理论不完全适应动态的发展需要。所以社会组织参与社会治理缺乏理论作指导，以致社会组织在参与社会治理的具体管理运行中出现各种问题。再者，大数据的到来不仅深刻地改变了人民的生活方式，也直接影响着社会治理模式的转变。而社会

---

① 蒋永穆、黄晓渝：《中国特色社会组织：内涵厘清与体系架构》，载《上海行政学院学报》2016 年第 5 期，第 69 页。

② 《党的十九大报告辅导读本》，人民出版社 2017 年版，第 11 页。

③ 范明林：《非政府组织与政府的互动关系——基于法团主义和市民社会视角的比较个案研究》，载《社会学研究》2010 年第 3 期，第 159~176、245 页。

组织的发展对大数据时代的理论更新及实践反馈相对较慢，导致自身发展及参与治理的能力受限。当然由于社会组织大量参与社会治理的实践，积累了不少成功的经验和做法，但社会组织的快速发展仍不能满足社会治理的现实需要。

（三）新时代社会组织参与社会治理理论的内涵不够丰富

由于借鉴西方的理论，并深深打上了西方的烙印，在探索和发展过程中，中国的社会组织的理论框架和内涵不够丰富，比如针对“社会组织”国内有不同的看法，出现的“社会组织”“第三部门”“新社会组织”“草根组织”“NGO”“中国特色社会组织”“非营利性组织”等概念，可以从社会学、政治学、管理学、经济学和法学的角度来解读，而且每个概念的内涵和外延各自具有不同的理解和解释。再比如，在政府与社会组织相互之间的关系上，有人认为从理论上平等合作的伙伴是应然的要求，但在实然层面相差甚远，有人认为政府是主导地位，社会组织是从属地位，因为我国政府在政府、市场和社会组织中始终处于主导地位，掌握着大量的社会资源，对人力和物力具有巨大的动员能力，部分社会组织还是政府的垄断性组织，但这种看法也不能完全解释当前我国出现的一些生态环境治理问题，因为这种治理存在着相互依赖的关系。这恰好说明对理论内涵的理解和西方社会有较大的差异性。此外更重要的是，当前我国社会组织参与社会治理的指导思想、运行目标、价值指向、基本要求是什么也不够明确，参与社会治理的效能是什么，如何评估也没有规范的标准来衡量，等等，这说明其理论内涵还不够丰富。

（四）新时代社会组织参与社会治理理论应对具体治理问题不够有力

从社会组织发展历程看，有时候处于缓慢的发展阶段，有时候又处于快速发展阶段，静态的理论不完全适应动态的发展需要。十九大报告明确指出，未来的社会组织的作用是多方面的，覆盖了政治建设、经济建设、社会建设、文化建设、生态文明建设以及党的建设等多个领域，在教育、卫生、医疗、科技、环保、公益慈善、精准扶贫等领域积极开展活动的社会组织，进入了前所未有的发展机遇期。这些都需要社会组织与政府民主协商，实现社会的“共建共治共享”，为了实现这个目标，有人认为需要多元协同治理，或者理性治理与建设性参与治理，对于参与治理的模式和具体方式也存在不同的看法，但不管哪种治理运行模式，当前社会组织本身还存在公信力不强，专业的治理人才缺乏，资金不够雄厚，社会认可度较低等问题，在参与社会治理的具体问题中应对不够有力，需要不断加强，因此如何在我国公民社会还未完全成熟，社会组织力量还不够强大的情况下，建立与之相适应的具体治理理论来进行实践上的指导是一大难题。

第三节　我国社会组织参与社会治理的历史实践及当下困境

当前社会组织参与社会治理已经纳入促进国家治理体系和治理能力现代化的系统工程之中，党的十八大报告中明确提出要“发挥基层各类社会组织协同作用”“引导社会组织健康有序发展”；党的十九大又进一步强调，打造“共建共治共享的社会治理格局”必须“发挥社会组织作用，实现政府治理和社会调节、居民自治良性互动”。一方面是当前社会组织参与社会治理在理论上具有合理性，在政策上具有必然性；而另一方面，在实践上，社会组织参与社会治理囿于体制机制以及社会组织自身的多重因素制约，面临着多重困境。这需要我们在充分把握当前社会组织参与社会治理的总体形势的基础上，首先对其历史生态与发展行为进行全面认识，在此基础上，理性分析社会组织参与社会治理的当下困境。

一、我国社会组织参与社会治理的历史逻辑

中国古代民间“社会”的组织形态与近代的社会组织在几千年的历史长河中沉淀了独特的生存和发展空间。由于“皇权不下县，下县皆自治”，古代社会组织得以萌芽和发展。不过，在传统社会中，由于政治国家的强大，因而社会组织的生存空间被压制，其合法性基础就是国家统治的需要。近代以来，随着封建体制的冲破，西方社会治理理念的引入以及我国政治、经济体制的深刻变革，现代化的社会组织也得以萌芽并发展。随着我国国家治理的变迁，社会组织参与社会治理所扮演的角色、身份、地位和作用也在相应转化着。从 1949 年至今的 70 多年的历史跨度中，本书以改革开放为标志，以我国的体制作为划分点，简要地梳

理了社会组织参与社会治理的历程。

(一)传统体制下社会组织参与社会治理的历程(1949—1978 年)

从中华人民共和国成立到改革开放，由于该历史阶段我国主要采取的是以计划经济为主的体制，因此笔者称之为传统体制。在这一时期，社会组织进行了重组和重建，与此同时，社会组织的独立性较为匮乏，主要依附于党政机关，在一定程度上充当党的政治工具。1949 年，中华人民共和国刚刚成立，新政权要求在维护稳定的情况下实行结社自由。依据 1949 年通过的起临时宪法作用的《中国人民政治协商会议共同纲领》和 1950 年颁布实施的《社会团体登记暂行办法》①。各种帮会势力逐渐瓦解，在人民政权铁拳治理下，各种旧社会的帮会组织、迷信组织以及城乡宗法组织逐步瓦解，党的基层组织、群团组织、工会、救助组织等逐步建立起来，并发挥着社会治理的价值。② “社会团体的登记过程也是新政权用自己的社会主义核心价值观对当时存在的社团进行判断和选择的过程。”③因此，此时的社会组织参与社会治理与党和国家的管制紧紧联系在一起，考察这一时期的社会组织，我们发现“各社会团体的成立，都是在党和政府及政府有关部门的直接推动、指导下建立的。有些社会团体的成立是有计划的，按指标进行的……体现在组织上是许多社会团体列入了行政、事业编制，或挂靠到某一行政部门，社会组织的负责人有一些由政府机关行政领导兼职，或由行政领导任名誉职务，甚至许多社会团体由挂靠的政府有关部门实际指派负责人等等”④。社会治安和社会管制大多由党和政府实行，加上实行的是计划经济体制，造成社会组织参与社会治理薄弱的局面。尤其在“文化大革命”时期，社会组织处于停滞状

---

① 《社会团体登记暂行办法》将“社会团体”限定为“人民群众团体、社会公益团体、文艺工作团体、宗教团体、其他合于人民政府法律组成的团体”。与此同时，还规定了登记程序，即要经过“申请筹备登记—主管机关审查批准—以筹备机构名义活动—筹备设立完成并申请成立登记—主管机关批准成立”五个步骤。参见：《社会团体暂行办法》(1950)，1950 年 10 月。

② 有数据显示，截至 1965 年，我国国家社会组织由中华人民共和国成立之初的 40 多个到近 100 个，地区社会团体更是多达 6000 多个。参见吴忠泽：《社团管理工作》，中国社会出版社 1996 年版，第 6 页。

③ 刘培峰：《自由结社及其限制》，社会科学文献出版社 2007 年版，第 275 页。

④ 中国社会组织年鉴编委会：《中国民间组织年志：上》，中国社会出版社 2005 年版，第 51 页。

态，社会治理也无从谈起，这种局面的特点就是社会管制较多，社会活力有限，民主法制也不健全，不能满足当时人民的需要，产生了不少的社会弊端。

(二)现代体制下社会组织参与社会治理的历程(1978年至今)

1978年，我国开始实行改革开放，经济体制改革为经济社会发展带来了巨大影响。由于从以阶级斗争为中心转移到以经济建设为中心的轨道上来，摆脱了阶级斗争等意识形态的影响，社会管控和管理模式发生了很大变化，主要体现为社会组织向本位的回归，自由结社得以兴起，社会的活力逐步释放出来，人口在城乡之间、农村之间、城市之间以及企业之间、行业之间的流动加大，社会结构由原来的"同质性"转向"异质性"，社会活力被有效激发。这一时期中国社会组织参与社会治理的过程可以划分为三个阶段，第一阶段为1979年至20世纪90年代是社会组织起步期，社会组织在中国经济体制转变之后有了相当的发展，不过由于此时期社会组织处于政府严格管控中，登记注册门槛高，管理较严，因此社会组织在社会治理中发挥的作用受到了限制；第二阶段为1992—2011年，这一阶段体现为政府放权-协同下的社会组织参与社会治理；第三阶段为2012年以来的社会组织成熟期，明确了在党委领导、政府负责的基础上，社会组织的主体性在国家政策激发下更为凸显。

1. 1978—1991年：政府严格管控下社会组织参与社会治理

从改革开放至20世纪90年代中期，我国社会组织的发展经历了由兴起到规范化发展的历程。政府机构通过改革，不断加快我国服务型政府的建设，政府与企业和社团的功能逐渐分离，由此社会组织作为连接政府和民众的桥梁，开始发挥其社会治理作用。据统计，到20世纪90年代初期，全国性的社会组织已达1100多家，地方性的社会组织达10万多个。①

在这一阶段，政府权力不断下放。党的十三大强调"进一步下放权力"，指出"在党和政府同群众组织的关系上，要充分发挥群众团体和基层群众性自治组织的作用，逐步做到群众的事情由群众自己依法去办"②。这意味着从"政治系

① 王世刚等:《中国社团史》，安徽人民出版社1994年版，第466页。

② 《沿着有中国特色的社会主义道路前进——在中国共产党第十三次全国代表大会上的报告》(1987年)，第五部分第二项，1987年10月。

统”向“社会系统”的放权。还有一点值得注意的是，“社会组织”这一规范表述在党的十三大中得到了体现。① 在放权过程中，政府对企业直接管理的情况得到改变，如通过成立行业协会来代替部门管理。1980 年，我国经济委员会借鉴日本的行业管理经验，结合我国实际情况成立了我国工业领域第一个行业协会，即中国包装技术协会，② 作为代替政府实施行业管理的中介组织，其通过加强对包装行业的管理，促进了我国包装工业和商品的发展。③ 1981 年，国务院出台了《关于城镇非农个体经济若干政策性规定》，明确了个体经营者成立经营者协会或联合会的规定，④ 紧接着 1983 年国务院在此基础上又出台了补充规定，其中进一步说明“个体劳动者协会，是个体劳动者自己管理自己的群众组织，并接受同级工商行政管理机关的指导”⑤。虽然对于社会组织来说，由被政府“领导”转向“指导”，这意味着政府认可社会组织作为独立主体发挥更多能量，而从这一阶段的总体情况来看，政府对社会组织的管控相对严格。如在人事安排上，前文提及的中国包装技术协会，其会长由原国家经委副主任担任，还有相当多的社会组织的负责人都为政府工作人员兼任。⑥ 除此之外，1984 年，国务院发布了《关于严格

① 党的十三大提出：“……形成政治、经济和社会生活的新规范，逐步做到：党、政权组织同其他社会组织的关系制度化……”参见《沿着有中国特色的社会主义道路前进——在中国共产党第十三次全国代表大会上的报告》(1987 年)，第五部分第七项，1987 年 10 月。

② 中国包装技术协会拥有国务院授权和委托的 8 项行业管理职能，会同国务院有关部委和省(自治区)、市有关部门，共同加强对包装行业的管理。可以说，包装技术协会是适应市场经济需要、替代政府实施行业管理的中介组织，是各级经济主管部门的助手和参谋。参见黄小蕙、鲁水清、徐彦儒等:《我国第一家行业协会在改革中发挥行业管理的作用——关于中国包装技术协会行业管理情况的调查》，载《中国包装》1994 年第 1 期，第 22~24 页。

③ 包装技术协会发挥了替代政府实行行业管理的五种功能，如摸清包装行业底数，为国家制定发展规划和政策法规提出建议；建立和完善包装产品和产品包装质量标准；推动包装工业的技术改造和技术进步；对重点行业进行产品包装改进工作等。参见黄小蕙、鲁水清、徐彦儒等:《我国第一家行业协会在改革中发挥行业管理的作用——关于中国包装技术协会行业管理情况的调查》，载《中国包装》1994 年第 1 期，第 22~24 页。

④ 国务院法制办公室:《中华人民共和国法规汇编》(第五卷)，中国法制出版社 2005 年版，第 610 页。

⑤ 国务院法制办公室:《中华人民共和国法规汇编》(第五卷)，中国法制出版社 2005 年版，第 366 页。

⑥ 1984 年我国发布了《关于严格控制成立全国性组织的通知》，提出各级领导同志、退居二线和离、退休老同志“未经上级批准，不要担任或兼任这类组织职务”。这也从侧面说明了当时行政系统兼任社会组织职务的现象是非常普遍的。

控制成立全国性组织的通知》，提出“严格控制成立跨行业、跨部门、跨地区的全国性组织”①，由此可以看出社会组织是在政府的严格管控和指导下参与社会治理。

2. 1992—2011 年：政府放权-协同下的社会组织参与社会治理

在这一阶段，市场经济改革的深化是政社关系调整的动力。在完善市场机制的同时，政府开始向市场下放更多的权力。党的十五大报告中明确提出：“工会、妇联等社会团体属于国家及社会管理的主体，应该参与到民主事业中来，发挥监督作用。”随着我国政治、经济制度的改革，政府职能向服务型转变，许多社会组织的功能也开始分化，体现在政治、经济、社会、文化等职能方面。本阶段在社会治理理念上的重大变革是党的十六届四中全会通过的《中共中央关于加强党的执政能力建设的决定》提出“构建社会主义和谐社会”②。随着“社会管理”主题的凸显，社会组织作为社会治理的主体，其成长空间也得到了延伸和拓展。在党的十六届六中全会通过的《关于构建社会主义和谐社会若干重大问题的决定》中，第一次用“社会组织”代替“民间组织”，这体现出对社会组织的认识更加科学，也意味着社会组织的地位进一步提升③，《关于构建社会主义和谐社会若干重大问题的决定》还明确提出“推进政事分开，支持社会组织参与社会管理和公共服务”“健全社会组织，增强服务社会功能”，④ 使得社会组织在社会管理中的角色逐步清晰。

与此同时，政府陆续出台了一系列关于社会组织相关法律和规范化的文件，如《民办非企业单位年度检查办法》(2005 年)、《基金会年度检查办法》(2006 年)、《关于推进民间组织评估工作的指导意见》(2007 年)、《社会组织评估管理

① 《中共中央、国务院关于严格控制成立全国性组织的通知》，载《中华人民共和国国务院公报》1984 年第 31 期，第 1044~1045 页。

② 《中共中央关于加强党的执政能力建设的决定》第 7 条，2004 年 9 月。

③ 从语言学的角度来看，“民间组织”这一概念中的“民”与“官”是相对的，暗示了官民二元结构，是一种带有中国传统社会结构理念的反应，是自上而下的以官治民的理念的体现。而将“民间组织”改为“社会组织”，则是建立在“政府-市场-社会”这种社会结构预设基础之上，尽管在“政府-社会(组织)”关系结构中尚未实现“平等”，但较之之前的“控制”，“管制”已经是莫大的进步，并为建构“平等-共治”关系提供了基础。

④ 《中共中央关于构建社会主义和谐社会若干重大问题的决定》第六部分第三项，2006 年 10 月。

办法》(2010年)、《关于基金会行为的若干规定》(2012)、《社会组织登记管理机关行政处罚程序规定》(2012)等。这一系列文件的出台进一步促进了社会组织的独立，如在人事上的“剥离”、资金的独立性等。①

在具体社会治理事务中，社会组织发挥的功能更为广泛、提供的服务更多元。2008年，党的十七届二中全会通过的《关于深化行政管理体制改革的意见》提出“更好地发挥公民和社会组织在社会公共事务管理中的作用，更加有效地提供公共产品”②。在党的十七届五中全会通过的“十二五规划建议”中，提出要“发挥群众组织和社会组织作用，提高城乡社区自治和服务功能，形成社会管理和服务合力”。与此同时还提出了改革公共组织参与公共服务方式的设想：“改革基本公共服务提供方式，引入竞争机制，扩大购买服务，实现提供主体和提供方式多元化。推进非基本公共服务市场化改革，增强多层次供给能力，满足群众多样化需求。”③

在这一阶段，社会治理体现为多元主体的共同介入。在本阶段提出的社会管理格局是“党委领导、政府负责、社会协同、公众参与”，社会组织的地位得到了提升，社会组织与政府进行社会治理的主体关系发生了一定变化，治理转型朝着“政府调控机制与社会协调机制互联，政府行政功能与社会自治功能互补，政府管理能力与社会协调能力互助的方向发展”④。

3. 2012年至今：平等-共治下的社会组织参与社会治理

党的十八大以来，社会组织参与社会治理体现出了新的变革趋势，“与以往政府对社会组织采取双重管理、限制竞争等单一控制逻辑不同，政府对社会组织开始采用政府购买服务与转移政府职能等合作互动逻辑”⑤。党的十八届三中全

① 如一些基金会的独立性得到增强，2004年实施《基金会管理条例》，将基金会划分为“公募基金会”和“非公募基金会”，前者属于“公共筹款型基金会”面向公众筹捐，后者属于“独立型基金会”，不得向公众募捐，主要依靠“接受特定对象的捐赠资金及其增值从事公益事业”。参见徐宇珊：《论基金会：中国基金会转型研究》，中国社会出版社2010年版，第31页。

② 《中共中央关于深化行政管理体制改革的意见》第三部分，2008年2月。

③ 《中共中央关于制定国民经济和社会发展第十二个五年规划的建议》第十部分，2010年10月。

④ 黄晓春：《重视民间组织发育的制度环境》，载《文汇报》2010年1月12日。

⑤ 郁建兴、沈永东：《调适性合作：十八大以来中国政府与社会组织关系的策略性变革》，载《政治学研究》2017年第3期，第34~35页。

会通过了《中共中央关于全面深化改革若干重大问题的决定》，将“推进国家治理体系和治理能力现代化”确立为全面深化改革的总目标，对于促进社会组织发展，推动社会组织参与社会治理有着重要的意义。2017 年，十九大提出“共建共治共享的社会治理格局”①，提出要逐步形成“党委领导、政府负责、社会协同、公众参与、法治保障的社会治理体制”②。党的十九届三中全会把社会组织作为党和国家机构改革的一部分，社会组织首次被纳入国家最高层面的机构进行改革设计，③ 成为党和国家机构改革统筹谋划的一部分，社会组织成为党总览全局、协调各方的重要力量主体。

在这一阶段，社会组织更具独立性。较前阶段明显的变化是，社会组织与政府相关部门的“脱钩”，2015 年 7 月《中共中央办公厅、国务院办公厅关于印发〈行业协会商会与行政机关脱钩总体方案〉的通知》中明确提出：“行业协会商会应执行民间非营利组织会计制度，单独建账、独立核算。……对原有财政预算支持的全国性行业协会商会，逐步通过政府购买服务等方式支持其发展。”还对行业协会占用的行政办公用房等资源作出限期清退的规定。④

社会组织主要通过“政府购买服务”来进行社会治理。十八届三中全会中明确提出要“推广政府购买服务，凡属事务性管理服务，原则上都要引入竞争机制，通过合同、委托等方式向社会购买。……适合由社会组织提供的公共服务和解决的事项，交由社会组织承担”⑤。中央对某种微观治理行动的积极倡导极大地推动了在该行动领域的制度化进程。从行动属性来看，政府向社会组织购买服务，购买是一种市场化的行动，社会组织作为市场主体与“购买主体”的政府应该是平等的。这种行动方式的变革，一方面使社会组织通过提供公共产品获得报酬，

① 《决胜全面建成小康社会，夺取新时代中国特色社会主义伟大胜利——在中国共产党第十九次全国代表大会上的报告》第八部分第三项，2017 年 10 月。

② 《党的十九大报告辅导读本》，人民出版社 2017 年版，第 19~48 页。

③ 《中共中央关于深化党和国家机构改革的决定》第二部分，2018 年 2 月。

④ 以行业协会为例，明确提出“取消行政机关(包括下属单位)与行业协会商会的主办、主管、联系和挂靠关系”，“厘清行政机关与行业协会商会的职能。剥离行业协会商会现有的行政职能，法律法规另有规定的除外。业务主管单位对剥离行业协会商会有关行政职能提出具体意见”。参见中共中央办公厅、国务院办公厅：《关于引发〈行业协会商会与行政机关脱钩总体方案〉的通知》第 3 条，2015 年 7 月。

⑤ 《中共中央关于全面深化改革若干重大问题的决定》第四部分，2013 年 11 月。

从而摆脱对行政系统的资源依附；另一方面，市场竞争可以促使社会组织“加强自身能力建设，优化内部管理”，从而实现健康发展。

二、当下我国社会组织参与社会治理的实践困境

党的十八大以来，我国真正进入了社会治理的新时期，提出了“全面落实经济建设、政治建设、文化建设、社会建设、生态文明建设五位一体总体布局”，并强调“在改善民生和创新管理中加强社会建设”。尤其在十八届三中全会上，提出了“全面深化改革的总目标是完善和发展中国特色社会主义制度，推进国家治理体系和治理能力现代化”，自 2013 年以来，以习近平同志为核心的党中央第一次提出了“社会治理”概念，实现从“社会管理”向“社会治理”的转变，并在“十三五”规划纲要中对加强和创新社会治理作出全面部署，通过不断努力改进社会治理的方式，激发社会组织活力。① 作为国家治理的重要组成部分，提出社会治理体制要加快形成，要科学有效，既要转变治理理念，又要改进治理方式，社会既要有秩序又要有活力，更需要加强和创新社会治理。党的十九大进一步论述了社会治理的重要性和必要性，社会治理的要求和内涵更为丰富，提出，在根本目标上就是要提高保障和改善民生水平，坚持人民的主体地位；在治理体制和机制上要求加强社会治理制度建设，完善党委领导、政府负责、社会协同、公众参与、法治保障的社会治理体制；在实现途径上要求提高社会治理社会化、法治化、智能化、专业化水平；在治理格局上要实现共建共治共享，从而逐步实现了从“社会管理”向“社会治理”理念的转变，在社会治理上实现了新的突破，新时代关于社会治理的重要论述从实质上围绕“治理社会主义社会”这一主题，科学回答了“为何要进行社会治理”“实现什么样的社会治理”“怎样实现社会治理”的问题，从社会治理的治理理念、基本目标、根本保障、治理格局和治理路径五个方面，深化了对中国社会治理规律的认识。

随着我国社会经济不断发展与社会转型进程的不断加快，政府在社会领域职能让渡的持续进行以及对社会组织的关注与重视，当前我国社会组织发展迅速，

---

① 羌洲、曹亚楠：《社会治理体制改革的演进和对民族地区社会治理的启示》，载《西北民族大学学报》2015 年第 1 期，第 41~46 页。

数量明显增加①，社会组织参与社会治理取得了较大成效。不过由于社会组织起步较晚，无论是在组织体系、规章制度、专业人才、运行模式、政策支持等方面都存在欠缺，使得其整体发展程度和水平仍相对滞后，发展仍然面临着许多现实的困境。

（一）社会组织参与社会治理的合法性困境

由于社会组织是“后发生组织”，其在本土发源较晚，在改革开放后才逐渐酝酿，因此当下社会对于社会组织的认识度和接纳度尚不充分，加之有许多社会组织尚未在民政部门登记，未有社会通识的“身份证”，因而许多社会组织在参与社会治理中会遭遇合法性困境。

1. 社会组织“合法性”不足与制度缺失

“社会组织在中国计划经济体制向市场经济体制转变过程中的发展面临制度约束，如果制度约束问题得不到解决，中国民间组织发展将受到抑制。”②无论是社会组织的发展还是社会治理创新的前提是法律法规的护航，有法可依才能依法于治，而我国目前还未有一部完全针对社会组织的相关法律来明确社会组织的定义、权力、义务等相关法律责任。③ 社会组织在萌芽、发展的过程中，由于立法未能跟进，涉及他们的法律地位问题、登记注册问题、管理和活动原则问题、活动经费问题、日常运行监督和评估问题、财务公开增强公信力的问题等，都没有相应的法规进行规范，因而使得社会组织的身份合法性受到质疑。这些规则的缺失使得社会组织的发展面临许多不可预期的风险，直接制约了社会组织的发展。从社会组织自身内部的制度建设来看，还缺乏完善的内部管理运行机制，从而造

① “十三五”期间，全国社会组织从2015年的66.2万家增加到目前的89.7万家。参见尚哲：《2020年度中国社会组织大事记》，载黄晓勇、徐明、郭磊、吴丽丽编：《中国社会组织报告(2021)》，社会科学文献出版社2021年版，第439~450页。

② 王名、刘国翰：《中国社团改革：从政府选择到社会选择》，社会科学文献出版社2001年版，第158页。

③ 目前在缺少统一立法的情况下，确立和规范社会组织身份与行为的只有中央和地方指定的针对各类社会组织的行政法规，如《社会团体登记管理条例》《民办非企业单位登记管理暂行条例》等，但其以规范程序为主且适用范围不广，法律层级较低，缺乏应有的法律效力。参见任进：《民办非企业单位立法的健全与完善》，载赵泳主编：《民办非企业单位问题研究》，中国社会出版社2004年版，第9~11页。

成社会组织的社会认可度下降、公信力缺失，政府不愿授权给予他们社会服务等，这些制度包括社会组织的组织领导架构、责任和义务的划定、服务的目标内容和对象、服务效能评估、资金管理制度、政府和社会监督制度等，从而影响社会组织参与社会治理的效能。

2. 社会组织社会认同度不高

社会组织的主体合法性不仅包括身份合法性，同时也包括社会认同，即“对自我特性的一致性认可，对周围社会的信任和归属，对有关权威和权力的遵从等等”①。社会组织的社会认同度不高主要体现在社会组织受其他社会治理主体以及社会治理作用对象的认可度不高。一方面，主要进行社会治理的主体——政府部门、市场主体对社会组织参与社会治理的认可度不够高。社会组织作为社会治理的新生力量，虽正在广泛地发展与壮大，但是政府和市场等传统主体对其依然较为陌生。部分地方政府一直在社会治理中处于主导地位和掌握着大量的社会可调用的资源，对社会组织的能力和作用持怀疑态度，甚至有些政府部门把社会组织作为自己的下属部门，出于自身利益或者不想担责的考虑，对社会组织的发展采取既不支持也不反对的政策，对符合发展条件的社会组织不登记不注册，或者迫使大量的社会组织转而向工商部门登记。另一方面，从社会组织作用主体来看，社会组织提供公共物品及服务，其指向为广大人民群众。由于公民缺乏公民意识、自治观念、法治观念、契约精神、公益精神，“社会组织在孕育上缺乏文化基因，造成了我国社会组织发育上的先天困境，而且导致了社会组织在后天发展过程中文化认同的困难”②。除此之外，由于群众对于各社会组织的目标动向、运作程序等方面信息接受程度低，因而对社会组织的服务能力和动用资源的能力认识模糊，认可程度也较低。

(二)社会组织参与社会治理定位失洽

1. 社会组织失位，成为“二政府”

从社会组织的管理方式来看，由于社会组织的双重管理体制，政府对社会组

① 王春光：《新生代农村流动人口的社会认同与城乡融合的关系》，载《社会学研究》2001 年第 3 期，第 64 页。

② 谭日辉：《社会组织发展的深层困境及其对策研究》，载《湖南师范大学学报(社会科学版)》2014 年第 1 期，第 35 页。

织的管理专注于控制。控制型管理是基于管理者相对于管理对象的权威，为避免管理对象作出对国家与社会、自身与他人有害的行为，因而实施严格的控制、监督①，在这个过程中也常常出现政府权力越位②，使第三部门成了第一部门的法律附属物③。比如，原国家经贸委直管的15家行业协会有9家是由其直管的国家工业局直接转制而来。青岛有53.5%的社团仍由党政领导干部兼任其领导职务。④ 清华大学NGO研究室对社会组织进行了调查，有一半以上组织管理人员来自业务主管单位的任命和派遣，或由组织负责人提名经业务主管单位的审批。⑤ 除此之外，在社会治理的具体过程中，由于政府的明显的"支配性"色彩，使得社会组织也带有浓重的"附属性"意味，"其服务项目及社会活动开展的依据是基层行政部门的规划，社会组织无法发挥其能动性，只能机械地接受与实施，同时活动的开展大多是以行政部门的主观想法进行，这造成了政府部门、社会组织与居民需求间存在一定偏差，使之无法合理有效地衔接"⑥。可见，社会组织未能发挥应有的作用，因"失位"而陷入困境。

2. 社会组织越位，走向垄断的极端

由于社会组织往往只代表和维护某些特殊群体的共同利益，它的行为也天然接近联合行为，内在地蕴含着不正当竞争、垄断风险，对社会具有无意或有意的破坏性。⑦ 就社会组织而言，它们之间应该是具有市场自律的特性，尤其在市场价格方面，应当根据《反不正当竞争法》《制止牟取暴利的暂行规定》《价格法》《关于制止低价倾销行为的规定》等法律法规来进行，但事实上，无论是国外还是国内，少数行业协会组织联合起来，出现了低价倾销行为，形成价格同盟，从而走向垄断的极端。这种情况出现固然有政府过度干预的原因，但社会组织本身出现

① 谢海定：《中国民间组织的合法性困境》，载《法学研究》2004年第2期，第23~26页。

② 杜玉华、吴越菲：《从"政社合作"到"互嵌式共治"：社区治理结构转型的无锡实践及其反思》，载《人口与社会》2016年第1期，第4~13页。

③ 刘大洪、李华振：《政府失灵语境下的第三部门的研究》，载《法学评论》2005年第6期，第14页。

④ 翟鸿祥：《行业协会发展理论与实践》，经济科学出版社2003年版，第238页。

⑤ 邓国胜：《非营利组织评估》，社会科学文献出版社2001年版，第48页。

⑥ 张立辉、高红萍：《党建引领社会组织参与城市多民族社区发展治理研究——以成都市洗面桥社区为例》，载《民族论坛》2020年第1期，第86~91、97页。

⑦ 苏永钦：《经济法的挑战》，台湾五南图书出版公司1985年版，第18页。

的越位现象也不容忽视，这种垄断最直接的后果就是影响了社会整体利益的实现。

3. 社会组织错位，走向利己迷茫

一是利己与利他的困境。社会组织参与社会治理的初衷是通过联合的方式参与社会事务，是基于合作与共识。但在实践过程中，各个社会组织都是一个利益单元，当组织之间、成员之间的利益一致时，社会组织参与社会治理才能发挥应有的功效，而当治理网络中的某个单元存在短期的利己竞争行为时，此种合力将演变为阻力，弱化相互合作的力量因子。二是责任界限模糊引发的负外部性。社会组织参与社会治理的逻辑起点是共享资源、共同管理，这就会发生由谁来负责的问题。有权必有责，如果当参与不需要承担责任或者说不明确应由谁承担责任时，就会降低本身的效率与质量，同时使得寻找“替罪羊”的可能性大大增加。比如当政府将公用事业、公营企业交给非营利性组织管理时，责任的模糊会大大地降低治理的效率。三是社会组织自身能力的局限。社会组织也存在其内在的局限性。比如在大数据时代，信息总量激增和分布弥散使决策面临“混沌”状态，无法单纯依靠政府进行理性决策，但由于社会组织往往比较关注与自身利益较为相关的领域，其调取的数据往往难以反映整体性、全局性的问题，因此也缺乏有效协调不同利益的能力。加上社会中间层组织成员个人的素质、知识水平和理性结构等条件同样也会制约其判断、决策与行动能力，也存在官僚化、行政化和滥用权力的可能性。

第二章 党建引领与社会治理能力现代化的耦合与互促

追求国家的长治久安是现代政府良善治理的基本出发点与长期目标，实现这一目标对于不同国情的国家来说无疑需要求同存异。我国作为占有人类总人口20%以上的超大型国家，既是一个具有漫长中央集权管理历史与经验的文明古国，又是一个由中国共产党领导的实践中国特色社会主义理论的现代国家。我国所面临的治理挑战与治理困局无法通过简单复制西方国家社会治理的做法而解决。坚持党的领导作为我国的基本政治要求，同样需要深入贯彻到社会治理的战略规划中。在研究中国社会组织的现状以及发展空间的过程中，在研究社会组织参与社会治理的历史进程中，社会组织如何接受党的领导，社会组织自身党建工作如何落实，党建如何引领社会组织参与国家治理现代化，是当代中国所有社会组织生存和发展必须面对与调试和谐的一个理论问题与现实要求。

第一节 社会治理能力现代化的内在需求

党的十九大报告明确指出：“中国特色社会主义进入新时代，我国社会主要矛盾已经转化为人民日益增长的美好生活需要和不平衡不充分的发展之间的矛盾。”这是中国共产党对当代中国社会发展基本情况的一个重大的新判断。马克思主义辩证法强调矛盾对事物发展的决定作用。社会主要矛盾的分析判断是我们党思考全局的基本视角，是党制定符合社会实际需要的正确路线方针政策的主要依据，也是当前我们国家推进社会治理创新、打造共建共治共享社会治理格局、加强社会文明建设的理论出发点。自党的十八大以来，在以习近平同志为核心的党中央坚强有力领导下，中国当代的社会治理体系社会治理格局不断丰富完备，社会安定局面持续向好，全面建成小康社会工作得到不断推进，人民群众的获得感、幸福感、安全感得到有效提升。同时随着中国社会主义市场经济带来的经济结构、利益格局、社会观念、社会结构的涌动与变迁，我国社会治理持续向好要求面临的形势和局面更为复杂多变，各类社会矛盾风险也在增加，给当前社会治理提出了种种新思考、新挑战、新要求。

一、多元主体的共建共治

当代中国国家治理与社会治理的愿景是要打造共建共治共享的社会治理格局，这是新时代加强和创新社会治理的总体要求与基本思路。共建、共治、共享是一个既有区别，又有联系的统一有机体。它们分别从资源供给、治理方式和福利配置三个层次提出了当代中国社会治理的基本要求，凸显了中国当代社会治理的广泛性、人民性与公共性。中国的社会治理，呈现一种政府主导、多元参与的共建、共治、共享社会治理格局，具有“主体复合多元”“全民共建共治共享”“上下有机互动”“政府平台保障”的基本特征。① 这种特征具体表现在以下四个维度：

一是社会治理需要解决的社会公共服务职能，天然具有公共管理和公共服务的要求，需要执政党的领导和各级政府负责，也需要公共资源的持续投入和必要的公权力的介入。

二是社会治理一般具有主体多元、利益多样、过程开放、议题广泛、博弈复杂等特征，需要来自执政党和各级政府、社会组织、社会各阶层的多元、广泛、持续和深入的踊跃参与，以及双向互动的交流和各方力量的团结合作。

三是社会治理具有跨界联动的特性，所需要直面的问题往往不是个别部门或单一系统所能独立化解的，往往需突破参与主体的自身边界和局部限制，用联合与跨界的开阔思路、联合与跨界的灵活办法、联合与跨界的多样机制进行平等对话、协调互动、有效共治。

四是社会治理具有共生共在的一体化特征。但是，一体化社会治理的整个过程及系统构建并非简单的七巧板式拼接组合，而是各个主体和各个环节之间相互影响、休戚相关，具有某种不可分割性。社会治理中所涉及的相关问题，必须达

---

① 廖冲绪、张曦：《共建共治共享社会治理格局的逻辑进路、时代内涵与路径创新》，载《行政与法》2020 年第 3 期，第 75~81 页。

成社会多元参与主体之间有效共建共治共享的深度性合作与广泛性融合。

当代社会治理呈现出主体复合多元的格局。主要包括党委、政府、社会组织及公众等。多元主体共同推进的社会治理创新，在理论上对传统社会治理理论提出了诘问，在实践中涌现出了大量发人深省的案例、经验及创新模式，同时也在摸索和创新中有了新的路径，帮助社会逐步澄清多元主体的权利边界。十九大报告在党的十八大和十八届三中全会的基础上，根据这些年的实践，明确提出要加强社会治理的制度建设，根据中国的国情，建立党委领导、政府负责、社会协同、公众参与、法治保障的有机统一的社会治理体制。社会治理共同体是多元主体协同参与打造共建共治共享的社会治理体系，也是推动国家治理体系与治理能力走向现代化的必要基础。①

共建，即多元主体共同参与社会建设。中国需要创新社会治理思路，摒弃传统包办型治理模式，不断扩大公共服务市场开放。可以结合各地实际与能力，通过政府购买服务、建立健全激励补偿机制等多样性办法，鼓励和引导企事业单位、社会组织和公民等积极参与社会建设。在公共服务领域，特别是教育、医疗、卫生、就业、社保以及社会服务等与民生发展息息相关的领域要坚持中国特色社会治理思路，在坚持党委领导、政府负责的基本前提下，为现有体制下的市场主体和各种社会力量发挥有益作用创造出更多的机会，增强不同社会力量有效参与社会发展的渗透率。

共治，即多元主体共同参与社会治理。当代中国的治理应该充分发挥中国共产党在社会治理中总揽全局、协调各方的领导核心作用，在一定的机制传导过程中，不断强化各级政府落实社会治理的责任制。治理的目的以保障社会公众基本利益为出发点和落脚点，发展保障人民民主，维护我们社会的公平正义，更好地保障人民群众在现代社会治理进程中依法实现自我约束、自我管理、自我发展、自我反馈，逐步形成社会治理人人积极参与、人人实现尽责的和谐局面。

历史与现实已经反复证明，多元主体之间的有序博弈与动态适应更有利于熵减秩序社会的形成与稳固。传统社会管理具有单一主体管控、单向度刚性约束、底层回应不足的特性，不仅难以从源头上根治社会问题，反而放大了社会风险，

---

① 张国磊、马丽：《新时代构建社会治理共同体的内涵、目标与取向——基于党的十九届四中全会〈决定〉的解读》，载《宁夏社会科学》2020年第1期，第12~20页。

使得政府治理成本不断加大。因此，政府以及现存社会各主体都要找寻合适的角色，只有彼此相互适应与容忍才能更好地发展。从“相互确保生存”的逻辑视角而言，现代社会应该是一个多元行为者——国家、组织、人际网络和个人构成的互相连通，又有变化与冲突的信息交换系统。国家的意图和政策通过各系统传递并释放影响力，基层组织与空间以及个人接收信息后转化为认知效果、行为效果乃至情感效果，这些反应又会通过组织和各系统反馈到国家层面。在这种情况下，基层治理成为连接国家治理和社会治理的有效界面，而治理最重要的是信息交换和对信息的理解和共识，其次才是具体的手段和方式方法。

改革开放以后，中国社会逐步由单一社会转变到多元社会。基层治理如何在差异性中把握同一性是一个从理论到实践都需要探索的问题。从二者的关联来看，它们具有内在的通融性。一是因为行动的变异皆因差异点造成而非趋同点；二是因为排除冲突性的差异，在多元化、差异性的现实中往往呈现多元主体与内容的共存。我国基层社区治理的历史变革、治理形态架构与转型，是在历史传承、文化传统、经济社会发展的基础上，长期不断地渐进、改进、调适、演化的结果。① 这其中多个相互独立的行动主体相互承认彼此的主体性，通过某种方式达成包容和合作，是一种内在有机，而非外力控制的互动过程，具有稳定性和自我调节能力。从实践层面来看，在基层治理实践中要善于发现并特别关注“关键的”差异，学习从差异性中甄别哪些是可以共存的、哪些是对立的，而不是简单地把差异性拒之门外。中国基层社区互动式治理机制构建的路径选择主要包括互动网络架构、互动规则建设、互动精神塑造、互动平台打造四个方面。这四个方面相互统一、协调互动，网络是基础、规则是关键、精神是动力、平台是保障，共同组成基层社区互动式治理的建构之路。②

从一个以政府为主导的整体性社会转型到一个分散、多元化的社会，面对多元主体各异的目标诉求，党和政府必须紧抓多元主体同频共振的主旋律以保证社会秩序的基本稳定与有序发展。随着时代的变迁，中国社会从相对封闭性格局发展到流动性充裕、主体结构多元分化的运行格局，打造共建共治共享治理格局是对这种转型性质的深刻认识，并在此基础上实现政府治理和社会调节、居民自治

① 姜郸：《中国城市社区互动式治理研究》，吉林大学 2020 年博士学位论文。
② 姜郸：《中国城市社区互动式治理研究》，吉林大学 2020 年博士学位论文。

的良性互动，从而使政府能够在开放式、互动性的管理之中体现权威。自党的十八大以来，我国社会治理体系和治理能力建设不断取得新进展，这不仅推进了从以经济建设为中心到“五位一体”均衡发展政策目标下的政府运行机制优化，而且加快了开放、流动的社会形态下塑造中国特有的党委、政府、社会力量多元合作治理结构的历史进程。①

在各地的社会治理具体实践中，我国基层社会管理实践涌现出了很多种具体模式，包括以上海市为代表的行政主导模式、沈阳市为代表的社区自治模式、武汉市江汉区为代表的多方参与模式、深圳市盐田区为代表的议行分离模式等。②它们具有如下的共同特征：一是奉行“以人为本”的基层社会管理理念；二是建立服务导向的基层社会管理机制；三是完善基层社会管理的法规制度体系；四是打造多元主体参与的社区自治模式；五是以电子信息网络技术为手段创新社会管理工作；六是大力培育基层社会管理的第三部门。③ 以广州市的做法为例，它们近年来形成了包括海珠区沙园街“三中心一队伍”模式、江南中街“楼宇党支部+十分钟服务圈”模式、琶洲街“社区工作站+绩效考核”模式、越秀区北京街“社区信息化助力”模式、白云区京溪街“与市场组织合作”模式、同德街“专业社工介入”服务模式、三元里街“多元主体参与”服务模式等诸多具有地方特色的做法。广州市通过抓好主要环节，规范城乡议事厅运作，强化成果运用，引导城乡社区多元主体有序参与，初步形成了兼容并蓄、多元参与的社区治理方式，从规范硬件与软件建设到规范决议执行等愈来愈走向有序与规制。同时加大人、财、物的投入，持续推动幸福社区、社区居家养老、城乡社区网格化服务管理、社区议事厅、社区微改造等多项重点工作任务，城乡社区公共服务水平和城乡社区治理能力有了很大提高。④

类似的模式前些年也在成都市进行了有益探索，即在统筹城乡发展进程中对构建新型村级治理机制进行了卓越的实践探索，充分调动了广大农民的积极性和

---

① 李友梅：《中国社会治理的新内涵与新作为》，载《社会学研究》2017 年第 6 期，第 27~34，242 页。

② 罗光华：《城市基层社会管理模式创新研究》，武汉大学 2011 年博士学位论文。

③ 罗光华：《城市基层社会管理模式创新研究》，武汉大学 2011 年博士学位论文。

④ 广州市民政局：《构建共建共治共享社区治理工作格局建设幸福广州》，载《中国社会组织》2019 年第 3 期，第 20~23 页。

创造性，找到了一种适合当前农村形势下村民自治的实现形式，丰富和完善了村民自治制度；也有力地推动了统筹城乡发展和城乡一体化进程，取得了显著的实际成效①。这对于我国在工业化信息化城市化背景下进一步完善和创新基层社会组织自治机制，探索基层社区自治的有效实现形式具有重要的意义和价值。当前和今后一段时期，我国处于社会主义建设的初级阶段，在发展共同治理的社区制管理模式的前提下，需要建立起以居民为中心、服务为导向，利用电子化手段实现"条""块"有效结合的管理模式。

二、多元利益的共享共促

新形势新任务迫切要求我们进一步加强和创新社会治理，努力打造共建共治共享的社会治理格局。提出打造共建共治共享的社会治理格局，是我们党社会治理理念的升华，体现了我们党对社会治理规律认识的不断深化与精准把握，具有鲜明的现实针对性和实践指导性。

共享，即共同享有治理成果。加强和创新社会治理，归根到底是为了不断满足人民日益增长的美好生活需要，让人民群众共同享有治理成果。这就要求创新利益协调机制，完善利益保护机制，切实维护和保障人民群众切身利益。构建共享服务体系，建立政府主导、覆盖城乡、可持续的公共服务体系。我们党和政府历来重视社会共享共促利益分配格局的实现，在不同的历史阶段曾经产生过不同的具体做法，比如曾经作为社区治理典型的"枫桥经验"，诞生半个多世纪以来，一直以其独特的"坚持发动和依靠群众，坚持矛盾不上交，坚持就地化解矛盾"，实现捕人少、治安好的群防群治的社会治理方法，成为中国社会治理工作的一面旗帜。今天我们依然需要探索新时代"枫桥经验"与共享共治的社会治理格局的有益结合。②

在新时代的今天打造共建共治共享的社会治理格局，是社会主义本质以及尊重人民群众主体地位的重要体现和实践展开。它意味着由过去偏重追求经济增长转向更加重视推动人的全面发展和社会全面进步，参与主体从政府主导转向政府

① 任中平：《成都市构建新型村级治理机制的经验与价值》，载《党政研究》2014 年第 5 期，第 71~77 页。

② 刘琦、杨茜：《构建新时代"枫桥经验"与共享共治社会治理格局的路径研究》，载《长春理工大学学报(社会科学版)》2019 年第 3 期，第 65~70 页。

与党委领导、政府负责下的社会多元主体共同治理，治理方式从自上而下的单向管理转向政府和多元主体良性互动。这一新的社会治理理念和实践强调坚持发展为了人民、发展依靠人民、发展成果由人民共享，重视全民积极参与、共同建设和共同治理，不断满足人民群众日益增长的美好生活需要。

在马克思看来，公共性是人类与生俱来的根本属性之一，是人们在社会实践中形成的一定的社会关系。马克思在揭露资本主义社会的本质时提出并论证了超越私人利益的"公共利益"的存在及其内在机制，进而预判未来将通过公共性实现形态上的"自由人联合体"。哈贝马斯则强调，在现代社会，公共性本身表现为一个独立的领域，即公共领域，它和私人领域是相对立的。① 可以说，超越私人利益的公共利益和与私人领域相对立的公共领域，是公共性的基石，其中既包含对私有制的否定，也包含私人权力向公权力的让渡。

在这种意义上，多元主体共同治理，意味着在多元主体之间通过让渡各自的权力形成一定的公共领域，不同主体间在频繁的交往和互动中达成共识，并形成超越各自不同利益的公共利益。作为社会治理的制度创新，多元共治主要包括四大特征：多元主体，开放、复杂的共治系统，以对话、竞争、妥协、合作和集体行动为共治机制，以共同利益为最终产出。② 从国家层面而言，共建共享是构建和谐社会的终极目标；就单位运行来说，共建共享则是提高内部凝聚力与向心力的力量源泉。共享是治理的终极目标，也是治理是否有效、成功的最终判断标准。社区通过草根文化团队培育、微小便民为民服务项目、居民提案议案等举措，引导多元主体参与解决社区问题，逐步激活社区自治微细胞微组织，使之成为社区治理的重要内生力量和持续发展的重要保障，共同享有优化的社区公共服务、公共设施、公共权益，提升社区居民的综合素养与生活品质，获取现代性诸特征的美好生活和人文环境。

在各地探索多元利益共享共促的进程中，也涌现出不少典型经验。比如浙江省近年大力加强基层社会治理探索，通过完善治理结构、建立联动机制，搭建社区居民公共活动平台，让社区居民依法有效地参与社区公共事务。他们充分发挥

① 李佃来：《哈贝马斯对当代政治哲学的贡献》，载《东岳论丛》2019年第8期，第158~167、192页。

② 王名、蔡志鸿、王春婷：《社会共治：多元主体共同治理的实践探索与制度创新》，载《中国行政管理》2014年第12期，第16~19页。

"枫桥经验"的优势，通过党建统领、人民主体、"三治融合""四防并举"、共建共享，形成了具有浙江特色的社会治理方案，构筑起立体化的风险防范屏障。① 包括建立多方联动共治的长效机制，各主体联合构建起共建共享共治服务体系，注重在社区治理过程中发挥多元主体协同作用，实现社区资源整合与优势互补；搭建多元主体共建的治理架构，强调社区党委、驻区企业、社会组织、志愿者等不同主体在社区治理中的责任分工，以及优化治理结构、创新村(居)民议事机制、社区管理网格化、推动政社合作、激励企业参与等。通过政策落地、人员到位、设施配置等实现精准服务和乡村治理零盲点，切实解决群众的问题。

应该来说，这些探索都是有积极意义的。从合作治理的视角来看，以政府为主导搭建社区居民自治平台，促使驻区单位、社会组织、社区居民等多方主体参与社区治理，制定社区资源的供给与分配及社区公共事务规则，既可以对基层政府的决策和行为形成一定的约束，同时也是对以社区居民为核心的基层自治功能予以进一步的确认和扩展，有利于推进社区居民参与社区治理的运作机制，从而为社区治理精细化和专业化提供了制度建设和机制保障。

三、多元矛盾的协同化解

目前，我国经济社会发展已进入新常态，如何有效化解社会矛盾已经成为社会治理的核心议题。这需要有效发挥社会组织在化解社会矛盾方面的积极作用，在战略布局上把社会组织纳入社会矛盾化解的工作体系之中，逐步推进政社分开，重视对社会组织的培育发展、全面监管，注重培育基层社区社会组织，加强执政党对社会组织的有效领导。② 随着近些年一些新型的社会矛盾的不断涌现，矛盾冲突的强度与烈度不断上升，矛盾博弈策略、手段日益复杂，对社会矛盾的治理体系、治理机制、治理措施各方面提出了新的挑战。正是矛盾的客观存在，产生了改进与完善矛盾治理机制的需要。

所谓社会矛盾多元协同化解机制，是指在矛盾化解中将制度、政策、机构、队伍、资源、社会力量等相关要素有机组合，形成一种稳定的合作(协同)关系

① 卢芳霞、刘开君：《"枫桥经验"在重大社会风险防控中的应用》，载《中国领导科学》2020 年第 4 期，第 92~97 页。

② 康晓强：《有效发挥社会组织在化解社会矛盾方面的积极作用》，载《教学与研究》2014 年第 2 期，第 24~30 页。

与有节律的活动模式。要统筹各种力量，形成相互配合、多向互动的组织框架，综合运用政治、经济、行政、法律、教育等多种手段，推动各种解决方式、手段之间的统一协调、功能互补、程序衔接、良性互动。构筑起“党政领导、综治牵头、司法推动、部门参与、社会协同、法治保障”的矛盾纠纷多元化解决工作体系，使得矛盾纠纷以最适合的方式得以及时有效解决。这其中社会组织在社会矛盾化解方面的功能结构是，在社会矛盾发生前充当“安全阀”，提供情绪纾缓平台；在社会矛盾发生后充当“防火墙”，提供利益协商平台；在社会矛盾激化后充当“救火队”，提供应急处置平台。①

化解主体多元化。在社会矛盾多元化协同化解机制中，化解主体有多个：一是司法机关，主要为公安机关和法院。二是国家行政机关或准行政机关。行政调解、行政仲裁、行政复议的主体是国家行政机关，也有一些准行政机关承担化解矛盾的职责，例如劳动仲裁委员会等。三是社会力量，包括社会个体，如律师、人民调解员等以及社会群体，主要指各种新闻媒体、社会组织，如行业协会、商会、行业工会等。四是基层街道(乡镇)、社区的矛盾化解力量。五是矛盾双方的当事者。不同的主体处理结果的效力区别很大，司法机关和行政机关的处理结果具有国家强制力，而社会力量、基层组织、个人的处理结果不具备国家强制力。

化解机制多元化。在处理社会矛盾中，要对各种矛盾化解机制进行整合，协同发挥作用。与矛盾类型和化解主体相对应，可以形成四大机制，即以司法机构及法律规范为主的司法化解机制；以国家行政机关或准行政机关及行政规范为主的行政化解机制；以社会组织、专业性社会机构及行业规范为主的社会化解机制；以基层社区组织与居民公约、乡规民约为主的社区矛盾化解机制。法律规则无疑是化解矛盾的底线，但司法化解不能解决所有的矛盾，而且调动成本较高、效率较低。行政化解必须有行政主体作为一方参与，适用面较窄。社会化解机制与社区化解机制有着历史文化传统、社会心理习惯和公众认同的强大的文化氛围，是低成本、高效率的化解机制。多元化矛盾化解机制形成，需要在司法机制与行政机制以外，能够接受、容纳社会化解机制与社区化解机制。

---

① 康晓强：《有效发挥社会组织在化解社会矛盾方面的积极作用》，载《教学与研究》2014 年第 2 期，第 24~30 页。

化解方式多元化。制度化解决矛盾的这种方式主要有协商、谈判、调解、仲裁、诉讼等，其主要特征是双方在利益争论的焦点上无法达成共识时，能够以规范化流程和手段加以解决，但仅仅依靠制度解决是远远不够的。道德规范、地方自治规范、市民公约、行规、团体章程、村规民约等社会性、地方性、民间性的柔性规范为主的化解规范在遵守法律法规的基础上，通过理、义、情等手段调解矛盾，具有引导、约束组织成员、团体成员、社区成员自觉遵守国家法律、社会公德的重要作用，同时适用面更广，灵活性更强。另外，民族习惯、宗教文化中倡导和平、包容、团结的内容也可以作为化解矛盾的思想与做法。在长期的实践工作中，各地逐步探索出了几种主要的矛盾化解手段。

一是社会组织更广泛的社会治理参与。社区治理的基本经验表明，社区治理已成为当前社会管理的基础和突破口，在改革管理体制(重构政府与社会关系)、培育社会组织(促进公民社会发展)、提供公共服务(推进服务机制创新)、扩大公民参与(树立公共精神和参与意识)等方面，为社会管理体制改革与创新提供了实践探索与理论验证。社区治理的丰富实践给社会管理体制改革与创新提供了诸多启示，如多元主体共治模式、民主治理理念、参与合作机制、政府职能转变逻辑、公民社会成长路径等，这些启示对于我国今后的社会管理改革、社会体制创新以及社会机制建立、社会政策制定提供了可供参考和选择的途径和建议。社会组织参与社会管理和公共服务的实践表明，在一些领域，社会组织可以提供比政府更有效和便捷的管理和服务，从而大大提升了社会管理和公共服务的质量和效率。政府需要加快职能转变，大力培育和发展社会组织并鼓励它们参与社会建设，这是促进社会发展的一条有效途径。①

二是律师等专业服务人员的介入。在推进全面依法治国的背景下，律师作为法律专业人士，可以发挥专业优势，充当当事人之间、政府和当事人之间的桥梁和纽带，将矛盾纠纷纳入有序的化解轨道。例如有些地方实行律师进社区的“社区律师”制度。“社区律师”给当事人担任法律顾问，直接参与矛盾纠纷的调处，也可以引导矛盾对立双方通过法律渠道解决矛盾纠纷，防止事态扩大化和无序发展。人民调解组织处理重大矛盾纠纷和疑难问题时也可以请律师提供专业的法律指导，解答处理法律难题，举办法律培训，帮助起草修改规章和法律文书，依法

① 李慧凤:《社区治理与社会管理体制创新》，浙江大学2011年博士学位论文。

调解疑难纠纷。从律师的作用我们可以进一步思考，我们需要在坚持现代司法价值取向的前提下，紧密结合中国各地区社会发展实际，积极稳妥地推进司法改革，构建一个既符合现代司法文明普遍准则，又具有中华民族多元文化特征，且与其他纠纷解决机制协调互动的司法解决机制。①

三是新闻媒体的及时反映。在互联网时代背景下，以网络新闻媒体为主要代表的新闻媒体成为社会治理中一股不可忽视的有生力量。信息化为国家建设与发展带来了千载难逢的契机，也放大了社会各界和各阶层的种种矛盾。网络媒体的出现为公民寻求意愿表达渠道提供了场所，同时也暴露了传统行政管理的缺陷，促使政府为适应现代化治理的需要进行改革创新。因此，党如何引导和控制社会舆情无疑成为审慎处理的重大课题。在人人拥有麦克风的新媒体时代，提升党对社会的领导力既是重大的理论问题，也是重要的实践问题。② 在社会治理多元化矛盾化解的力量中，新闻媒体既可以充当社会矛盾的“监视器”，又可以充当缓释社会情绪的“解压阀”。相关管理者可以通过政务微博、政务微信公共号、网络访谈等载体，与网民加强互动，收集社情民意，及时梳理、研判、回应群众诉求，将线上问题线下解决，解决好群众的切实问题。目前部分地区利用新闻媒体作为载体，开通社会矛盾化解栏目，配备专业记者和编导人员，选择典型的社会矛盾案例，现场跟拍调解员为当事人排忧解难、化解社会矛盾的过程，就较好地化解了可能升级的社会矛盾。当然，在中国语境下，我们依然要强调政府作为元治理的角色地位，新闻媒体是网络舆情治理的主要宣传者，社区组织承担着化解基层社会矛盾的重任。③

四是民间权威的合理发声。在社会学中，所谓的地方精英更强调客观支配，民间权威更侧重于本土文化建构的特征。当代乡贤的核心特质，即介于自身的客观支配力与当地人们的主观认定之间，乡贤具有由当地特定文化观念体系塑造与建构的特质。④ 在社区有各种不同类型的“民间权威”，例如老党员、老干部、老

① 常亮：《民族地区纠纷司法解决机制研究》，中央民族大学 2013 年博士学位论文。

② 仰义方：《新媒体时代党的社会领导力研究》，中共中央党校 2015 年博士学位论文。

③ 孔建华：《当代中国网络舆情治理：行动逻辑、现实困境与路径选择》，吉林大学 2019 年博士学位论文。

④ 李晓斐：《当代乡贤：地方精英抑或民间权威》，载《华南农业大学学报(社会科学版)》2016 年第 4 期，第 135~140 页。

教师、老医生、企业家、退伍转业军人等，在普通民众中具有较高的社会威望。借助他们的力量来调解社会矛盾，往往可以收到较好的效果。有些地方广泛动员农村“五老”(老党员、老干部、老模范、老教师、老退伍复员军人)，推选有威望、有能力、公道正派的“五老”组成“和事老协会”“公道会”“里长会”等调解组织，充分发挥这些民间权威政治强、经验多、威望高、智慧足、人情浓等优势，有效地化解社会矛盾。有些地区将民间权威人士吸纳为人民调解员，支持公信力较强的优秀人民调解员建立以个人名字命名的人民调解室，形成品牌效应。

因此，从治理成效角度来说，预防和化解社会矛盾是社会治理的核心要务，但现行社会治理体系中依然存在漠视社会预防的情况，包括社会预防观念淡漠、社会预防体制僵化、社会预防机制欠缺等，需要国家与社会在实践中采取有效措施去缓解。可以说，社会预防是一个长期的动态过程，贯穿于社会治理的全部过程。这就需要我们适应创新社会治理体制的要求，构建旨在从源头上预防化解基层社会矛盾的新机制。这一新机制至少应包括全方位的社会矛盾预警机制、科学有效的利益协调机制、简便易行的利益表达机制、复合型的基层矛盾调解化解机制四个方面的机制。①

第二节 党建引领社会治理的制度优势与调适

习近平总书记在党的十九大报告中旗帜鲜明地提出了新时代党的建设总要求与基本原则，就是要坚持和加强党的全面领导。这一论断告诉我们，在当代中国，党的领导是中国特色社会主义最本质特征和最大优势，是我们分析处理一切问题的政治前提。党政军民学，东西南北中，党是领导一切的，离开了党的领导，中国只可能是一盘散沙，因此，党应该是居于总揽全局、协调各方的领导地位。历史与现实已经反复证明，哪个领域、哪个方面、哪个环节缺失了弱化了党的领导，都只会损害党和人民的根本利益。在我们坚持和发展中国特色社会主义、实现中华民族伟大复兴的长期历史进程中，包括社会治理在内的各个领域必须毫不动摇地全面加强和改善党的领导，绝不能削弱、更不能放弃党的领导。全

① 程昆：《论基层社会矛盾预防化解机制的完善与创新》，载《科学社会主义》2015年第6期，第105~108、124页。

社会要形成合力，把党建设成为始终走在时代前列、人民衷心拥护、勇于自我革命、不断谱写时代新篇的马克思主义执政党。这是新时代党的建设的根本目标和基本要求。

一、党建引领社会治理的制度优势

党建引领是中国共产党治国理政的重要机制，也是党领导社会治理的主要工作机制。党建引领社会治理具备政治领航的统合优势、人民至上的价值优势、扎根群众的组织优势以及机制创新的能力优势，可以更加有效解决社会治理现代化中的掣肘因素。

(一)政治领航的统合优势

执政党积极回应基层治理中的新挑战、新问题，通过“组织嵌入、体制吸纳、价值引领”等，构建了以党组织为核心的有机整合基层治理机制。其中，组织嵌入包含基层组织嵌入、党员嵌入和服务合作嵌入；体制吸纳包含精英吸纳、参与吸纳和团体吸纳；价值引领则包含合法性的塑造、核心价值的引领和公共文化服务，分别对应的是政党的组织职能、统战职能和宣传职能。[①] 在基层社会治理实践中，政党除了运用组织职能、统战职能和宣传职能外，还有一项与社会治理密切相关的职能就是综治(秩序)职能。《中国共产党政法工作条例》第三章第 10 条中指出，“完善党委领导、政府负责、社会协同、公众参与、法治保障的社会治理体制，提高社会治理社会化、法治化、智能化、专业化水平”；第四章第 11 条明确规定：“省、市、县、乡镇(街道)社会治安综合治理中心是整合社会治理资源、创新社会治理方式的重要工作平台，由同级党委政法委员会和乡镇(街道)政法委员负责工作统筹、政策指导。”当前，各级政法委是社会治理的牵头部门，有助于发挥党整合各方面资源开展治理实践。

党的全面领导并不单纯只表现为“组织嵌入”“体制吸纳”等机体性的介入，而是综合政治地位、政治权威、政治资源、价值理念等形成的超然的治理能量。他们运用政治势能的研究框架，分析党的全面领导在社会治理领域具有宣传性政

① 孙柏瑛、邓顺平：《以执政党为核心的基层社会治理机制研究》，载《教学与研究》2015 年第 1 期，第 18~22 页。

治势能、结构性政治势能和身份性政治势能。就内容而言，宣传性政治势能、结构性政治势能具体分析了党通过组织嵌入和价值引领的制度优势转化为社会治理效能的背后原因。身份性政治势能则着眼于干部队伍自身的身份认同作用于社会治理产生的能量。①

概括起来，执政党具备利用政策优化、利益整合、价值引领、组织动员等多重手段整合社会开展社会治理的统合优势。

(1)政策优化。一般认为，政党政策代表着政党的意识形态倾向性，也是获得公众支持的稳定性因素。中国共产党号召全党努力践行意识形态以服务于人民。具体路径是：党的社会政策方案经过党代会程序后，提交政协各参政党进行充分协商，形成具有全局性的"党的决定"文件，再经由政府讨论和公民参与等途径转化为"决议草案"，最后在人大审议和表决，形成具有约束力的政策。

(2)利益整合。《中国共产党党章》旗帜鲜明地宣布中国共产党是"代表中国最广大人民的根本利益"的先锋队，践行为人民服务的根本宗旨。党的利益代表功能不会因为经济发展和社会结构的变化而被替代，尤其是在事关全局和弱势群体的利益上。党的权威作用还表现在利益整合方面，即党将各种利益诉求整合成政策。党的利益整合功能越是强大，则政策的公平正义性保障越是可靠，因而越是能够获得公众的政治认同。

(3)价值引领。中国社会治理自始至终坚持服务人民的原则，把民众需求作为党领导社会治理的根本任务。党的十九大重申了社会治理原则，把"提高保障和改善民生水平"作为"加强和创新社会治理"的目的指向。"新时代中国特色社会主义现代化建设，根本宗旨是以人民为中心，促进经济社会发展和人的全面发展，使得全体人民共享发展成果。"②这里，人民本位与五大发展理念中的"共享"理念相得益彰，展示了党领导社会治理的价值指向，凸显了政府兜底的责任担当。

(4)组织动员。中国共产党的组织动员工作通过开展组织建党活动，旨在织

---

① 贺东航、高佳红：《政治势能：党的全面领导提升社会治理效能的一个分析框架》，载《治理研究》2021年第5期，第81~84页。

② 王浦劬、季程远：《新时代国家治理的良政基准与善治标尺——人民获得感的意蕴和量度》，载《中国行政管理》2018年第1期，第6~12页。

就适应社会治理的网络结构。社区党建、楼宇党建、社会组织党建、“两新组织党建”、白领党建、流动党员管理等，都是网络缔结的方式或选项，其目的都是发挥党在基层的动员功能，筑实党执政兴国的社会基础。近年来，党和政府渐进地以“放管服”改革理顺社会治理的各种关系，意图发挥资源最大化的效应，为政治体制改革做好铺垫。《关于政府向社会力量购买服务的指导意见》(国办发〔2013〕96号)明确指出，政府购买公共服务是“整合利用社会资源”的有效途径，要构建公办民办并举的公共服务供给模式。可见，随着协同治理主体结构的日益多元化，这种资源动员方式也将发生相应的变化。①

通过政党发挥统合功能，可以确保社会治理的方向沿着正确轨道运行，将体制资源和社会各种资源和力量吸纳进来发挥最大的治理效能。

(二)人民至上的价值优势

中国特色的社会治理是中国共产党执政方略在社会治理领域的具体延展与实践，中国共产党秉持全心全意为人民服务的执政宗旨，党内法规中最具权威的党章对“人民至上”社会治理价值本位的定位进行了制度性确认，奠定了党建引领的制度基础。

对于“五位一体”总体布局之一的社会建设而言，“人民至上”的价值本位是凝聚社会共识、实现人人共享的治理共同体的执政方略，党建引领有助于从制度高度推动社会治理的进程。按照马克思主义原理，社会治理的价值指向最广大人民群众全面而自由的发展。以“人民至上”的价值本位为定位的党建引领社会治理，要解决的问题是“党的领导”“执政服务”是“为了谁”。无论是“提供什么服务”还是“如何提供服务”，党建引领的原则始终是坚持需求导向和问题导向。②

邓小平同志早在中华人民共和国成立初期就指出：“有些同志以为天下是我

① 吴新叶：《党建引领社会治理：制度逻辑与效能改进》，载《人文杂志》2020年第1期，第121页。

② 毛泽东同志为人民服务给全党提出两条戒律：“一条是群众的实际上的需要，而不是我们脑子里头幻想出来的需要；一条是群众的自愿，由群众自己下决心，而不是由我们代替群众下决心。”(参见《毛泽东选集》(第三卷)，人民出版社1991年版，第1013页。)这两条告诫在利益分化愈加明显、利益诉求愈加多样、利益表达途径愈加多元化的当今时代更有警示意义。

们打下的，一切要服从我们。这是非常错误的。实际上群众不一定会服从你。领导不是自封的，要看群众承认不承认，批准不批准。”①在领导改革开放的征程中，他再次重申：“凡是符合最大多数人的根本利益，受到广大人民拥护的事情，不论前进的道路上还有多少困难，一定会得到成功。”②

习近平同志2021年2月20日在党史学习教育动员大会上提出“江山就是人民，人民就是江山”③后，在庆祝中国共产党成立100周年大会上的讲话中进一步指出：“江山就是人民、人民就是江山，打江山、守江山，守的是人民的心。中国共产党根基在人民、血脉在人民、力量在人民。”④

在新时代的社会治理实践中，党中央提出构建共建共治共享格局的目标指向是人民群众，要“不断保障和改善民生、增进人民福祉，走共同富裕道路”。当下，“获得感”“执政为民”“民生改善”“人民中心”等关键词，已经落地开花，有些地方甚至已经有了可量化的衡量指标。党建引领的制度核心优势能够得以展现，是因为“人民至上”的价值本位成为党的执政自觉。

（三）扎根群众的组织优势

自建党以来，党高度重视基层组织工作，从“三湾改编”确立“支部建在连上”的制度开始，党逐步在军队、地方政权及人民团体建立相对应的基层党组织。中华人民共和国成立后，党的基层组织由建立在“连上”，逐步发展到建立在车间、单位以及农业集体组织，实现了“党政社一体化”。改革开放以来，各类组织自主性增强，新型从业人员不断增加，“两新组织”大量出现，由社会变迁导致政党与社会关系发生重大变化，党的基层组织出现悬浮化、边缘化甚至“不在场”现象。通过组织“再嵌入”实现对新型组织和社会空间的领导成为党在基层治理的行动目标和策略。通过将基层组织建立在社区、车间、项目部、各种协会及网络上，实现了党的组织对现实社会空间及网络虚拟空间的有效覆盖；通过发动、组织和挑选具有较高思想政治觉悟、理论政策水平和能力素质的政府公务人

---

①《邓小平文选》（第一卷），人民出版社1994年版，第157页。

②《邓小平文选》（第三卷），人民出版社1993年版，第142页。

③习近平：《在党史学习教育动员大会上的讲话》，载《求是》2021年第7期。

④习近平：《在庆祝中国共产党成立100周年大会上的讲话》，载《求是》2021年第14期。

员、人大代表、政协委员等党员群体进入基层治理一线，实现党在基层治理和建设中的作用；通过增强对“两新组织”的服务职责，引领发展，促成合作。具体策略主要有：一是理念引导。通过组织“两新组织”人员培训，使他们对党有感情、坚定跟党走。二是组织孵化。党和政府运用自己掌握的丰富资源，对“两新组织”从出生阶段起便加以指导，使其成功走上正轨。三是购买服务。通过向企业和社会组织购买服务，与它们建立合作伙伴关系，并以资源优势影响它们的理念、机制和运作。①

近年来，区域化党建成为基层党组织建设引领社区治理的一项制度创新。“区域化党建”充分发挥党的领导作用，将包括社区在内的单位党建与区域党建横向贯通，具有优化结构、整合社会、统筹资源、服务群众的四重功效。区域性党建在原有行政化工作方式的基础上采用社会化、网络化、互动性的工作机制，通过对社会基层各领域的深入融合，在面向群众、凝聚民心、表达诉求、排忧解难等方面具有无法替代的作用。② 湖北鄂州等地更是将区域化党建与街道大工委、社区大党委、网格党支部、楼栋党小组、党员中心户五级组织架构体系建设整合起来。由街道、社区甚至网格党支部发起，结对单位围绕群众急难愁盼事项通过区域化党建进行解决，根据社区和居民的需求清单和结对单位整合的资源清单形成项目清单，最后将区域化党建下的社区治理形成项目制治理模式。

(四)机制创新的能力优势

中国共产党是一个百年大党，在国家治理和社会治理方面积累了丰富的经验，在治理实践中尊重群众首创精神，能够从实际出发制订发展规划，并依据特定的时机不断调整政策目标。

首先，中国共产党是一个善于学习的政党。毛泽东同志在《改造我们的学习》一文中指出，实事求是是马克思列宁主义的学习态度，从“实际情况出发，从其中引出其固有的而不是臆造的规律性，即找出周围事变的内部联系，作为我

① 孙柏瑛、邓顺平：《以执政党为核心的基层社会治理机制研究》，载《教学与研究》2015年第1期，第18~19页。

② 谢方意：《区域化党建：内生逻辑、功效与路径》，载《探索》2011年第4期，第50~51页。

们行动的向导”①。党建引领社会治理需要发挥主观能动性，具备把握社会治理规律的能力。②

其次，中国共产党是一个适应力极强的政党。王绍光(2008)通过考察中国农村医疗融资体制过去60年的演变历史，发现中国共产党善于从实践中进行学习和提取经验，进而调整政策目标和政策工具以回应不断变化的社会环境。此间高适应体制的“中国模式”逐渐成型，其活力来源于从不相信任何“放之四海而皆准”的标准。③

再次，中国共产党是一个善于利用制度优势打硬仗的政党。十八大后，在一些事关全局性重要议题上，中共需要以“党的全面领导”来突破官僚制的程序僵化和形式主义的顽疾以化解公共政策多属性和层级性的矛盾。因此，中共往往会增强政治势能。而一旦某项公共政策被要求“讲政治”，那么它就具备了“强政治势能”，规格高于一般的文件，牵头部门还可以要求设立“党领导小组”以推动政策的执行。④

最后，中国共产党是一个拥有近亿名成员、人才资源丰沛的世界大党。中国共产党是工人阶级的先锋队。截至2021年6月5日，中国共产党党员总数已达9514.8万名，党的基层组织总数为486.4万个，拥有一支规模宏大的干部队伍。⑤ 近年来，中组部着力在全国范围内推动治理重心下移，制定并出台了一系列政策和制度，以干部下沉为首，牵引财力、物力、信息、技术、服务等资源不断向基层下沉，尤其向贫困地区基层乡村倾斜，大大加深了基层党组织同基层民众之间的血肉联系，显著提升了人民群众对党的领导的政治认同。党员干部是连接党和政府与社会的桥梁，担负着“共建共治共享”的时代责任。随着社会治理

---

① 《毛泽东选集》(第三卷)，人民出版社1991年版，第801页。

② 曹都国、吴新叶：《党建引领社会治理：制度逻辑与效能改进》，载《江淮论坛》2020年第6期，第89页。

③ 王绍光：《学习机制与适应能力：中国农村合作医疗体制变迁的启示》，载《中国社会科学》2008年第6期，第111页。

④ 贺东航、孔繁斌：《中国公共政策执行中的政治势能——基于近20年农村林改政策的分析》，载《中国社会科学》2019年第4期，第24页。

⑤ 数据来源于中组部在新闻网上发布的内容，http://news.cctv.com/2021/06/30/ARTIW5zTtrdxzZH5c7nnRJV8210630.shtml，访问日期：2022年3月13日。

的不断推进，示范引领和头雁效应的干部制度优势将得到进一步的发挥。①

二、党建引领社会治理的适应与调适

党领导社会治理固然具有多方面的制度优势，但在面对复杂多变的治理环境和基层社会多元化的治理需求时，仍有一个适应和调适的过程。学界关于党建引领社会治理中面临的困境进行了充分研究，主要集中在以下几个方面。

（一）党建引领社会治理的困境

首先，党建融入社会治理的理念在基层较为普及，但是融入手段还比较欠缺。一些社区干部认同在发挥党建引领作用的过程中要将党建深度融入社区治理的各项事务之中。但受制于权力运行的惯性，社区党组织依然沿用刚性的管控手段和自上而下的“条线关系”来开展社区治理，所带来的直接后果就是党建与社区治理呈现“两张皮”状态，党建引领的作用很难有效发挥。

其次，共享资源散落且充沛，但是基层党组织整合能力欠缺。基层资源短缺很大程度上是“等要靠”的行为惯性导致的，共享、众筹理念还需要深入人心，由多元主体、多方力量共同参与，形成社区治理的经济基础和社会基础。当前无论是在老旧小区还是新建商品房小区，都存在社区党组织与其他治理主体未能很好地实现资源整合的现象，从而呈现出“资源充沛”与“资源短缺”的悖论。从基层党组织的职责履行方面看，存在两个问题：一是基层党组织相互融合度不够。社区范围内的驻区单位、社会组织、社区等下设的党组织之间彼此相互独立，往往都不主动加强交往与合作，从而出现资源闲置、作用重合交叉的现象；二是基层党组织资源整合力度不够。面对丰沛但散落的资源，部分基层党组织仍然习惯于从上级单位“等要靠”资源，不主动对其他主体所拥有的资源进行整合，而其他组织因缺乏参与渠道、平台而无法介入。

最后，内在需求趋合，但与基层承接载体及机制存在分裂。只有当基层党组织与社区多元治理主体于内在需求、行动机制等层面充分吻合，才能实现政党行动与基层治理的有效融合。调研发现，基层党组织在进行党建活动时，难以真正

① 曹都国、吴新叶：《党建引领社会治理：制度逻辑与效能改进》，载《江淮论坛》2020年第6期，第89页。

与基层治理深度融合。其一，从活动主体看，党组织或行政力量等体制内主体参与积极性较高，社会力量参与积极性却相对较低；从活动内容看，党建主要集中在政务性活动、文体活动、公益性志愿活动等层面，自上而下主导型的活动较多，居民主动发起的与居民切身利益关联度较大的活动相对较少。其二，在机制层面，封闭化倾向比较明显。在党建引领的带动作用下，基层党政部门逐渐构建并应用了向社会组织购买公共服务的机制，但是由于科层系统的封闭化倾向，导致很多领域的公共服务往往陷入对行政主导的依赖。

（二）党建引领社会治理的调适

虽然党建引领社会治理具备多重制度优势，但是要把制度优势转化为社会治理优势，还需要继续完善党建引领的机制、持续提升引领效能。

1. 强化融合理念的配套制度建设

治理理念深入人心，一方面要靠宣传，另一方面要靠配套制度建设，确保党领导基层社会治理的治理理念一以贯之，同时进一步夯实政党统合的根基。赋权社区，由社区党委牵头统筹内部直管党组织和垂直管理的驻社区党组织，集合基层组织力量。给予社区党委人事安排权、重要事项决定权、领导保障权、管理监督权，强化社区党委统合能力；创新协同议事形式，通过共商会、专题调处会等方式，由党委协同社区中的其他组织商议社区问题。在社区治理中，采用党组织“牵头-把关-督办”的模式，议题由党组织牵头和把关，过程由党组织督办，建立决策议事协同机制；组织架构制度化，在“条”上形成“党组织-党员-群众”纵向联动的组织合力；在“块”上通过建立功能型的网格党组织，增强党组织的辐射作用。如某工业园区构建“党工委、二级党委、片区党委”三级联动格局，打破“党-企业-组织”的传统组建模式，为整合片区企业中的零散党员，设立片区直管支部。①

2. 强化党组织的资源整合能力

社会治理现代化中的资源整合是一项系统性工作，既包括对人、财、物等有形资源的整合，也包括促进社会凝聚和整合的意识形态、价值理念、文化传统等

---

① 陈晓岚：《党建引领社会治理新格局的整合逻辑》，载《广东社会科学》2021年第2期，第79页。

无形资源的整合。①

整合资源要靠党组织统筹，各级政权应在党的领导下成立社会治理现代化领导小组，其中有专人负责社会治理资源整合，在调整社会治理资源整合策略、激励社会治理资源整合主体行动方面作出积极回应，并制定相应的鼓励政策。

在不打破党组织纵向管理体制前提下，在街道建立行政组织的党组，将纵向分立的组织关系，通过街道和社区实现横向力量整合。党组成员既有来自"块"的，也有来自双管单位的，服从街道党工委的领导，同时确立协商机制，由此党能调动区域内更多主体和资源，形成治理合力。赋权社区协调区域资源，保障社区党组织在人事、决策、整合、监督等方面的权力，避免出现"小马拉大车"现象。在这一点上，党组织要持续加强治理理念的教育，帮助参与主体树立服务意识和大社区社员意识，摒弃官僚意识和思维习惯。

优化社会治理资源整合运行机制。建立健全由战略规划、行动方案、执行策略、效果评估、回应调整等环节构成的整合运行机制。要在打破部门界限和条块分割的基础上，统筹各行政部门资源，并吸引社会力量广泛参与，实现社会治理资源特别是执法资源的集约化配置，在市域范围内形成社会稳定综合治理的强大合力。党组织应鼓励社区众筹资源，并引导制定相应规则，规避风险，避免在链接资源的过程中产生不必要的矛盾。

3. 强化党组织引领其他主体的能力

以打造组织共同体、利益共同体、文化共同体和行动共同体为重点，加强党对其他治理主体的引领力建设。

首先，利用党的组织引领优势，将"纵向到底、横向到边、横纵联合"的组织网络覆盖到各个行业和领域，整个社会形成以党为发散点的制度化合作框架。实践证明，治理单元越细，党建工作越实，社会治理主体才能充分调动。不能忽略党小组和普通党员在社会治理中的作用。这些都是将党的指示精神贯彻到"最后一公里"的关键环节，是党联系社会的关键环节。

其次，利用党的资源优势调动各方主体的积极性。第一，充分动用党员的人际网络和社会关系，以个体之间的信任纽带搭建组织之间的合作桥梁；第二，依

① 杨小俊、陈成文、陈建平：《论市域社会治理现代化的资源整合能力》，载《城市发展研究》2020 年第 6 期，第 101 页。

托社区自治网络和利益相关方，对服务项目的实施效能进行可持续评估，将评估结果作为“两新”组织服务资质的记录，由此形成公共服务供给-评估-持续改善的优化闭环，进一步增强不同治理主体的利益关联和功能契合度；第三，发挥协商民主优势，推进资源配置的优化。党组织担当核心倡导角色，以促进公共利益为落脚点，提高协商内容的精准性、规范协商主体的代表性、加强协商规则和程序设计的科学性、强化协商结果的执行性，促成利益相关者在互有助益、进退有舍的协商全过程中找到“最大公约数”，从而打破利益固化、资源垄断的藩篱，实现社会资源公平公正的分配。①

再次，在我国现阶段，多元化利益阶层与复杂化社会结构容易引发社会成员价值观上的差异，个人私利主义盛行、公共价值缺失等问题逐渐凸显。为此，执政党应在总结历史经验、深化当前社会发展规律的基础上凝聚共识，以社会主义核心价值观和共建共治共享的社会治理共同体理念为重点，建构社会治理的文化共同体。

最后，在机制创新中打造社会治理的行动共同体。基层党组织应当按照党章党规的要求，厘清所在领域内决策主体的职责边界，不断完善“决策联议”协商机制。同时，作为区域化党建的核心力量，乡镇(街道)党(工)委要积极探索社会公众列席乡镇(街道)有关会议制度及协商结果执行的考评机制；城乡社区党组织要主动邀请驻区单位、社区组织、居民代表等开展常态化协商，进而在明确党组织功能定位的同时，也能发挥协商民主的优势，形成治理的“有机”合力。②

第三节　党建引领与社会治理能力现代化的逻辑契合

从理论演进角度看，西方国家-社会的分析范式被运用到中国之后，出现了反思潮，呈现出“党国共治”“党-国家-社会”等分析框架；元治理则强调重新审视国家和政府在治理中的主导作用，这一点为党的领导引领社会治理提供了理论上的契合。“把政党找回来”成为普遍的呼声，这在理论上为党建引领与社会治

① 陶周颖、王瑜：《党领导社会治理共同体建构的生成逻辑与实践取向》，载《湖北行政学院学报》2021 年第 6 期，第 81 页。

② 陶周颖、王瑜：《党领导社会治理共同体建构的生成逻辑与实践取向》，载《湖北行政学院学报》2021 年第 6 期，第 82 页。

理现代化搭上了理论的桥梁。从实践角度看，党建引领拥有诸多的制度优势能为社会治理现代化插上腾飞的羽翼。从中国共产党新征程的历史背景看，党是领导一切的。因此，综合理论、实践和历史三个维度，党建引领与社会治理现代化之间都存在耦合因素。

当然，党建引领与社会治理现代化之间也出现了应然与实然间的张力。党建引领社会治理还存在诸多需要调适的内容。构建党建引领与社会治理现代化的耦合机制，一方面可以凭借党建引领的制度优势助力社会治理现代化；另一方面，可以在社会治理现代化中，进一步增强党对治理主体的领导力和引领力。

耦合是指两个或两个以上的体系或两种运动形式间通过相互作用而彼此影响以致联合起来的现象。① 系统之间的耦合度越高，表明它们的联系越紧密。遵循唯物辩证法和系统论原理，党建引领与社会治理现代化的耦合机制作为一个完整的系统，包含“要素-结构-功能”三重基本属性。② 实现党建引领与社会治理现代化的融合发展、双向发展，可以从“要素-结构-功能”三个层面构建动力机制、联动机制、融合机制三大动态机制，以期实现党建引领与社会治理现代化的有机耦合(见图 2-1)。

一、要素耦合：“供给侧”与“需求侧”的动力机制

在唯物主义辩证法范畴中，“要素-结构-功能”是立体的互动关系，其中要素是构成并维持系统运动的必要的客观事物和最小单位，是系统发展和功能实现的动力源泉，在系统的运行过程中起基础性作用。③

关于党建引领的基本要素，学界观点集中于“四要素说”和“六要素说”。其中“四要素说”也有些许差别。祝灵君(2020)依据《党的十九大报告学习辅导百问》强调党建引领的要素分别是政治领导、组织引领、能力引领、机制引领。④

---

① 中国社会科学院语言研究所词典编辑室：《现代汉语词典》(第六版)，商务印书馆 2012 年版，第 962 页。

② 坚毅：《要素-结构-功能——唯物辩证法范畴立体化之八》，载《学术研究》1999 年第 7 期，第 18 页。

③ 王忠武：《认识系统论》，载《系统辩证学学报》1993 年第 3 期，第 11~16 页。

④ 祝灵君：《党领导基层社会治理的基本逻辑研究》，载《中共中央党校(国家行政学院)学报》2020 年第 4 期，第 37 页。

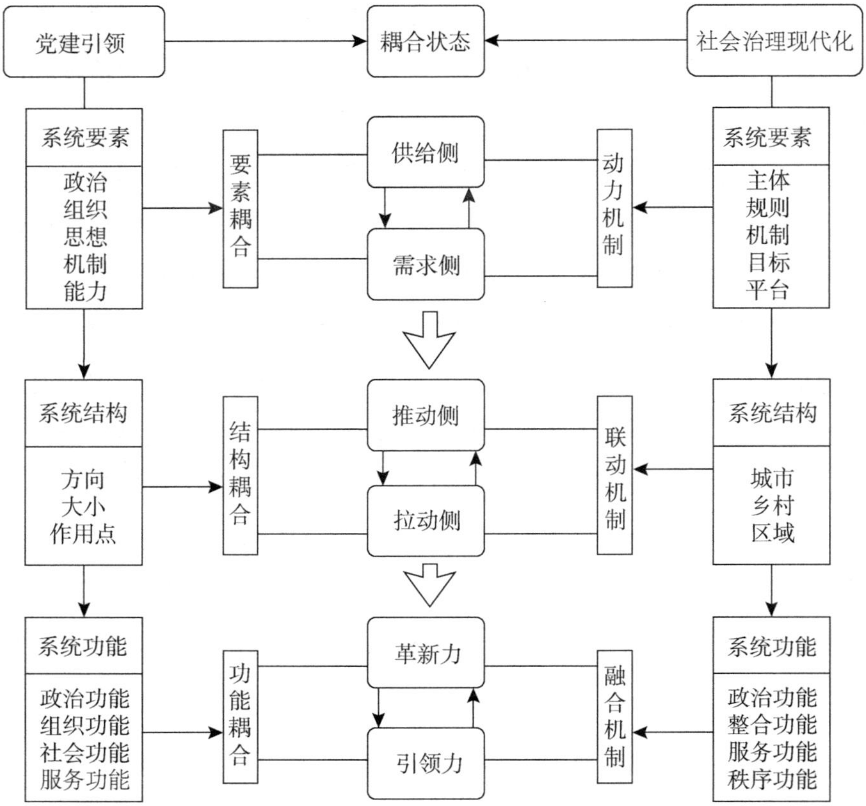

图 2-1　党建引领与社会治理现代化的耦合机制

肖剑忠、吕明艳(2021)结合地方实践提出党建引领的四要素，即思想引领、组织引领、资源引领、服务引领①。滕玉成、藏文杰(2022)依据新时代党的建设包含政治建设、思想建设、组织建设、作风建设、纪律建设和制度建设六个方面提出基层党建引领力应围绕政治引领力、思想引领力、组织引领力、作风引领力、纪律引领力和制度引领力六个维度建构党建引领力。② 学界观点认为党建引领的制度优势是多方面的，而且引领因素或手段相互之间存在密切关联。因此，本书提

① 肖剑忠、吕明艳：《党建引领社区治理的实践逻辑、实现机制及偏差矫正》，载《观察与思考》2021 年第 4 期，第 88~90 页。

② 滕玉成、藏文杰：《基层治理中党建引领力的构成及其提升路径》，载《西北农林科技大学学报(社会科学版)》2022 年第 1 期，第 59 页。

出党建引领的要素主要包括政治、组织、思想、机制与能力。

党建引领与社会治理现代化基本要素基本相同，只是表述的侧重点有区别。整体而言都包含治理主体、治理规则、治理目标、治理机制和治理平台。从社会治理现代化的要素出发，党建引领亦党组织在党的领导下通过各种因素(政治、组织、思想等)或途径产生作用，党组织作为治理主体同样是社会治理现代化的关键因素。从政治方向来看，党委领导社会治理本身就隐含了政治引领把方向、调大局的要求。党建引领作为统筹力量对不同社会载体和平台发挥实质引领力。从这个意义上讲，社会治理及现代化为党建引领提供全新考验的同时也提供了平台，包括共治平台、自治平台、线上平台、线下平台等。

整体而言，党建引领可以运用多重制度优势优化社会治理现代化的治理主体、完善治理规则和机制、准确把握治理目标。同时，社会治理现代化为完善党建引领提供了实践平台，也为完善引领机制(政治、组织、思想等)提供了实践动力。

二、结构耦合：推动侧与拉动侧的联动机制

在系统论中，结构是系统内部组成要素之间的相对稳定的联系方式、组织秩序及其时空关系的内在表现形式的综合,① 是系统要素的功能发挥的关键与核心。

对于党建引领而言，存在引领方向、大小和作用点的结构。党建引领的方向越是正确，引领力越是恰到好处，作用点越是精准，党建引领的制度优势就能取得良好的治理效能。

对于社会治理现代化而言，内部的主体、规则、机制、平台等要素本身存在于一个结构，各要素间的结构契合度在很大程度上决定了治理现代化的程度。社会治理现代化取决于社会整体的现代化进程。改革开放至今，我国实现了经济社会发展的同时也造成了城乡发展不均衡和区域发展不均衡的局面。由此，社会治理现代化必须是城市社会治理和乡村社会治理的共同现代化，否则社会治理成效在城乡之间会出现极大分化。此外，由于我国区域发展不协调不均衡，东中西部

① 魏宏森、曾国屏：《系统论的基本规律》，载《自然辩证法研究》1995 年第 4 期，第 22～27 页。

的社会治理现代化进程呈现出显著差异，东部沿海地区整体快于中西部地区。

从方向上看，党建引领具有政治引领和思想引领的优势，可以确保社会治理现代化始终沿着正确的方向前进。要做到这一点，既要把握住政治方向，也要避免过度政治化；既要发挥政治优势，也要充分调动市场、社会力量；既要防范风险维持秩序，也要保持社会活力。党建引领可以充分运用政治引领和思想引领优势为社会治理现代化在正确的轨道上运行保驾护航、提醒鞭策。同时，社会治理现代化也为党组织始终能够正确发挥党的领导作用提出了考验和实践动力。

从能力来看，党建引领既包括党组织自身引领能力的大小，也包含党建引领在社会治理中发挥作用力的大小。根据党的十九大和十九届四中全会精神，社会治理现代化至少包含社会化、法治化、智能化、专业化。党建引领社会治理现代化，需要党组织不断提升自身综合能力。党建引领社会治理还需要检视引领力大小的尺度问题。在治理主体的引领上，党建引领过度，既会造成对行政部门的过度干预，也会抑制社会自治的活力；党建引领也要避免形式主义地引领，而是要在加强党组织自身建设的同时增强引领本领，对社会治理中的各项问题进行回应，制定规则、组织力量予以解决。因此，党建引领一方面可以运用体制、能力等多方面制度优势解决社会治理现代化中资源不足、力量分散的问题；另一方面，社会治理现代化也为党建引领适度发力提供了实践平台。

从作用点来看，党建引领既需要加强顶层设计，也需要微观适应动态变化的治理局势，适时进行调整。从横向角度看，党建引领要区别对待区域之间、城市之间以及城乡之间的治理基础问题。以湖北省武汉市和湖北省鄂州市老旧小区改造为例，武汉市用于改造的财政资金较为充盈，政府可以通过统一购买市场服务形式完成，而鄂州市的部分小区则需要居民众筹一部分。虽然武汉市较好地解决了小区改造问题，但并不意味着武汉市党建引领社区治理工作做得更好。在社会自治能力方面，鄂州市实际上得到了更好的训练。从组织建设的纵向角度来看，社区治理的关键在基层，许多地方的乡镇(街道)重建了基层组织，建构了乡镇(街道)大工委、社区大党委、网格(组)党支部、楼栋(队)党小组以及党员中心户。在实践中，乡镇、社区、网格发力较大，而楼栋党小组和党员中心户的整合、引领作用则不是很明显。社会治理现代化是一项系统工程，党建引领的作用点在各地会呈现出千差万别，因此选准作用点对于社会治理专业化、现代化至关重要。

总体而言，党建引领的各要素之间形成了方向、能力、作用点的结构，而社会治理现代化除了内部要素形成的结构，也存在社会结构问题，党建引领和社会治理现代化需要互相推动，形成良性结构。

三、功能耦合：双向赋能的融合机制

从系统论看，功能是指系统在内部与外部的联系和关系中所表现出来的特性和功效，是要素与结构之间相互渗透、交互作用下形成的综合效应。功能耦合是指不同的要素系统和结构系统在结合互补的基础上，组成更大的有机体、稳定的系统，最终实现彼此目的与功能的有机融合。①

社会治理现代化是中国共产党在新时代新征程上的一项重要政治任务。政党必须迅速适应任务的变化和环境的变化。只有适应这种变化，及时对自身功能作出必要的调适，才能更好地发挥自身对社会整合的功能。同时，社会治理现代化的基本要素与党建引领的基本要素基本相同，在坚持党的领导、以人民为中心等价值理念方面是完全一致的。二者能够建立起融合机制，实现党建功能与治理效能的双效提升。一方面，党建引领可以充分运用中国共产党的制度优势引领社会治理取得良好的治理效能；另一方面，社会治理现代化的目标会革新党建引领的理念、优化党建引领的机制。

其一，党建引领与社会治理现代化的政治功能相通。《中共中央国务院关于加强基层治理体系和治理能力现代化建设的意见》强调指出，坚持党对基层治理的全面领导，把党的领导贯穿基层治理全过程、各方面。首先，确立价值导向，党建引领要强化以人民为中心的治理本位观，锚定治理中的热点、难点、堵点，切实为人民群众解决实际问题；其次，引领社会治理的重点领域和重要环节，集中力量解决“大问题”，健全和完善共建共治共享制度，从效能上改善政府治理与社会自我调解、居民自治之间的良性互动；最后，引领社会治理过程全覆盖，实现全程跟踪。因此，党建的政治引领功能、思想引领功能与社会治理现代化要求加强党的领导、把握正确方向的需求是相通的。

---

① 张君弟：《系统建构、功能耦合与国家治理体系优化——一个复杂性框架》，载《学术研究》2018年第9期，第61~65页。

其二，党建引领的组织功能与社会治理现代化的整合功能相连。社会治理现代化需要党组织以一种相对独立的组织要素嵌入既有的社区治理制度系统，实现党的组织体系与社区治理体系的结构性耦合，形成一种新的关联结构。[①] 党建引领正好借由党的组织建设帮助社会治理实现现代化。党要实现对基层治理的领导，基层党组织是最为直接和便捷的载体。在长期的组织建设过程中，中国共产党已经建构起横向到边、纵向到底的基层组织体系，如何精准定位这套体系的功能并使这套体系发挥出应有的功能，成为贯穿基层治理的一条主线。社会治理的实践中创新了党建引领的机制，区域化党建就是其中的一个重要经验。社会治理现代化需要在党的领导下，对多元治理主体、多元价值理念和分散资源进行整合。因此，社会治理现代化为党的组织引领提供了创新活力，而党的组织引领则为社会治理现代化带来了组织力量和治理资源。

其三，党建引领与社会治理现代化的服务功能相契合。从组织功能上讲，党组织一般具有决策、执行和服务三大基本功能。[②] 在党的十八大报告中，加强基层服务型党组织建设成为基层党组织建设的重点要求，党把基层组织的服务功能置于突出位置，以解决基层社会出现的一系列紧迫性公共问题。2014 年 5 月，中共中央办公厅印发《关于加强基层服务型党组织建设的意见》，这份文件清晰描述了党的基层组织在基层社会中发挥职能的具体路径。《中共中央国务院关于加强基层治理体系和治理能力现代化建设的意见》中明确提出“构建网格化管理、精细化服务、信息化支撑、开放共享的基层管理服务平台”“坚持党建带群建，更好履行组织、宣传、凝聚、服务群众职责”。因此，党建引领与社会治理现代化在服务理念和功能上是相契合的。党组织在服务群众中的过程拉近了与群众的距离，践行了为人民服务的宗旨。社会治理现代化是否实现也要看服务平台是否能满足人民群众对美好生活的期待。

其四，党建引领的社会功能与社会治理现代化的秩序功能互补。有研究指出，党的社会功能是指党这个主体在社会这个客体环境中的功效和作用力，它主要体现为核心性的凝聚和包容性的表达、发挥社会组织力和有效动员力、不断创

---

① 王东杰、谢川豫：《多重嵌入：党建引领城市社区治理的实践机制》，载《天津行政学院学报》2020 年第 6 期，第 78 页。

② 陈朋：《服务导向的基层党建新模式》，载《理论与改革》2013 年第 1 期，第 79 页。

造精神财富和提供精神动力、营造社会良性运行机制和制度保障。① 可见，党组织的社会功能主要体现为凝聚社会共识、开展社会动员、创新社会体制机制、解决社会问题。社会治理现代化则具有秩序功能。当前我国社会治理现代化的目标体系同时包含维持社会和谐有序、促进社会充满活力、维护国家安全三个维度。② 一方面，社会治理现代化需要借助党组织的社会功能，实现和谐有序、充满活动的秩序；另一方面，社会治理现代化也为党建引领社会秩序提供了方向。

第四节　党建引领与社会治理能力现代化的互促

从理论层面构建党建引领与社会治理现代化的耦合发展机制，能够提纲挈领地描绘出社会治理现代化与党的建设同向而行的发展蓝图。然而，党建系统与社会治理系统都是由诸多要素组成的，要实现二者的互促发展，二者的内部系统首先要形成合力。同时，党建系统与治理系统毕竟分属不同系统，要实现二者的完全融合必然要经历诸多碰撞与磨合。磨合中的风险需要提前进行规避，以最小化磨合成本寻求最大化合作效应。

实践证明，中国的社会组织没有党建的有效引领，从政策背景到现实需要都是难以逾越的，党的建设和社会组织工作在诸多方面具有高度的关联和契合，形成从前端到终端全环节的一致性。现在需要的是解决好谁来建、怎么建等相关问题，从而克服社会组织党建过程中面临的党组织组建难、巩固难、发挥作用难、党员发展难和党员教育管理难等现实困难。各级地方要进一步夯实社会治理现代化的社区基石，做好社会治理赋权增能的“加法”、减负减压的“减法”、科技赋能的“乘法”、革除弊端的“除法”，完善党建引领下的共建共治共享社会治理格局，提升社会治理规范化精细化水平。

一、以党建作为社会治理效能提升的核心变量

在我国传统的计划经济体制下，社会依附于国家，随着社会主义市场经济体

---

① 郭亚丁：《党的社会功能表现与启示》，载《社会主义研究》2000 年第 3 期，第 66～68 页。

② 李建伟、王伟进：《理解社会治理现代化：内涵、目标与路径》，载《南京大学学报(哲学·人文科学·社会科学)》2021 年第 5 期，第 39 页。

制的发展和国家治理体系和治理能力现代化的要求提出，党的基层组织必须要学会动员社会力量解决社会问题。何历宇认为，学术界关于中国社会工作发展的分析存在着政治学和社会学两个不同维度，这两个分析维度的并存既体现了国家(执政党)政治职能与社会职能之间的辩证关系，也反映了社会工作在当代中国发展过程中呈现出来的不同面向及其与西方国家不同的特点。① 一方面，进入新时代后，利益格局、矛盾纠纷更加复杂化，经济业态、社会单元更加多样化，群众价值需求、诉求方式更加多元化。松散的社会组织难以回应上述需求，迫切需要发挥党建的龙头引领作用，进一步总揽全局、协调各方，推动基层社会平稳有序发展，社会工作发展急需与党建工作相结合。另一方面，党的十九届四中全会强调，坚持党的集中统一领导，坚持党的科学理论，保持政治稳定，确保国家始终沿着社会主义方向前进是我国国家制度和国家治理体系的显著优势。党建引领社会工作正是通过发挥党组织的领导核心作用，引领各方面各类资源投身社会治理实践中，推动构建共建共治共享的社会治理新格局。基层党的社会工作者要采用专业的社会工作方法，通过服务获得群众对党的认同，增强党的凝聚力、向心力。

1. 内生动力欠缺需要党组织的引领

在社会组织的组织框架运营过程中，党组织属于外部嵌入式组织，而非社会组织内部为了谋求发展的自觉要求。外部嵌入式组织既有可取之处，也有一定的弊端。党组织作为外部力量，有利于在短期内扩大社会组织党组织和党的工作“两覆盖”，提高党建渗透力和行动力，即通过党组织建设，社会组织可以直接和政府部门对接，政社之间的关系更为密切，并且通过党建链接，树立社会组织新形象，增强公信力，不断拓展社会组织发展所需要的各种人力、物力、财力等资源。但这也会造成社会组织内部的异质性和不相容性，目前很多地方的相关社会组织尚未找到党建动力，对党建工作持着漠视、敷衍甚至排斥的态度，内生动力欠缺，肤浅地认为党建工作不仅对社会组织发展助益不大，还会增加社会组织的人力成本和时间成本。因此，社会组织党建工作存在党组织设置不健全、组建效率低、覆盖面小等问题，一些地方社会组织成员政治意识淡薄，入党意愿不

① 何历宇：《论中国社会工作发展的两个分析维度》，载《上海行政学院学报》2014 年第 3 期，第 74~80 页。

强，社会组织中党员数量过少。

2. 社会组织各种空转现象需要党建引领

据统计，近年来社会组织党建工作取得了积极进展，党组织覆盖率在2015年达到41.9%，到2019年许多省份接近80%。但在覆盖率大发展的同时，也暴露出一些短板和不足。就是过分追求社会组织党组织设立的数量，片面强调社会组织党组织覆盖率，出现“重建党、轻党建”问题。注重党组织数量而忽视发挥党组织在社会组织中应有的作用，忽视在社会组织中开展党建活动、进行党员教育，以及开发党组织功能等，这些“轻党建”行为，导致了党组织空转现象。目前，在很多地方已设立党组织的社会组织中，不经常开展党组织活动和党员教育的占有相当部分，甚至有的社会组织从来不开展党组织活动和党员教育，党组织机构形同虚设。

3. 社会组织的体制机制健全需要党建引领

在推进社会组织直接登记和“减证便民”服务改革过程中，社会组织成立登记的事中事后监管还存在一些问题。首先，把关不严。对个别社会组织成立登记过于放宽直接登记条件，造成登记机关对其组织内部的人员构成、办公场所认定等资格审批情况掌握不全。其次，职责不清。有关规定要求相关单位作为拟登记社会组织的业务主管部门，但有的部门认为“三定”方案并没有赋予本部门管理社会组织的职责，有的业务主管单位、行业管理部门错误地将行业协会、商会脱钩改革简单等同于不管，一些公益慈善类、城乡社区服务类以及行业协会商会与行政机关脱钩后，直接登记的社会组织和行业特征不明显、难以按行业管理的社会组织日益增多，但党建管理关系、管理职责不明确，造成社会组织管理部门职责“漏项缺位”，难以形成监管合力，给社会组织党建管理工作带来了一定的困难。

二、以社会治理能力现代化作为提升党建水平的实践动力

在新时代社会治理中，满足人民群众对美好生活的需要是社会治理的出发点与最终归宿，党建引领则是社会组织与基层社会治理的最大政治优势。我们可以从组织性和群众性这两个维度出发构建当前党建引领社会工作的多样化服务模式，而党群共建型服务、组织建设型服务、便民利民型服务等类型的社会组织需

要采取不同的党建手段。党建引领下的党群共建、共同发展和衷共济是新时代社会组织党建工作的基本抓手。

1. 确立科学化的党建引领理念

要牢牢把握基层党建工作核心、强化责任，以科学的党建工作理念不断推动当前基层社会治理。提升党的社会号召力的重心在基层，基层党建唯有与基层社会治理创新深度融合、同频共振，才能确保实现党的建设的科学化目标。① 具体包括以下内容：第一，要以人民群众的根本利益为出发点，基层党组织需要发挥引领和协调的作用，把服务群众作为工作主体方向，第一时间解决人民群众的困难和问题，用心聆听人民群众的心声。第二，要实事求是地为人民群众解决问题。在日常工作过程中以服务群众为导向，不断提升基层党组织的综合服务能力。

2. 创新社会组织社会治理具体机制

严格落实习近平中国特色社会主义思想，在党的领导下有效整合政府部门和社会的各种资源，调动社会各方面的积极性，建立共建、共治、共享的社会治理格局，通过自我改革、自我超越，大力发展合作治理、共同治理机制，积极探索自主治理机制，使社会充满生机活力。党和政府应当努力营造一个有利于社会组织发挥其特有职能的外部环境，以责任导向和服务导向为理念积极培育社会组织，以法律、行政和市场的综合手段有效监管社会组织。② 坚持以基层党建为统领，建立自治法治德治“三治融合”的基层社会治理模式，不断解决人民群众亟待解决的问题，依法治理社会，做好道德引导，积极推进社会治理体制创新改革。

3. 提高基层社会组织服务能力

在社会转型时期，社会服务、矛盾协调等需求迅速增加，需要通过社会组织的积极参与，增强社会组织的服务能力，解决社会矛盾，促进社会和谐，提升百姓幸福指数。③ 在提高基层组织服务能力的工作中，要积极做到以下几个方面：

---

① 李玉良：《论新时代党的社会号召力建设——兼论党建引领基层社会治理创新》，载《中共云南省委党校学报》2019 年第 2 期，第 111~117 页。

② 彭军：《完善社会组织监管机制　促进社会治理创新》，载《中国民政》2015 年第 5 期，第 23~25 页。

③ 范鹏：《如何提高基层社会组织服务能力》，载《中国社会报》2012 年 6 月 5 日。

一是积极开展各项新型的民意网络诉求活动，激发人民群众参与意识，认真听取民意；二是建立更加完善的群众评价工作机制；三是加大工作力度和工作效率，将党工委的工作重点集中到服务人民群众上来。

4. 注重基层社会组织人才培育

基层党建工作者与群众联系最为频繁，拥有最为深厚的群众基础，在基层人才结构建设的日常工作中必须要发挥好这些人员的优势，全面推动基层党组织建设的创新和升级。党政机关领导必须要重视基层建设，做好党员干部工作分配工作，建立更多的党员领导干部基层的联系点，重视日常的基层调研和基层下访等工作，将表现较为优秀且熟悉群众活动的党务人员列为后备中坚力量，采取各种方式吸收到基层社会治理队伍之中，同时也应当创建一套切实可行的基层党建人才培养体系。

5. 提高社会组织治理智能化水平

现代智慧社会的发展带来了去中心化与再中心化、微粒化与再组织化、智慧化与高风险化，推动了从和谐秩序到共享秩序、从层级治理到场景治理、从国家构建到多元塑造的秩序转型。这就为社会组织制度创新提供了前所未有的机遇，也带来了新的挑战。① 要将信息化手段全面融入党建工作中，通过大数据技术打造"智慧化"党务和考评一体化平台。推进枢纽结构中的赋权平衡、双重空间中的制度探索、基层治理中的全面参与和社会抗争中的组织化表达，进而通过确立新型治理理念、增进治理赋权、塑造公民品格来促进社会组织制度创新，构建智慧时代的新型社会治理秩序，从根本上提升党组织领导基层治理的效果。

由此可知，为了做好社会治理工作，需要发挥基层党组织的作用。特别是基层社区连着千家万户，是社会的基本单元，是一个地区运行的底盘。基层治理状况对提高现代城市治理现代化水平发挥着基础性、决定性作用。我们党的执政基础在基层社区，社会治理的重心在基层社区，党和政府联系群众、服务群众的"最后一公里"也在基层社区。要把基层党组织建设与基层社区建设有机结合起来，聆听群众呼声，反映基层意见。打通治理的"最后一公里"，由此，基层群众的认同感、归属感会越强，社会的向心力、凝聚力也就越大。

---

① 马长山：《智慧治理时代的社会组织制度创新》，载《学习与探索》2019 年第 8 期，第 84~94 页。

三、党建引领与社会治理现代化互促发展的风险规避

(一)避免“为创新而创新”的陷阱

创新是基层党建和社会治理工作活力之源。然而，在实际工作中，党建引领社会治理工作创新还存在一些与新形势、新要求不相适应的问题，尤其是形式主义在基层社会治理创新中表现十分“突出”。

一些基层党组织热衷于在口号翻新上出“奇招”，一些新任领导干部喜欢打造属于自己的“特色”“亮点”，对现有的即便是成熟有效的做法也置之不理，抑或提出了创新模式，但浅尝辄止，遇到困难就绕着走，“最后一公里”问题没有得到解决。创新之要，重在务实，如果把创新当目的，为创新而创新，本质上还是形式主义。基层党建创新关乎党的执政根基。真正务实的创新会促进基层党建工作落实落细、出色出彩。而掺杂形式主义的创新则会导致基层党建工作浮于表面、失信人民。

标准化治理是近年来社会治理领域的又一个变相的治理创新实践。但是标准化治理主要在经济条件较为发达、城市化水平较高的东部地区率先试点，尚未在经济发展相对落后、城市社区治理水平相对滞后的西部地区实施。而随着区域、城乡一体化建设进程加快，城市社区标准化治理模式将在其他地区的基层社区逐步铺开。① 这就说明标准化治理并非社会治理现代化的终极模式，社会治理现代化始终要根据不同社区的实际发展状况因地制宜提出方案，而非固定一种治理模式。

(二)警惕党建虚化、泛化和党建引领治理“两张皮”问题

目前城市经济快速发展与社会结构加速转型，但许多老旧社区党组织的党建工作仍然固守传统的党建模式。以课题组在湖北省 G 市的调查情况来看，党建引领与现代城市社区的治理需求相脱节，突出表现在三个方面：

一是部分社区党建工作理念跟不上社区治理要求。随着组织重建的推行以及

① 姜胜辉：《标准化治理：城市社区治理新模式》，载《中共天津市委党校学报》2019 年第 5 期，第 94 页。

网格化管理，社区作为城市基层治理的基础单元，社区党建工作要充分发挥领导基层治理的作用，要从深化区域大党建、以社区服务为核心、创新党建工作方式和体制机制三方面树立党建工作新理念，从而在实践中指导社区治理工作取得新进展。但是，从实际情况来看，G 市还存在一定数量老旧小区，党员队伍年龄结构偏老龄化，中老年党员成为党建工作队伍的主力军。在一定程度上还存在部分社区基层治理能力和管理水平不高的状况，这也成为社区党组织治理功能弱化，党建工作理念跟不上社区治理现实需要的关键因素。在调研过程中发现，目前在许多社区居民参与社区党建活动的积极性不高，尤其年轻群体的参与度偏低。其原因主要是以学习会议精神、传达文件等为主要内容的传统党建工作模式缺乏吸引力。部分社区党建内容及党建活动质量与党员群众日益增长的需求相比明显不足，社区党组织在开展党建工作的能力上还有待提高。

二是部分社区党建工作方式落后于社区治理发展。随着城市经济社会的发展，许多社区人员构成具有流动性大及成分多元化的特性，这对社区党建工作也提出了新的挑战。调研显示：当前 G 市各街道尤其老旧社区普遍存在党建组织专业人才少的问题，尽管近年来社区党建工作队成员学历水平在不断提高，但社区党建队伍由于待遇不高、职业发展前景不明朗等原因，呈现出综合素质不高、薪酬低、高流动性的现状，客观上导致社区党建工作服务浅层化和同质化问题比较突出。在调研过程中，本书课题组了解到 G 市网格员月收入为 3750 元，年收入 45000 左右(包括养老保险金、医疗保险金在内)，收入在 G 市仍属于中等偏低水平。此外，部分社区两新组织党组织覆盖仍存在一些盲点，尤其部分自由职业的流动党员无组织挂靠、党费无地方缴纳、组织活动无场所开展等问题也在一定程度上存在。当前，城市社区治理呈现新态势，社会化、信息化、法治化、智能化、专业化的特征日益突出。社区党组织迫切需要转变工作方式、提升工作水平，在培育社会组织参与、引入社会专业队伍以及探索智慧党建方面要勇于探索走出一条新路，增强社区党建参与社区治理的能力。

(三)打破路径依赖，彰显党建引领与社会治理现代化的价值理性

党建引领与社会治理现代化耦合发展过程中，二者互为手段与目的，但出发点与落脚点则是必须坚持二者的全面发展。长期以来，社区在稳定社会秩序、激

发社会活力等方面发挥着重要功能。但是社区发挥的作用离人民对美好生活的需要尚有一定距离，离党引领社会治理的目标还有一定的差距。因此，在党建引领社会治理的背景下，党建工作成为各级政府和社区链接资源的一种手段，呈现出工具理性的效率取向。

党建引领固然可以通过发挥党组织的政治领导、组织引领、机制引领等优势提供社会治理的资源，推进社会治理现代化的进程，但激发社会共同体的共同意识才能体现党建引领与社会治理现代化的深度融合。社会治理共同体并非单独个体的松散联盟，而是在每个不同单元之中寻找情感相通、信仰相融、理念相同的契合点。执政党应在总结历史经验、深化当前社会发展规律的基础上凝聚共识将党的理想和信念融入社会民众的价值理念之中。

首先，要创新党的宣传方式提升社会个体道德素质。纵观党的百年发展历程，重视“思想教育”是党号召社会群众的宝贵经验。毛泽东曾强调：“群众知道了真理，有了共同的目的，就会齐心来做。”[①]对此，党应当继承传统优势基因，通过宣传劝说、启发说理、树立先进典型、知识竞赛等方法以及丰富多样的文艺形式等对群众进行道德法治的教育与宣传，提高民众的思想觉悟，为筑牢社会治理共同体提供坚实的思想基础。

其次，要协调社会多元理念重建社会价值共识。中国的文化特性和中国社会的性质决定了中国社会发展在根本上对意识形态具有强烈的需求。面对一个急剧变化的多元社会，党要从中华民族上千年的文化智慧中汲取力量，基于传统文化塑造契合时代特征、符合人民利益的社会共同价值观。

最后，要加强柔性文化运用，引导社会有序参与治理。就社会治理而言，简单地用行政命令或法令条文并非解决矛盾的最佳方式，需要党组织依靠人际情感、道德理念、风俗惯例等“软”性规范做通群众思想工作，把处理社会问题的意义和个体的价值观有机结合。党员干部要真正放下架子、俯下身子、迈开步子，把人民群众的心声放在心上，将党的政治权威柔性而隐蔽地融入基层社会，引导基层民众理性协商、有序参与。

---

① 《毛泽东选集》(第四卷)，人民出版社 1991 年版，第 1318 页。

第三章　党建引领社会组织参与社会治理的“三维逻辑”

党的十九大报告指出，要通过推动社会治理的重心下移至基层，并充分发挥社会组织的管治功能，进一步加强社区治理体系建设，实现党的领导下的政府治理、社会调节和居民自治的有机结合和良性互动，提纲挈领地抛出了基层社会治理、社会组织作用和党的建设三大核心概念及其内在关系这一尚待研究的重大课题。自党的十八大以来，社会治理问题深受党和国家重视，学界也形成了一批关于党建、社会组织、社会治理相互关系的研究成果。综合来看，主要包括三个方面成果：一是研究社会组织参与基层社会治理相关经验的理论规律；二是研究社会组织参与基层社会治理的实践；三是研究社会组织在党建引领下参与社会治理模式的案例。但处于新时代全面加强各领域党建大背景下，党建如何嵌入社会组织的社会治理研究相对较为匮乏，而以党建为引领提升社会治理效能的相关研究更寥寥无几。本书以社会组织提升社会治理效能的评价指标与模型构建为基础，研究党建对其各影响因素的互动优化和参与社会治理效能提升，可以说既对党的十八届三中全会提出的构建党领导、多元主体参与的社会治理体系展开了基础性理论探索，也对十九届四中全会提出的指导和推进“国家治理能力和治理体系现代化”的具体路径探索具有重要意义。

第一节　党建引领社会组织提升社会治理效能的理论逻辑

将社会治理效能的提升置于党建对社会组织引领的视角和话语体系下进行研究，必须首先厘清党建、社会组织、社会治理三者之间的关系。党建引领社会组织提升社会治理效能的可实施性、科学性、系统性均建立在对于社会组织这一多元治理结构中的协同参与主体的客观描述和相关理论研究基础之上。对其展开多维理论研究，有利于我们以既有的理论流派及框架为借鉴，观照既有理论的本土适应性问题。同时，对中国共产党人继承发展创新马克思主义经典作家的相关思想理论的发展源流进行系统性梳理，有利于分析新时代社会治理面临的挑战困境，探索新形势下实现社会治理效能提升的路径。

一、党建引领社会组织参与社会治理的多理论支持

党建引领社会组织进行社会治理作为一个复合型命题，其理论基础需要围绕“党建引领”“社会组织社会治理”两个维度的内容展开。“党建引领”体现为中国共产党在中国特色社会主义制度环境以及基层土壤中呈现的政党功能，其理论主要探讨政党的功能结构和作用模式；“社会组织社会治理”体现为社会组织作为社会治理的主体，在社会治理过程中的作用实现，其理论主要探讨社会治理的主体以及社会组织制度化和合法化问题。鉴于对本书目的和内容的考量，选取政党功能理论、治理和善治理论和制度视角下的组织理论作为理论基础。

1. 政党功能理论

“政党自身结构构成体系以及作为政党自身结构体系中的各组成部分在特定的政治活动中发挥着功用”①，这便是政党的功能。西方学界从两个方面探讨政党的功能，一方面是政党的政权性功能，如“通过体系扩大参与，控制或转移动乱以及革命性的政治活动”，抑或“缓和并疏导新近被动员的集团参与政治活动”②，即包含政治选举、控制、稳定、动员、协商等价值体现；另一方面则体现为政党的社会性功能，其构成国家和社会之间的桥梁③，如对社会施以控制④以及社会整合等⑤。

---

① ［美］加布里埃尔·A. 阿尔蒙德、小G. 宾厄姆·鲍威尔：《比较政治学：体系、过程和政策》，曹沛霖译，上海译文出版社1987年版，第2~3页。

② ［美］塞缪尔·亨廷顿：《变革社会中的政治秩序》，李盛平等译，华夏出版社1998年版，第399~400页。

③ Ro Harmel, Ko Zandana, *Parties and It's Conditions*, Essex: Longman Press, 1982, p. 2.

④ ［英］戴维·米勒、韦农·波格丹诺：《布莱克维尔政治学百科全书》，邓正来译，中国政法大学出版社2002年版，第520页。

⑤ 如美国政治学家李普塞特把政党称作“冲突的力量和整合的工具”。参见［美］西摩·马丁·李普塞特：《一致与冲突》，张华青等译，上海人民出版社1995年版，第136页。

在政党功能的本土化研究中，学者集中探讨了中国共产党的社会整合功能，在具体的构成要素上，如“价值整合、制度整合、组织整合”①“思想整合”②等，总而言之，是“为了实施本党的政治纲领或达到一定的政治目标，通过一定的方式将社会分散、多元的、异质的要素纳入一个既定的结构性框架之内”。③ 中国共产党成立后，团结、领导各方力量，在革命、建设和改革过程中整合各要素，使国家、政党、社会形成有机的整体。在当下我国社会转型期，面临着意识形态领域的复杂化、社会阶层的分化以及社会急遽流动下的原子化状态，中国共产党的社会整合功能更具有现实意义。中国共产党可以在社会整合过程中，通过自身的政治权威协调社会利益关系、化解社会各类矛盾。

2. 治理与善治理论

关于治理，西方学术界存在着两种范式——“国家中心”(State-centric)与社会中心(Society-centric)。国家中心主义范式支持政府权力在治理体系中占主导地位。当然，这种“治理”话语下的主导地位和“统治”话语下的主导地位有着明显的差异。如果说“统治”指向政府借助行政等级与政治手段来彰显其主导地位，那么“治理”则更偏向于一种伙伴关系。相较于国家中心主义范式，社会中心主义范式是西方新自由主义思潮的重要组成部分，该范式主张削弱政府的主导地位，强化非政府主体的自主性。詹姆斯·罗西瑙是持社会中心主义范式观点的代表性人物，他指出“对于政府管理未触及的领域，社会系统承担起管理职能，它既涉及政府机制，同时也包括非正式、非政府机制，随着治理范围的扩大，各类社会组织以及成员得以借助这些机制满足各自的需要、实现各自的愿望，治理表现出社会自主性的特点”④。社会中心主义范式在西方学界居于主流地位。不过国家中心主义与社会中心主义范式之间，也有一些共识：主张政府、公民、社会组织等多个主体都应积极介入社会公共治理，这是一种通过公权力的分割而实现

① 王邦佐：《执政党与社会整合》，上海人民出版社2007年版，第27页。

② 朱前星、陈果、梁煜等：《社会整合功能：中国共产党政党功能调适的主要现实内容》，载《湖北社会科学》2011年第9期，第21~22页。

③ 王邦佐、罗峰：《从一元转向多元——关于中国执政党政治整合方式的对话》，载《探索与争鸣》2003年第7期，第9页。

④ [美]詹姆斯·N. 罗西瑙：《没有政府的治理——世界政治中的秩序与变革》，张胜军、刘小林等译，江西人民出版社2001年版，第5页。

的不同行动主体的权力共享。

善治理论是新公共管理学领域的理论，善治是治理的目标，意味着“良好的治理”。它常常被运用于对公共事务的管理中。20 世纪中叶以来，追求善治已成为国际社会的基本理念。俞可平认为，“善治是使公共利益最大化的一种社会管理过程。善治的本质特征就在于它是政府和公众对公共活动的合作管理”①，并将善治基本要素归纳为合法性、法治、透明性、责任性、回应性、有效性、参与、稳定、廉洁和公正 10 个方面。迈克尔·巴泽雷把善治归结为“公民价值体现”。② 治理和善治理论作为一种拓展了国家与社会关系的分析框架，认为政府、社会和市场是平等的社会治理主体，既突出了治理主体的多元化，又突出了治理主体的平等性。对于社会组织发展而言，既然社会组织是实现善治不可或缺的重要一环，既然政府对社会组织存在着相互依赖、相互依存的关系，那么在社会组织社会治理效率低下时，国家自然有必要加大培育社会组织的力度，而且这种培育不再是施舍式的帮助，而应当是互动式的、共赢的合作。可见，治理和善治理论将政府和社会组织置于平等位置，并强调相互之间的合作关系和依赖关系，为审视国家与社会关系问题提供了多元视角，而就党组织与社会组织而言，二者之间存在活跃的互动关系。在中国特色社会主义新时代，始终坚持中国共产党的领导，是改革和社会发展取得成功的根本经验，而党的超越性地位，也使得中国共产党领导下的多党合作制不断发展完善，政党实质上的领导权得到充分发挥，从而切实沟通整合了“国家”“市场”“社会”等多元主体。因而，政党在社会组织发展过程中的引领作用得到很大程度彰显，同时基于党建嵌入根植于社会组织培育过程中，并在其中发挥“黏合剂”作用，使得常规结构固化的必然性发展得以打破，进一步推动多元主体的过程互动。

3. 制度视角下的组织理论

制度视角下的组织理论重点关注的是组织的制度化问题，制度成为一种重要的解释变量。即“正式结构要素既合乎情理又有必要，并有助于组织合法化，从而被广泛接受的过程。从根本的角度讲，这个过程是一种社会变迁。这个过程可

① 俞可平：《治理与善治》，社会科学文献出版社 2000 年版，第 195 页。

② [美]迈克尔·巴泽雷：《突破官僚制：政府管理的新愿景》，中国人民大学出版社 2002 年版，第 96 页。

能会以不同方式出现”①。

20 世纪 60 年代，权变理论开始兴盛，其主要观点为，组织的制度化是组织对外界环境的一个适应过程。如迈耶关注技术和制度环境，在其《制度化的组织：作为深化和仪式的正式结构中》中提出了组织的正式制度结构与外部制度环境相互建构的观点。②

制度对组织的影响机制究竟如何？学界形成了新制度主义范式。新制度主义分析方法是在理性系统范式和自然系统范式基础上兴起的，试图强调制度环境中的各类型要素对组织行为的决定意义，在不排斥工具理性假设的基础上，通过“合法性机制”架通环境与组织行为，提供了一种用外部环境来分析组织内部行为的方法。③ 可以说，新制度主义分析方法为党建与社会组织的嵌入融合性研究提供了一种全新视角。新制度主义理论对组织行为进行研究的关键性逻辑即以合法性机制为主要观测点和核心内容。斯科特根据三种不同的环境要素确立了三种不同的、起组合起作用的合法性机制，分别是法律制裁、道德支配、文化支持。④ 在此基础上，周雪光对合法性机制做了拓展性的界定，他认为组织行为的合法性机制主要从“强意义”和“弱意义”两个层面来看。⑤ “强意义”的核心内涵即制度对于组织行为的刚性塑造力，组织或个人没有作出自主性选择的倾向性或可能性。而另一层面的“弱意义”的主要内涵是指组织和个人能够作出自主性行为选择，但受到资源分配或者激励机制影响。在这一视角下，党建嵌入融合于社会组织，就合法性机制而言，完全符合外部制度环境对组织行为的要求。

组织的制度环境的要素分析，斯科特在综合经济学、政治学、社会学新制度理论的基础上，概括性地提出了制度环境的三大基础要素：规制性、规范性、文

---

① Hernes, Gudmund, “Structural Change in Social Processes”, *American Journal of Sociology*, 1976, No. 82, pp. 513-547.

② Meyer, John W., Brain Rowen, “Institutionalized Oganizations: Formal Strcture as Myth and Ceremony”, *American Journal of Sociology*, 1977, No. 83, pp. 340-363.

③ 葛亮：《制度环境与社会组织党建的动力机制研究——以 Z 市雪莱饼协会为个案》，载《社会主义研究》2018 年第 1 期，第 104～112 页。

④ 斯科特：《制度与组织——思想观念与物质利益》，姚伟、王黎芳译，中国人民大学出版社 2010 年版，第 59 页。

⑤ 周雪光：《组织社会学十讲》，社会科学文献出版社 2003 年版，第 111～139 页。

化-认知性。① 规制性要素指规则、法律，它具有强制性，主要通过确立规则、监督他人遵守规则、实施奖惩来影响组织行为。规范性要素指规范、价值观，它具有适当性，主要通过确定什么是适当的目标与活动的观念来影响组织行为。文化-认知性要素指符号与意义，它具有模仿性，主要通过内化外部的系列符号表象来影响组织行为。社会组织需要突破合法性困境，因此需要借助党建在规制性、规范性要素以及文化-认知性要素上的能量。

二、党建引领社会组织提升社会治理效能的理论源流

马克思主义政党从来都十分重视在党内建立有能力的领导集体和领导核心，这是实现党的团结统一、把党建设得更加坚强有力的根本要求，也是马克思主义政党建设的基本规律。党对社会组织的领导，其理论源头是党领导国家治理，保证人民当家作主。社会组织是人民参与国家治理的重要形式，若要实现社会治理效能的提升则必须将党的建设和社会组织参与有机结合起来，以达到保障人民当家作主的权利和实现广大人民根本利益的目的。马克思主义经典作家和中国共产党主要领导人从理论到实践对这一课题进行了不同视角的探索。

1. 坚持党的领导与党的建设：马克思主义经典作家的相关观点

马克思在《暴力论》中对政治权利进行阐述时指出，一切政治权力都是以一定的经济社会职能为基础的。恩格斯将政党的政治统治功能解释为“政治统治到处都是以执行某种社会职能为基础，而且政治统治只有在它执行了它的这种社会职能时才能持续下去”②。就政党与社会关系而言，社会是政党形成的基础，政党来源于社会并服务于社会。无产阶级政党所执行的社会职能即无产阶级通过政党表达阶级利益诉求，并通过国家权力实现其阶级利益。因此，作为无产阶级政党的共产党承担了联结国家和社会的功能，人民群众能够通过共产党而作用于国家权力，实现对国家的管理和社会治理。

对于如何进行社会治理，马克思和恩格斯认为，应当通过组织无产阶级建立发展合作社的方式来实现社会治理，该实现方式所体现的是政党的组织功能。在

---

① 斯科特：《制度与组织——思想观念与物质利益》，姚伟、王黎芳译，中国人民大学出版社 2010 年版，第 59 页。

② 《马克思恩格斯选集》（第三卷），人民出版社 1995 年版，第 523 页。

巴黎公社的实践中，马克思和恩格斯坚持群众史观，领导各同盟支部与群众保持密切联系，亦是密切联系了基层社会，充分利用群众组织在社会传播马克思主义理论和政治主张。这就为无产阶级政党通过强化组织建设团结人民群众集中统一参与社会治理提供了理论遵循。

列宁是首位将社会主义国家治理付诸实践的无产阶级领袖，这一实践为中国共产党领导社会治理提供了借鉴。在《共产主义运动中的“左派”幼稚病》中，列宁阐明了领袖、政党、阶级、群众之间的关系，即现代文明国家内，阶级是由政党领导的，政党是由领袖集团主持的，无产阶级领袖集团是广大劳动群众的组织者和领导者。领导集团通常是具有最高威信、最大影响和最富有经验者，同时也作出了政党领袖是在汹涌澎湃的革命斗争中形成的重大判断。同时，共产党也应当承担“总的领导”作用和坚持民主集中制的原则。可以说，坚持党集中统一的领导是列宁党建思想中最为旗帜鲜明的部分。同时，他鼓励广大人民群众参与社会治理，要求“吸引全体劳动人民自动参加国家的管理工作”①，而“把人民组织起来”就是人民群众参与国家和社会治理的主要途径。即通过加强党的建设，特别是基层党组织建设，充分发挥群众性组织和社会团体的力量组织人民，从而实现和维护人民当家作主的最终目标。

作为无产阶级政党，中国共产党没有异于无产阶级利益的任何利益，其本质诉求就是服务于无产阶级的人民，为社会中绝大多数人民谋求利益，因而须秉承人民本位的社会治理价值导向。因而，中国共产党在治理社会时并不是简单地进行改造或改变，而应发挥其领导和引领作用，以党的建设提供社会治理的政治保障、思想保障、组织保障。通过党建对社会组织参与社会治理的引领而确保党的初心使命、国家发展、社会进步高度一致，随即达到实现最广大人民根本利益的政治目标。

2. 组织化、改革、党领共治：中国共产党主要领导人的理论创新

政党领导的途径，在于依靠党的榜样示范、宣传、维护一定群体利益的奋斗实践，以及加以引导、组织、率先示范的带领性活动，而不能靠强制或强迫。在社会治理过程中，党领导国家的政治逻辑通过党在执政过程中对国家政权的有效驾驭程度体现出来，这也相应地对政党的理论创新能力提出了高要求。中国共产

① 《列宁选集》(第三卷)，人民出版社 1972 年版，第 745 页。

党所领导的社会治理继承和发展了马克思、恩格斯与列宁的相关理论、主要观点和实践经验，在引入西方现代社会治理思想的同时，发挥中国传统社会治理的优势，以百年的不懈探索走出了一条中国特色社会主义社会治理之路。

毛泽东指出：“中国共产党是全国人民的领导核心。没有这样一个核心，社会主义事业就不能胜利。”①党的建设是政党有效运用国家权力掌控社会治理格局的重要方式，党的领导和党建引领是实现社会治理效能提升的政治保障，因而社会组织参与社会治理的效能提升必然要坚持党建引领。有学者对毛泽东的社会治理思想进行研究时将其概括为三个方面：以土地革命为治理基石，以社会组织为治理纽带，以社会关系为治理关键。② 无论在新民主主义革命时期抑或是建设社会主义新中国的探索时期，毛泽东都十分注重在党的领导下将人民群众组织起来，实现人民群众的组织化。

中国共产党局部执政时期，为了保证抗日根据地持续稳定，他强调要将人民群众组织起来，成为一支劳动大军，并在华北华中各抗日根据地内形成苏联模式的合作社，并将其作为一种方针。“发动群众的创造力和积极性，……我们就一定可以……把一个新国家建立起来。”③而这种党的总体领导下人民群众组织化的理念，也贯穿于中华人民共和国成立之后的社会治理实践中。随着“三大改造”的提出，政权机关和群众组织相结合，使社会生活与政党行政生活相融合的社会治理模式得到发展。这一阶段，国家权利直接作用于社会治理，组织化仍是重要路径。可以说，“党总体领导下的人民组织化”治理思路，即中国共产党以权利作用于社会资源，通过发挥其强大的组织动员力引领人民群众建立组织，使得人民群众及其组织在参与社会治理的过程中获得利益，达到目标，既符合当时的国情，也在社会主义建设和社会治理过程中取得了长足成效。

党的十一届三中全会以后，随着“以经济建设为中心”的方针确立，社会治理也相应地将适应改革开放和经济发展的需求作为主题。以邓小平同志为核心的党中央以“党和国家领导体制改革”为切入点，在社会治理领域进行改革，“保证全体人民真正享有通过各种有效形式管理国家、特别是管理基层地方政权和各项

① 《毛泽东文集》(第七卷)，人民出版社 1999 年版，第 303 页。

② 何绍辉：《毛泽东农村社会治理思想及实践省思》，载《求索》2017 年 2 月，第 118~122 页。

③ 《毛泽东选集》(第三卷)，人民出版社 1991 年版，第 933 页。

企业事业的权力”①。以“下放权利，扩大民主”为主要内容的分权改革为人民群众发挥主观能动性和积极性，自主参与国家社会管理创造了条件，促进了群众组织蓬勃发展，有益于“巩固和发展安定团结、生动活泼的政治局面”②。推进改革的同时，邓小平十分注重党的领导对维护社会稳定的重要作用，并一针见血地指出：“在中国这样的大国……没有这样一个党的统一领导，是不可能设想的，那就只会四分五裂，一事无成。……我们人民的团结，社会的安定，民主的发展，国家的统一，都要靠党的领导。”③因而，在以坚持“一个中心，两个基本点”基本路线为遵循的改革开放初期，在党的总体领导下，通过加强党的建设，改革并完善党和国家领导制度，实现人民群众参与社会治理的多元化发展，促进了生产力的发展，引起了经济生活、社会生活、工作方式和精神状态的一系列深刻变化。

从党的十三届四中全会至党的十八大召开的整个历史阶段，发展与改革仍是最重要的时代主题。基于对党所处历史方位的系统研判，以江泽民为核心的领导集体提出了“如何建设党”的问题。在接棒邓小平的社会治理理念，面对如何处理好改革、发展、稳定三者之间的关系这一关键性问题上，中共中央将持续性推进政社分开的改革，加强党的建设发挥党的引领作用，营造稳定发展的社会秩序等治理理念有机结合起来。在党的十四大报告中，江泽民强调，社会主义建设的成效需要依靠党和政府的领导以及社会组织和人民群众的共同参与来实现。对于社会组织参与社会治理，党中央明确表示“鼓励和提倡社会事业社会办，要特别重视非政府组织和社区的作用，积极支持他们的活动，并在政策上予以扶持和引导”。④ 随着世界格局和国际国内形势不断变化，国内改革发展和市场经济形势发展质量提升，人民对完善社会自治体系的需求不断提升，党的十六届四中全会首提“创新社会管理体制”的思想，要求“建立健全党委领导、政府负责、社会协同、公众参与的社会管理格局”⑤，发挥社团和行业组织的作用，形成社会管理和社会服务的合力。这就进一步明确了党委、政府、社会组织与公众在社会管理格局中的位置，以及构建党的引领和政府引导下的合作型关系的需求。此后以胡

① 《邓小平文选》(第二卷)，人民出版社 1993 年版，第 322 页。
② 《邓小平文选》(第二卷)，人民出版社 1993 年版，第 322 页。
③ 《邓小平文选》(第二卷)，人民出版社 1993 年版，第 341~342 页。
④ 《十四大以来重要文献选编(中)》，人民出版社 1997 年版，第 999 页。
⑤ 《胡锦涛文选》(第三卷)，人民出版社 2016 年版，第 490 页。

锦涛为核心的党中央也明确表达要“支持社会组织参与社会管理和公共服务”①，社会组织数量、规模、发展速度大幅提升。在党委科学领导，政府合理引导下，社会组织参与社会治理的自主程度、组织能力和在社会政治经济生活中的作用日益增强，治理效能也因此而提升。

党的十八大以来，我国的改革实践进入深水区，不平衡不充分发展的问题尚待解决，人民群众的诉求变得更加多元化。基于对中华优秀传统文化蕴含思想的扬弃，对马克思主义经典作家理论的继承，对中国共产党领袖近百年探索理论的发展，习近平总书记结合新时代中国所面临的国际国内形势，持续推动社会治理体制机制改革和方式方法创新，实现了从传统的“管理”模式向现代的“治理”模式转变。

“党领共治”可谓新时代社会治理格局的主要特征，从党的十八届五中全会提出“构建全民共建共享的社会治理格局”到党的十九大进一步将社会治理格局阐释为“共建共治共享”就足以证明。习近平总书记指出“一切治理活动，都要尊重人民主体地位”②“创新社会治理，要以最广大人民根本利益为根本坐标”③“必须坚持改革发展稳定的统一，在确保社会稳定中推进”④。这种党的领导下共同治理的理念，就是以习近平同志为核心的党中央注重“顶层设计”，深度结合以人民为中心的理念和社会稳定发展的根本诉求，以“共治”作为核心和主要方法路径，以共建作为基础，以共享为目标，并使后二者统一于共治的实践当中。而坚持党的全面领导，不断加强党的自身建设，则是新时代创新性社会治理理念和一切社会活动的根本遵循和行动准则。

三、党建引领社会组织提升社会治理效能的时代必然性

在社会治理中，党领导国家的政治逻辑通过党在执政过程中有效驾驭国家政

① 《十六大以来重要文献选编(下)》，中央文献出版社 2008 年版，第 663 页。

② 《在庆祝中国人民政治协商会议成立 65 周年大会上的讲话》，载《人民日报》2014 年 9 月 22 日，第 1 版。

③ 《在参加十二届全国人大三次会议上海代表团审议时的讲话》，载《习近平关于社会主义社会建设论述摘编》，中央文献出版社 2017 年版，第 117 页。

④ 《在十八届中央政治局第二次集体学习时的讲话》，载《习近平关于社会主义社会建设论述摘编》，中央文献出版社 2017 年版，第 139 页。

权得以体现。党的建设是政党有效运用国家权力掌控社会治理格局的重要方式，可以说党的领导和党建引领是实现社会治理效能提升的政治保障，因而社会组织参与社会治理的效能提升必然要坚持党建引领。

1. 党建引领对社会治理具有政治领导力

党的十九大明确提出了“坚持和加强党的全面领导”“坚持党对一切工作的领导”，也就是要围绕党的领导地位全面加强提升政治领导力，应以坚持和加强党的全面领导来规定政治领导力提升的价值取向，强化中国共产党的“党政军民学，东西南北中，党是领导一切的”的领导地位。就党建引领的政治领导力而言，主要体现在：党的领导是中国特色社会主义最本质的特征，① 是走中国特色社会主义道路的重要内涵，社会组织应当自觉接受中国共产党的领导，在参与社会治理实践中坚决拥护中国共产党的领导。社会组织参与社会治理是在党委领导和政府主导下，充分发挥政府在协调发展方面的引导作用，主体上履行社会治理行为的施行者，客体上作为社会治理行为的接受者。② 由此，也就需要我们坚持和加强党的执政能力建设和先进性建设，充分发挥党的政治领导力，结合社会组织的自身优势，发挥其独特作用，整体推动社会治理效能提升。

党建引领各种政治力量、政治现象产生的正向影响力集中体现为党的政治领导力，具有把控方向性、原则性、根本性问题的能力并产生与之相对应的运作效果。就党领导国家治理和社会治理的权力结构形式而言，社会治理处于基层和末端，想要实现效能提升，首先应夯实基础，需要党充分发挥方向引领作用，确保政治上不偏航向。习近平总书记多次强调“要把加强基层党的建设、巩固党的执政基础作为贯穿社会治理和基层建设的一条红线”③。这也就是要求各级党组织特别是基层党组织不断加强自身建设，主动积极地发挥在社会治理中的模范带头作用，以强大的政治导向力、政治定力和政治引领力，把正方向，把控原则，采

① 习近平：《中国共产党的领导是中国特色社会主义最本质的特征》，载人民网，http：//theory. people. com. cn/n1/2018/0103/c416126-29742857. html，访问日期：2021 年 10 月 12 日。

② 胡亮：《从战“疫”看如何发挥党建引领社会组织参与社会治理的作用》，载《湖南日报》2020 年 2 月 18 日。

③ 中共中央党史文献研究院编：《习近平新时代中国特色社会主义思想学习论丛》(第二辑)，中央文献出版社 2020 年版，第 11 页。

取系统科学的工作机制和方式方法应对当前社会治理中出现的具体问题，进而从过去较为粗放的社会管理模式中脱离，在新时代新阶段充分提升社会治理的精细化程度，实现高质量的社会治理创新发展。

2. 党建引领对社会治理具有思想引领力

马克思和恩格斯曾指出：“批判的武器当然不能代替武器的批判，物质力量只能用物质力量来摧毁；但是理论一经掌握群众，也会变成物质力量。”①中国共产党始终遵循马克思主义理论，始终将思想理论建设摆在重要的位置。在解放战争即将取得胜利的前夜，毛泽东就告诫全党：“掌握思想教育，是团结全党进行伟大政治斗争的中心环节。如果这个任务不解决，党的一切政治任务是不能完成的。”②中华人民共和国成立后，更加重视中国共产党的思想引领作用，将其作为中国共产党加强自身建设的关键环节，在长期治国理政过程中彰显其独特优势。进入中国特色社会主义新时代，不断加强党的思想建设和理论创新，发挥思想引领力的积极作用，成为当前党和国家应对挑战和风险，发挥优势和特长，向第二个一百年奋斗目标迈进的重要法宝。增强党的思想引领力，就是不断加强党的理论创新和理论武装能力，以党的思想建设武装头脑、统一思想、指导实践。社会治理是一个系统工程功能，推动其良性运转，实现社会善治，提高治理效能，必须夯实根基，使群众能够有效进行自我管理、自我教育、自我监督、自我服务。考验的是党和政府组织群众、宣传群众、凝聚群众和服务群众的能力，需要始终将广大中国共产党员、各基层单位和社会组织紧密地团结在自身周围，而其中核心方式就是思想引领。通过加强社会组织的党建工作，发挥其思想引领作用，突出其政治功能，以思想的先进性和纯洁性，激励社会组织不忘初心、牢记使命、永远奋斗，汇聚起同心共筑社会协同、公众参与、共同发展的强大治理力量，同时也进一步加强和巩固党对社会组织的领导，实现社会治理系统的良性运行。

3. 党建引领对社会治理具有群众组织力

人民群众是历史的创造者、社会物质财富和精神财富的创造者、社会变革的决定性力量。中国共产党来自人民又植根于人民，因而历来尊重人民群众的主体地位，并将其作为一以贯之的执政理念和执着追求，并强调民心向背是最大的政

① 《马克思恩格斯选集》(第一卷)，人民出版社 2012 年版，第 865 页。
② 《毛泽东选集》(第三卷)，人民出版社 1991 年版，第 1094 页。

治。因而，社会治理的成效要以人民的判断和评价为根本标准，要坚持群众观点和群众路线。作为工人阶级的先锋队，中国共产党最能够掌握和体察人民群众的诉求和愿望，不断满足人民群众的利益关切。

首先，党性和人民性统一，是群众组织力的来源。党建引领中国社会治理实践的价值向度与中国共产党向来坚持的群众路线和治国理政原则具有一致性，都是在聚焦人民群众困难和需求的基础之上致力于实现人民的根本利益，组织群众引导社会心态以形成的共识。其次，基层党组织和党支部，是群众组织力的实现中介。基层党组织和社会组织党支部与人民群众联系密切，具有强大的向导和激励作用，其本质就是一种凝聚民心、汇聚民智、激发民力的能力，具体体现为激发人民群众的奋斗精神和强大意志力，激发社会组织参与社会治理的积极性和丰满创造力，增强新时代新阶段应对风险和挑战的顶层设计和重要方略。最后，通过服务群众来组织群众，成为群众组织力的现实途径。党建引领既能够为人民群众指引前进方向，又能够为社会组织参与社会治理聚焦着力点。因而党建引领就得以将全面深化改革的强大助推力转化为驱动力，促使顶层设计与基层期待相结合，以广大群众基础聚合而成的强大力量持续推动深化改革。

4. 党建引领对社会治理具有社会号召力

一般而言，政党具有利益代表、利益表达、精英培养和甄选、目标拟定、政治社会化、组织政府六大功能，但是中国共产党自成立以来，就肩负着民族解放和党建国家的重大使命，这也意味着其还具有组织社会、稳定社会、政治协调、国家建设等非典型政党功能。① 而所谓党的社会号召力，即以各社会群体和各种社会力量为主体，在相同价值理念的引导下，以共同的政治目标和充分表达其政治利益为方向，为实现其社会愿景而团结起来并诉诸政治行为的能力。

就党建引领对于社会治理的社会号召力而言，首先，党和人民群众奋斗目标的一致性，是社会号召力的来源。中国共产党自诞生起就深耕于社会土壤中，与人民群众、基层社会紧密相连，社会为党的不断成长提供了养分，因而中国共产党具有深刻的社会属性。构建共享共建共治的社会治理新格局，必须以党社关系和政社关系为核心，立足于社会大众的根本利益，加强党的建设，发挥党建引领

① 张勇杰：《多层次整合：基层社会治理中党组织的行动逻辑探析——以北京市党建引领“街乡吹哨、部门报到”改革为例》，载《社会主义研究》2019年第6期，第125~132页。

的社会号召力。其次，发挥共产党员的先锋模范作用，是增强社会号召力的关键。坚持党建引领，也就是继续坚持党要管党、从严治党，以政治建设为统领推进党的全面建设，消除一切损害党的先进性和纯洁性的因素，清除一切侵蚀党的健康肌体的病毒，促使党员干部通过时刻保持良好的作风形象，感召群众、带动群众，在群众中立起威信，赢得人民群众的认同和信赖，共同为社会治理效能提升努力。

随着世界格局发生巨大变化，社会政治经济不断发展，我国社会主要矛盾发生了变化，人民对美好生活的向往不仅对物质文化生活提出了更高要求，更对于公平与正义、民主与法治、国家安全与社会稳定等方面提出了更高要求。因此，党建引领的社会号召力得以实现的第三个重要方面即要将其转化为具体的实践。具体而言，就是在积极推进中国特色社会主义伟大事业的过程中，将人民对美好生活的向往作为根本出发点和奋斗目标，团结带领广大人民群众以百舸争流的姿态，立足实践，撸起袖子加油干，将党的社会号召力转化为人民群众的奋斗动力，在实践中锤炼品质，成就事业。解决人民群众愁难急盼，破解发展不平衡不充分的问题，让人民群众有更多的获得感、幸福感、安全感。

四、新时代社会组织参与社会治理对党建引领的根本需求

随着党的十九大提出要“打造社会治理新格局”并将这一概念写入党章，党建引领中国社会治理的实践在深耕于中国共产党领导人民不断奋斗和社会持续发展的历史进程中，其结构和政策范式得到进一步发展完善。而这种范式可以概括为“一轴多元”的治理结构。所谓一轴，主要指以党的建设为主轴，可以进一步细化为党建引领这一核心概念。即中国共产党以“全心全意为人民服务”为宗旨，以群众路线为根本遵循，以引领性和结构优化的手段平衡社会秩序，激发并创造新的社会活力，最终实现“善治”的目标。这种垂直化和水平化的管理治理模式恰是体现了中国共产党不断自我提升，自我革新，提升其对于外部环境的引导性和适应性，有利于基层党组织战斗堡垒作用的发挥。而所谓“多元”，主要指政党、国家、政府、社会、市场等多元主体之间的协同作用。在党建引领和指导作用下，政府、企业(公有或非公有)、群团组织、社会团体等通过强化基层关系发挥其协同功能。而党建引领通过有机链接提供组织化与功能性兼备的支持，促

使社会组织有效嵌入或耦合于社会治理结构与体系之中，从而更好地发挥积极有效的协同功能。① 新形势下，要达到实现“共建共治共享的社会治理新格局”的目标，则必须使中国社会治理实践能够创新性发展，而这种“党建为轴，多元协同”的治理模式实效性更佳。特别是社会组织通过加强政治建设和高质量组织体系建设，有效激发自身功能作用，深度整合资源要素，对于社会治理机制和生态优化的作用举足轻重。

1. 社会组织参与社会治理机制优化需要党建引领

根据制度主义理论，制度环境对社会组织的生存与发展状况起主导性作用，其中最关键的是获得政治合法性。正如在社会组织面临的制度困境中所述及的，当下阻碍社会组织发展的制度缺陷主要表现在两个方面：一是关于管理制度硬约束力的合理性需进一步商榷；二是社会组织发展的支持性制度缺位。当党的引领与社会组织融合后，其正当性与合法性就会发生重大转变。过去的模式下，社会组织与党的引领关系主要以政府部门为媒介，社会组织的正当性与合法性主要依靠民政部门的登记、注册、备案等行政许可而获得，因而社会组织与党的引领是一种“间接联系”。政社分开改革后，党组织通过社会组织党建将社会组织整合到党的组织结构内，该制度环境下，社会组织可建立党支部，开展党建活动，从而契合于党和政府塑造的外部制度环境。②

因而，随着党的十九大对于协商民主、基层党组织建设、社会治理等各方面提出了新要求、新任务、新内涵，党建已经成为社会组织建设的核心抓手，社会组织亦成为加强党的执政能力建设和巩固党的执政根基的重要力量。以全面加强党建引领基层社会治理创新，合理规划其运行机制，优化其外部制度环境，建立一个“党建+业务”相结合的范式，对于激发社会组织活力，革新社会组织管理制度，促进社会组织健康有序发展尤为重要，同时也能使党建工作与公共事务和公共事业紧密结合、深化发展、互促共进。因此，党建引领社会组织参与社会治理在理论上和实践上均实现了制度契合逻辑。

---

① 蒋卓晔：《党建引领中国社会治理的实践逻辑》，载《科学社会主义》2009 年第 1 期，第 74~78 页。

② 沈永东、虞志红：《社会组织党建动力机制问题：制度契合与资源拓展》，载《北京行政学院学报》2009 年第 6 期，第 13~21 页。

2. 社会组织整合社会治理资源需要党建引领

根据资源依赖理论，“组织根植于相互联系以及由各种各样的联系组成的网络之中。所需要的各种资源，包括财政资源、物质资源以及信息资源，都是从环境中得到的，因此组织不得不依赖这些资源的外部提供者”①。就我国当前国情而言，国家建设特别是社会领域建设的重要性关键资源都为人民所支配，而人民将这一权利委托给党和政府，因而社会组织在建设发展过程所获取的资源往往是党和政府进行行政分配的结果，从这个意义上来看，社会组织对于资源的依赖则转移到对党和政府的支配权的依赖上。而由于我国社会组织力量整体上还相对薄弱，自我造血能力差，缺乏自主性和挑战性，遂形成了依附于政府发展的特征。② 然而，面对新时代新阶段的新矛盾和新任务，我国社会组织正逐步走向现代化创新性发展，即在深化其管理体制改革的基础上，建立政社分开、权责明确、依法自治的制度体制机制，从而摆脱对其他组织的依赖，跨出对政府资源支配力过度依赖的“舒适圈”，增强自身获取各方面发展资源的能力，深化独立自主地创新活动的能力。以党建引领社会组织发展及资源整合，二者间建立直接联系，使得社会组织在改革发展创新过程中得以建立直接联系体制内组织的通道，无论是从党组织垂直管理的便捷度或是资源获取与资源支持的便捷度来说，都呈现“双赢”的结果。

因此，党建引领社会组织参与社会治理，不仅能解决其合法性和正当性问题，对于其谋求长远发展，整合党内、政府和社会资源能力的提升大有裨益，并能够切实地将其反馈于社会治理的效能中。可以说，党建引领社会组织又或是社会组织荣誉党建，是一种基于新时代背景下的战略性举措，从对党和政府的“资源依赖”到依托党建进行“资源拓展”，不仅充当了加强党的领导和政府政治行为之间的互动线索，有益于从党内到政府再到社会的整个治理生态的进一步平衡，同时也为社会组织的可持续性和长期性发展提供了便利和保障。

3. 党建引领社会组织是社会治理创新的需求

面对百年未有之大变局，治理体系机制优化被提上日程，并作为丰富其现代

---

①　[美]杰弗里・菲佛、杰勒尔德・R. 萨兰基克：《组织的外部控制对组织资源依赖的分析》，东方出版社 2006 年版，第 87 页。

②　康晓光：《依附式发展的第三部门》，社会科学文献出版社 2011 年版，第 97 页。

化发展的重要路径，当前我国社会又面临着基层治理结构和治理环境均产生极大变化的现实，主要体现在社会成分多样复杂、社会群体多元异质、维护社会秩序压力增大等方面，因而加强党建引领，创新社会治理，是应对社会结构多元变化、优化公共治理的急需举措。[①] 有学者指出在政府治理同社会自我调解、居民自治之间的互动及其实现方式中，政府(党与行政体系)在基层社会治理中的边界及其确立，以及党的领导地位及其走向必将位居首位。[②] 就党建引领的核心内涵和具体方式而言，主要包括三个方面，其中最核心的是社会治理参与度提升，即对于行动主体(社会组织成员和居民)的引领，通过对从社会到社区再到社会组织的引领，同时充分发挥党员的示范效应，以提供服务为主要功能，实现党建与社会项目、社区资源、社会组织之间的社会化联系。第二个方面是对于组织的引领。习近平总书记在中共中央政治局第二十一次集体学习时指出“要坚持大抓基层的鲜明导向，把各领域基层党组织建设成为实现党的领导的坚强战斗堡垒”。因而，以网格化管理模式落实细化社会组织的党组织建设全覆盖势在必行。第三个方面是实现平台引领。基层党组织通过提高政治领导力、群众组织力、社会号召力带领社会组织中的活跃主体，把资源、服务、管理下沉基层，创新活动方式，形成区域化“大党建格局”，激活社会组织社会治理的主体积极性。

第二节 党建引领社会组织提升社会治理效能的历史逻辑

自中国共产党成立伊始，党的建设就长期作为党的工作重点，加之统一战线和武装斗争共同形成的三大法宝，带领全国各族人民赢得了新民主主义革命胜利，完成了反帝反封建的历史任务，改变了中国的社会性质。然而，从 1921 年中国共产党成立到 1949 年中华人民共和国成立前夕，党建对社会治理还未显示出巨大的作用力。特别是在建党初期，党的中心工作主要集中于领导工人运动和工农革命武装斗争，尽管在中国共产党活动地区，本着“一切联系群众”和“全心全意为人民服务”的路线和宗旨，党建在农村地区治理中发挥着一定的作用。在

① 陈飞：《以党建引领基层社会治理创新》，载《人民论坛》2019 年第 8 期，第 212～213 页。

② 吴新叶：《党建引领基层社会治理的新趋势及其应对》，载《国家治理》2017 年第 1 期，第 30～37 页。

苏维埃政权建立后，中国共产党局部执政时期，全国各族人民所面临的主要矛盾，仍然是中华民族和帝国主义之间的矛盾，人民大众同封建阶级的矛盾，因而，在党的领导下不断巩固统一战线，进行武装斗争，同时进行党的建设巩固苏区政权，并最终完成反帝反封建的历史任务是这个阶段一切工作的主题与核心。以此为遵循，在面对社会组织参与社会治理这一问题上，党的建设既不能完全涵盖其内容，亦更难以对全社会治理效能提升发挥重要作用。然仅论苏区政权及党所管理管辖区域而言，社会治理的成效在党建引领下得以凸显，但就社会组织本身而言，对于党所领导的广大农村地区的建设显然不是一个有效概念。因而，本书所探讨的“党建引领社会组织提升社会治理效能”更适宜于党的全面执政时期。

1949 年中华人民共和国的成立，标志着中国历史进入新纪元。作为全面执政的中国共产党，在永葆初心、牢记使命，把党的建设不断融入国家治理的实践中进行了积极的探索。以党建引领作为社会治理的核心，就是将党的建设放在国家治理体系和基层治理体系之中，因而必须从党建与社会治理和社会基层组织的关系中来解释其系统框架和机制。从这个角度来讲，我们必须从党的历史，党领导社会治理的历史事件中寻找依据。70 多年来，党建引领社会组织提升社会治理效能的历史进程大致可分为三大时期，遵循三大逻辑。

一、以高度的集中统一领导探索调构社会组织建设(1949—1978 年)

中华人民共和国成立初期，为了改变我国“一盘散沙”和低度组织化的状态，党围绕巩固新生政权、恢复和发展生产力两个重要任务，整合社会资源、重新组织社会，但因为对新民主主义革命时期党的一元领导较为依赖，从而导致社会高度同构于国家和政党，一方面形成了党和国家对社会资源的垄断以及对社会组织的高度控制，另一方面也束缚了社会组织的自然发展潜力。总体而言，从中华人民共和国成立到改革开放之初，该阶段社会组织发展高度依附于党和国家的统一领导和逐步探索调构中。以 1956 年三大改造基本完成为分割点，党建引领下的社会组织建设历经了两个阶段：

第一阶段：1949—1956 年。这一阶段，党对于社会组织的管理伴随国家制度的新旧更迭而发展。中华人民共和国成立之初，随着“保甲制度”在全国范围内逐步消亡，基层社会组织体系呈现出管理失范乃至真空状态。该阶段社会组织主要以社团形式存在，尚未出现非营利性民间企业。针对中华人民共和国成立以前社会组织和社团发展良莠不齐成分复杂的情况，在着手清理整顿旧的社会组织基础上，在人民内部发展服务于人民、服务于党和国家以及社会的新的社团力量。1949 年通过的《共同纲领》和 1954 年通过的第一部《中华人民共和国宪法》分别以根本大法的形式保障了人民的结社自由权以及社会组织的合法地位。中华人民共和国成立后，一批人民团体、学术性团体、艺术性团体相继成立，为了加强对社会组织管理的规范化和法制化程度，1950 年，政务院出台了《社会团体登记暂行办法》(以下简称《办法》)，除对社会组织成立相关事宜进行了规定，还明晰了社会组织分级登记管理制度，并一直延续至今。该《办法》的出台标志着社会组织参与社会治理实践进入了党和国家领导下依法治理的新阶段。

自 1949 年起，普通民众广泛参与的基层社会组织发展迅速，《城市街道办事处组织条例》和《城市居委会组织条例》应运而生。根据两个条例的要求，全国各地迅速建立起党领导下的群众组织，形成了以街道办事处和居民委员会为基层社会主要组织体系的"街居制"。在这一阶段，街道办事处实际上作为政府的派出机构履行相关职能，而居民委员会则在具体实践运行中承担了准行政化组织的职责。农民协会作为民主革命时期党领导土地革命的成功有效的组织形式，在新中国土地改革使命完成后退出了历史舞台。为了打破农村原有的以家庭血缘关系为基础的生产组织模式，党在农村推进了农业合作化运动，建立了农村合作社，建立起国家权力在农村基层社会运行的组织基础。

可以说在社会主义改造时期，随着对社会组织管理相关的法律制度出台和发展，除共青团和工会发展繁荣以外，青联、妇联、工商联、科协等具有广泛代表性的人民团体均有一定程度发展。同时，城市"街居制"和农村合作社的建立，完成了自上而下的控制性建构，一定程度上实现了基于社会组织的党建引领社会治理的基础性建设。但又因该阶段采用计划经济体制和一元化领导体制，社会组织管理基本上是照搬行政事业单位的管理模式、仿照官僚体制来实施，党对社会组织的管理带有明显的行政化烙印。①

① 陈玉娟:《建国以来我国社会组织管理体制研究》，中共中央党校 2018 年博士学位论文。

第二阶段：1956—1978 年。党领导下的三大改造基本完成后，社会主义公有制在我国国民经济中逐步占据主导地位，为计划经济体制的建立奠定了坚实的基础。这一阶段，“国家把整个社会的经济生活网络作为一个整体，并在国家统一计划下运作”①“党作为领导力量具体领导了从中央到基层的各项政治、经济和社会运动，并在这个过程中，逐步在所有的新兴组织中确立起党组织在其中的核心地位和领导地位”。② 三大改造完成以后，我国借鉴苏联计划经济模式，中央政府和各省、地、市、区县相继建立了计划委员会，各级委员会接受上级机关和国家级委员会的指导。然而，随着 1957 年整风运动以及“反右派斗争”扩大化，直到进入“文化大革命”时期，社会组织发展趋于停滞状态，该阶段不仅没有新的社会组织产生，一些原有社会组织也无法进行活动，社会逐步失序，社会治理也难以为继。

具体而言，在“三大改造”完成之初，各行业、各领域和各部门逐步形成了自己的计划管理体系。在城市，“街居制”的形态逐渐弱化，绝大多数人被组织在企事业单位中，街道办事处和居民委员会的管理职能更多地用于那些无法纳入单位的社会闲散人员；在农村，随着 1958 年人民公社化运动的兴起，人民公社逐渐替代农村合作社，成为农村基层政权机关。1958 年，《中华人民共和国户口登记条例》出台，规定了严格的户籍迁移制度，进一步固化了社会成员与单位或公社的关系，加剧了组织对个人的管控以及个人对组织的依赖。简而言之，城市的各类企事业单位和农村的人民公社不仅是党和政府实行基层管理的组织体系，也是人民群众开展生产、社会等活动的组织形态，党和政府通过“单位”和“公社”，把社会个体纳入各种类型的生产组织，把国家和社会资源分配给个人，从而达到组织社会和管理社会的目的。之后，社会组织发展遭到严重打击，其人员发展、组织体系发展、组织活动开展等方面都产生不同程度的缩减。“具体表现为社会团体数量没有增加、社会团体的组织成员人数基本没有增加或与政治无关的社团增加了少数成员，社会团体的正常活动受到阻断，基本处于停滞状态。比如中华全国总工会 1957 年召开八大后，21 年后的 1978 年才召开第九次全国代表

① 林尚立：《当代中国政治形态研究》，天津人民出版社 2000 年版，第 144 页。

② 林尚立：《当代中国政治形态研究》，天津人民出版社 2000 年版，第 155 页。

大会。”[①]党建对社会组织未产生正向性引领，社会组织发展绝大部分进入停滞期，甚至出现倒退现象。

总体而言，1949 年至 1978 年，党继承了革命战争时期形成的一元化领导体制，以高度集中的统一领导为基本原则，构建社会组织、实现社会治理。这表现在以下几个方面：第一，党领导下的社会组织参与社会治理行政化倾向比较严重。这一时期党成为各类社会组织的领导核心和事实的行政管理核心，它“将自身的组织体系架构‘嵌入’各类社会组织当中，并成为各类组织的‘主宰’”[②]。第二，党在领导社会治理中扮演了“全能型”的角色。在高度集权的形态下，党对社会各领域进行全方位地执政，尽可能地承担起社会管理的所有事务，出现了“单位办社会”“单位包揽一切社会生活需要”的现象，“单位”和“公社”被认为是“有身份”的象征。第三，社会组织参与社会治理力量薄弱，社会治理实现依靠党的政策和群众运动。这一时期社会组织虽然在国家建设的许多方面发挥了一定作用，但力量极其有限，社会矛盾的化解和社会问题的解决，仍主要依赖于党的各项政策。党通过下达指示、通知、决议等文件，通过发动特定的群众运动如爱国卫生运动等，来达到治理社会的目的，以便“在外部危机的重重压力和体制内资源严重不足的情况下”，“为新政权提供最便捷的动员手段与整合资源”。[③]

二、以激发社会组织活力实现社会治理转型现代化（1978—2012 年）

在纠正了十年“文化大革命”的错误后，实事求是的思想路线得以恢复，社会集体意识得到极大解放，社会个体意识也空前觉醒，这对社会治理提出了更多的挑战。党的十一届三中全会以后，“以经济建设为中心，坚持改革开放，坚持四项基本原则”成为基本国策，中国正式进入了改革开放和社会主义现代化建设新时期。20 世纪七八十年代，为满足大批“知青”返城就业的要求，国家开辟了

① 陈玉娟：《建国以来我国社会组织管理体制研究》，中共中央党校 2018 年博士学位论文。

② 师晓霞：《中国共产党执政期间执政党与社会关系研究》，人民日报出版社 2010 年版，第 60 页。

③ 王邦佐：《执政党与社会整合——中国共产党与新中国社会整合实例分析》，上海人民出版社 2007 年版，第 40 页。

自愿组织起来就业和自谋职业的通道，个体经济和私营经济迅速发展起来。与此同时，党不断深化对经济体制改革的认识，推动计划经济体制向市场经济体制转变，党领导下的社会治理在经济体制改革的背景下，逐步由传统形态向现代形态过渡。

以1992年“社会主义市场经济体制”提出为分界点，党建引领下的社会组织参与社会治理实践可以分为两个阶段。

第一阶段：1978—1992年。随着“以阶级斗争为中心”的方针转变到“以经济建设为中心”的轨道上来，党的领导理念和执政方式的转变，社会组织与国家政府的关系形态也开始转变，社会治理模式的整体转变也开始萌发。为了加速适应市场经济体制，更多的社会个体突破固定组织的束缚，向不同的部门、不同的行业或不同的地域流动，大量的农村人口流入城市、中西部地区人口流向东部，社会治理变得复杂化；与此同时，为了有效应对所有制结构向“以公有制为主体，多种所有制形式共同发展”的转变，社会分工逐渐多样化，个体在经济收入、职业声望和社会地位上的需求也逐渐转变，社会治理主体也呈现多元化。总而言之，过去那种高度集中的、连带性极强的社会治理已经不再适用，党和国家必须寻求新的社会管理方式，推动社会治理的更新与进步。1980年，邓小平提出“为了坚持党的领导，必须要努力改善党的领导”，强调党的领导最本质的内容是组织和支持人民当家作主，而不是处处包办代替。在准确把握群众诉求的基础上，各方力量都应参与到改革开放和社会主义现代化建设实践中。因而，在改革开放之初，政府自上而下发起成立了一批社会组织，通过向社会组织授权委托其行使社会职能，动用民间力量和社会资源协助政府解决社会问题。

该阶段，民间非营利性组织等新的社会组织数量开始大幅增长。其中学术性团体、经济类社会组织、作为新的形式存在的基金会成为社会组织的中坚力量。其中学术性社会组织恢复最早且一直高位发展，仅1987年至1989年，中国乡镇科普协会数量就由4万多家增长到10万多家。① 经济社会领域的社会组织以各行

① 数据来源于两份文献，分别是陈玉娟：《建国以来我国社会组织管理体制研究》，中共中央党校2018年博士学位论文；田良木、沈晓丹：《中国科协国家统计局首次发布资料 我国现有科技社团146个》，载《人民日报》1988年6月11日。

业商会和协会成立为代表，如 1980 年成立的中国包装技术协会、1983 年成立的中国广告协会、1984 年成立的中国消费者协会等。与此同时，教育、卫生、文化、体育、宗教等领域社会组织也纷纷成立。就基金会发展而言，1981 年成立的“中国儿童少年发展基金会”和 1984 年成立的“中国残疾人福利基金会”在这一阶段影响力较大，虽然不是政府部门，但作为官办社会组织已在社会领域为政府代行其职。截至 1989 年之前，全国性社会组织已有 1600 多家，地方性社会组织数量更是达到 20 多万家(包括 210 多家全国性和地方性基金会以及 170 多家全国性行业协会)，分别比开放前的最高峰增长了 16 倍和 30 倍。[①] 伴随社会组织的复苏和发展，我国社会组织制度管理框架开始构建。由 1988 年《基金会管理办法》出台开始，1989 年《外国商会管理暂行规定》和《社会团体登记管理条例》相继出台、1991 年《宗教社会团体登记管理实施办法》和 1992 年《中华人民共和国工会法》陆续出台，综合确立了以“双重管理”为核心的社会组织管理基本制度体系。

总体而言，在改革开放初期，党和政府在领导社会组织参与社会治理，探索购买公共服务方面进行着从“直接管理”到“间接管理”的转变。但由于中国政治体制的独特性，国家与社会之间的分离程度较低，社会资源仍由国家掌控，由政府直接成立或经政府授权建立的官办社会组织仍占主导地位，且社会组织在其发展过程中对政府的依赖程度仍然很高，政府对社会组织的管理也较为严格。如通过“多重负责”“分级管理”“年度检查制度”等制度，实现政府对社会组织的严格管控，甚至撤销部分社会组织。据统计，1991 年注销的社团多达 9974 个，占登记社团总数的近 9%，1992 年注销数为 7654 个。[②] 足以可见，改革开放初期，党和政府在社会组织发展和参与社会治理的过程中处于“强管控”的地位，这也使得党建和国家政策的推动在社会主义建设过程中呈现出巨大作用力和约束力。

第二阶段：1992—2012 年。1992 年党的十四大正式确立了我国实行市场经济体制的目标，与此同时，加强党的建设，进行机构改革，转变政府职能也成为该阶段的重要任务。随着社会主义市场经济体制的建立和完善，以及国家对外开放格局的不断完善，中国改革开放取得明显成就，政党治理能力有了很大改善和

---

① 谢菊、马庆钰：《中国社会组织发展历程回顾》，载《云南行政学院学报》2015 年第 1 期，第 36 页。

② 周丽：《共治逻辑下政府与社会组织关系研究》，南京大学 2021 年博士学位论文。

提高，现代化社会治理模式在这一阶段逐渐建立起来。为此，党和政府于本阶段开始着手鼓励培育社会组织独立发展。如1994年出台的《国务院办公厅关于部门领导同志不兼任社会团体领导职务问题的通知》，规定领导干部不再兼任社团领导职务，后又这一限制从中央扩展到地方机关。1995年出台的《关于社会团体开展经营性活动有关问题的通知》从税收优惠等方面给予社会组织发展实际支持，并将社会组织经费自理作为改革的主要方向。社会组织从经费来源，人事管理等方面逐步实现党和政府强控制力之下的分离。

到21世纪初，中国已成为世界第六大经济体。然而，与社会主义市场经济的发展不相适应，社会建设呈现明显的滞后性，许多新的基层社会问题多发频发，社会管理改革迫在眉睫。党的十六大报告提出了“全面建设小康社会”的宏大战略目标，强调要“以服务群众为核心重点”“构建城市社区党建工作新格局”，在这一思想的指导下，党的建设更具体地融入社会组织之中，以加强社会建设为独立领域，“党委领导、政府负责、社会协同、公众参与”的社会管理格局逐渐形成并走向成熟。该阶段，在强调社会组织发展自主性的同时，也强调了党对于社会组织的全面领导。党和政府对社会组织管理制度化程度增强，精细化程度提升。自2000年起，党和国家就陆续出台相关政策文件，要求加强社会组织党建工作，如《关于加强社会团体党的建设工作的意见》以解决“绝大多数社会组织未成立党组织”问题为出发点，对社会组织党建工作从主要职责、教育管理、领导工作等方面进行规约，从而“扩大党的工作的覆盖面和影响力、渗透力”，这也说明社会组织的党的建设工作已经作为党的建设日常工作的一部分而存在，党建社会组织发展的引领力进一步增强。

2004年，党的十六届四中全会提出要“构建社会主义和谐社会”“建立健全党委领导、政府负责、社会协同、公众参与的社会管理格局”，突出了“社会管理”这一主题，也奠定了党建引领社会组织的基本思路。在这一思路的指导下，党政关系更加明晰，党“把属于政府的权力还给政府，而且政府也要逐步将过去属于政府，但现在由其他非权力主体来行使更合适的权力还给社会，以彰显它们的功能和作用，使多元主体的功能最优化”①。这一转变使党在引领社会组织中的领

① 陶国根：《善治理论视野下党的执政能力提升》，载《中共成都市委党校学报》2010年第3期，第15~19页。

导核心地位更加凸显，统揽全局、协调各方的作用更加突出，党在强化政治导向、政策引领、监督管理，尤其是发挥基层党组织和共产党员先锋模范作用方面，起到了全局性、关键性的作用。一方面，党在引领社会组织参与社会治理上的制度效能大幅提升，如2005年出台的《民办非企业单位年度检查办法》，2006年出台的《基金会年度检查办法》，2010年出台的《社会组织评估管理办法》，社会组织管理制度的功能性、系统性在该阶段得以进一步完善。另一方面，党和政府对社会组织发展的支持力度大幅提升，形成了颇具规模的社会治理良性发展生态。如2006年上海浦东率先推出“社会公益组织孵化器”项目，开创了我国孵化培育社会组织的先河；2012年，中央政府首次拨付2亿元资金，专门支持政府向社会组织购买服务项目。该项目的实施，带动了3.2亿元的社会资本参与社会服务，直接受益群众达到185万人。①

党建引领下社会治理效能主要体现在以基层党组织建设为核心的社会治理实践中。在城市，党建工作逐步规范化、体系化。2004年，中组部下发《关于进一步加强和改进街道社区党的建设工作的意见》，明确提出街道、社区党建是基层党组织建设的重要内容，要依托街道、社区党的建设，实现党在城市工作覆盖面稳步增加。在农村，党领导下的农村自治体系不断健全。2006年，民政部下发《关于做好农村社区建设试点工作推进社会主义新农村建设的通知》，提出“各地要在党委、政府的统一领导下，选择一批村民自治工作基础扎实、群众积极性高、党政领导高度重视的县、乡、村进行农村社区建设试点”。2010年，国办印发《关于加强和改进城市社区居民委员会建设工作的意见》，针对城市社区实际党建工作中的难点问题、瓶颈问题，提出了加强改进城市社区居民委员会建设工作的相关意见，同时要求持续强化对城市社区居民委员会建设工作的领导，进一步健全党的基层组织体系。

总而言之，在社会主义建设和改革开放新时期，党和国家能够持续坚持党建引领，从国家层面连续性、系统性、稳定性地推进社会组织管理政策范式的形成及发展，并科学布局指导其在社会治理实践中的探索与反馈。因而，该阶段党建引领下社会组织参与社会治理实践与改革开放以前相比具有鲜明特征，治理效能

① 陈玉娟：《建国以来我国社会组织管理体制研究》，中共中央党校2018年博士学位论文。

有了明显的优化。第一，治理主体从一元向多元转变，提升了人民群众的自主性和创造性。"一元治理体制的最大弊端是导致政治上的专权和管理上的低效。"① 这一时期，随着对党中央对党政关系的深入思考，党政不分、以党代政的问题得以纠正。20 世纪 80 年代以后，党主要负政治领导责任，政府主要负行政责任，对城镇企业和农村经济等相关事务不再进行直接管理。90 年代后期，除原有的工青妇等人民团体外，民间组织开始涌现，并得到政府的认可，它们对社会政治生活产生日益重要的影响。② 这些变化，极大地激发了群众自我管理、自我服务的主动性和创造性，也推动了社会基层自治制度的发展。第二，权力运行从高度集中向政治分权转变，提升了社会组织参与国家治理的活跃度。改革开放以后，党中央和国家政府逐渐实现了从中央向地方、从政府向企业、从国家向社会的大规模的政治分权，确保了地方自主性的强化、企业与市场的高度融合，以及行业自治的形成与发展。从集权向分权发展，打破了以往党委权力集中于几个书记，"什么事都要第一书记挂帅、拍板"③，党的领导变成个人领导的不良倾向，形成了社会各类组织共同参与、共同治理的局面，国家治理的针对性和有效性明显提高。第三，治理保障从注重人治向注重法治转变，迈出了社会治理现代化的关键一步。这一时期，党建设社会主义法治国家的政治目标融入国家治理之中，并依靠法律、制度予以规范和具体化，保障了党在社会治理中的带头作用，也加强了社会治理效能的制度化保障。公平正义的价值观念不断融入社会治理，尤其是各类利益的诉求、表达和协调机制的建立，各种社会资源的有效整合，为人民群众的生存和发展提供了更加公平的规则、环境和机会，使得党建引领下的社会组织得到更多群众的认可，推动了社会治理的前进。

三、以完善党的基层组织建设推动全民参与社会治理(2012 年至今)

进入新时代，面对严峻复杂、机遇与挑战并存的世情，新旧问题交织集中于新历史起点上的国情，四大风险与四大考验更为尖锐对执政能力提出更高要求的

---

① 俞可平：《中国治理变迁 30 年(1978—2008)》，载《吉林大学社会科学学报》2008 年第 3 期，第 5~17、159 页。

② 俞可平等：《中国公民社会的制度环境》，北京大学出版社 2006 年版，第 12 页。

③ 《邓小平文选》(第二卷)，人民出版社 1994 年版，第 328 页。

党情，一些突出的社会矛盾如贫富差距扩大、城乡差距扩大、社会公共资源占有不均、社会基本保障不足等问题逐渐暴露，以何种方式协调利益不均成为社会治理中的新难点。党的十八大提出建立“政社分开、权责明确、依法自治的现代社会组织体制”，对于社会管理，则提出了加快形成“党委领导、政府负责、社会协同、公众参与、法制保障”体制的要求。可以说，十八大报告对于社会组织发展及其参与社会管理的重要性达到了前所未有的高度。党的十九大进一步丰富了“社会治理”的内涵并提出了新要求，要“坚持人民主体地位，在治理体制和机制上加强社会治理制度建设，完善党委领导、政府负责、社会协同、公众参与、法治保障的社会治理体制”①。在党和政府的顶层设计与方针政策的引领下，社会组织管理体制创新全面开启，社会组织参与社会治理逐步向具有中国特色的科学化、体系化、专业化的社会治理模式发展。

2013 年，《关于政府向社会力量购买服务的指导意见》出台，要求在社会公共服务等社会治理领域更多利用社会力量，鼓励社会组织、社会力量参与社会建设和治理实践。② 随着社会组织建设工作日趋完善，加强社会组织党建相关工作有条不紊推进，党建引领的功能性逐步增强，首先体现在党对社会组织和社会治理工作的总领和政治领导上。2015 年年初，中办印发《关于加强和改进党的群团工作的意见》，要求各级党委明确对群团工作的领导责任，支持群团组织参加创新社会治理，并自上而下形成组织领导体系，阐明了党和群团组织之间领导与被领导，支持与被支持的关系。2015 年 5 月，中共中央政治局审议通过《中国共产党党组工作条例(试行)》，要求在国家机关、人民团体、经济组织、文化组织、社会组织和其他组织领导机关中设立党组。党的建设对于社会组织的引领作用进一步凸显。2015 年 9 月，《关于加强社会组织党的建设工作的意见(试行)》印发，要求“加强党务工作者队伍建设，强化党建工作基础保障，不断提升社会组织党建的工作水平”。同时要求通过“按单位建立党组织、按行业建立党组织、按区域建立党组织”的方式步骤，进而实现“两个全覆盖”。据统计，截至 2016 年年

① 《决胜全面建成小康社会　夺取新时代中国特色社会主义伟大胜利——在中国共产党第十九次全国代表大会上的报告》，载《光明日报》2017 年 10 月 28 日。

② 《国务院办公厅关于政府向社会力量购买服务的指导意见》(国办发〔2013〕96 号)，载中央政府门户网站，http://www.gov.cn/zwgk/2013-09/30/content_2498186.htm，访问日期：2021 年 11 月 25 日。

底，全国各类各级社会组织中党组织覆盖率达到 58.9%，比 2015 年提高了 17.4%。[①] 一方面反映出党中央注重党建引领，通过基层党组织建设加强对社会组织的政治领导；另一方面反映出社会组织已经成为群众工作和社会治理工作的重要阵地，社会组织活力进一步得到激发，党建引领对社会组织参社会治理实践的实效性得到彰显。

中国特色社会组织管理体系的制度优越性具体体现在坚持党的领导这一根本原则中。2016 年，《关于改革社会组织管理制度促进社会组织健康有序发展的意见》(以下简称《意见》)印发，从改革完善管理制度入手推动社会组织发展。该《意见》特别强调，要加强社会组织党建工作基础保障，加强对社会组织负责人的思想政治教育，引导他们主动支持党建工作，推动将党的建设写入社会组织章程。[②] 2017 年中共中央、国务院印发《关于加强和完善城乡社区治理的意见》，提出以大力发展社区社会组织和其他社会组织为重点加强和完善城乡社区治理。要求"充分发挥基层党组织领导核心作用。……以改革创新精神探索加强基层党的建设引领社会治理的路径""完善党委和政府统一领导，有关部门和群团组织密切配合，社会力量广泛参与的城乡社区治理工作格局"。[③] 2018 年 4 月，《民政部关于在社会组织章程增加党的建设和社会主义核心价值观有关内容的通知》印发，要求社会组织应当在章程中增加党的建设和社会主义核心价值观有关内容。增加党建相关内容，一方面是为加强党对社会组织的领导，充分发挥党组织战斗堡垒作用提供制度保障，另一方面也为提升党的基层组织力，使社会组织能够旗帜鲜明讲政治，牢固树立"四个意识"，坚定"四个自信"，做到"两个维护"。2020 年，民政部办公厅印发《培育发展社区社会组织专项行动方案(2021—2023 年)》，要求"发挥城乡基层党组织的领导作用……确保社区社会组织工作始终沿着正确

① 詹成付：《中国社会组织工作要自觉肩负起新时代的历史责任——学习党的十九大报告初步体会》，载中国社会组织网，http：//www.chinanpo.gov.cn/3201/107017/index.html，访问日期：2022 年 6 月 24 日。

② 《中共中央办公厅 国务院办公厅印发〈关于改革社会组织管理制度促进社会组织健康有序发展的意见〉》，载中央政府门户网站，http：//www.gov.cn/zhengce/2016-08/21/content_5101125.htm，访问日期：2022 年 6 月 12 日。

③ 《中共中央 国务院关于加强和完善城乡社区治理的意见》，载中央政府门户网站，http：//www.gov.cn/zhengce/2017-06/12/content_5201910.htm，访问日期：2022 年 6 月 12 日。

政治方向，始终服从服务大局”①。2022 年 3 月，民政部编制出台了《“十四五”社会组织发展规划》(以下简称《规划》)，将推进社会组织高质量发展作为主题，从发展背景、总体要求、主要任务和保障措施四个方面进行阐释，从而推动社会组织发展从注重数量增长、规模扩张向能力提升、作用发挥转型。该《规划》特别强调了“坚持党建引领，保证发展方向”的指导思想，将加强“社会组织党的建设”作为首要任务。要求“以党的政治建设为统领，推动社会组织党建工作水平全面提升，推进社会组织党的组织和党的工作全覆盖”②。

纵观十八大以来党领导的社会组织和社会治理工作，其具有鲜明的时代特征。一方面不断加强社会组织参与社会治理的顶层设计，在不断推进“四个全面”的大格局中，特别是“全面依法治国”的大背景下，注重综合决策，细致部署，不断完善相关法律法规制度，实现社会治理的体系化发展。另一方面，不断强化党对社会组织参与社会治理的总体领导，注重发挥党的建设引领作用，特别是社会组织中基层党组织的核心作用和战斗堡垒作用。就加强党的建设、实现引领功能而言，这一时期也呈现出更加鲜明的特点。第一，党的领导能力和领导水平显著提升，增强了社会治理的组织性。第二，党的性质和宗旨进一步凸显，提升了社会治理的服务性。随着市场的开放性与活跃度的提高，人民参与社会建设与社会治理的主体性与创造性极大地发挥出来。第三，共产党人价值观的导向作用愈加强化，彰显了党建引领下社会组织在社会治理参与过程中的先进性。

第三节　党建引领社会组织提升社会治理效能的实践逻辑

党的十九届四中全会提出了以“推进国家治理体系和治理能力现代化为路径，

① 《民政部办公厅关于印发〈培育发展社区社会组织专项行动方案(2021—2023 年)〉的通知》(民办发〔2020〕36 号)，载中国社会组织网，https://txy.chinanpo.gov.cn/api-k/pages/knowledgefrontend/policies_detail.html?id=137023a5f0294530b9a422131531441a&userid=ddcd8f7212af489588c83dd036f7dffe&thenmeName=null&pageType=advanced，访问日期：2021年12月1日。

② 《民政部发布〈“十四五”社会组织发展规划〉》，载中国社会组织网，https://txy.chinanpo.gov.cn/api-k/pages/knowledgefrontend/policies_detail.html?id=fd8941e5bdf54c969faad9a631dc50af&userid=ddcd8f7212af489588c83dd036f7dffe&thenmeName=%E7%BB%BC%E5%90%88&pageType=index，访问日期：2022 年 3 月 16 日。

全面坚持和完善中国特色社会主义制度”的要求。在社会治理方面，则要求“坚持和完善共建共治共享的社会治理制度，保持社会稳定、维护国家安全。……加强和创新社会治理，完善党委领导、政府负责、民主协商、社会协同、公众参与、法治保障、科技支撑的社会治理体系”①。结合中共中央多次会议精神，不难发现党建的核心引领已经成为新时代全面从严治党、全面深化改革、全面依法治国和全面建设社会主义现代化国家的应有之义和关键核心。在党和国家治理与基层社会治理面临着新形势、新挑战、新问题、新要求的背景下，为推进国家治理能力和治理体系现代化，实现共建共享共治的社会治理新格局，将党建引领为核心融入社会治理创新和效能提升的框架中，符合人民利益，也符合时代需求。

一、新时代党建引领社会组织提升社会治理效能的新形势

当今我国正在经历着有史以来最广泛而深刻的社会变革，也在经历着人类历史上最宏大而独特的实践创新，以习近平同志为核心的党中央以巨大的政治勇气和责任担当，提出了一系列新理念新思想新战略。进入新的历史阶段，党建引领下的社会治理也将被赋予新的时代内涵，社会组织参与社会治理也相应地面临着新的形势和挑战。

1. 新时代党领导国家社会发展的新的历史方位

习近平总书记指出，中国特色社会主义进入新时代是我国发展新的历史方位。这一重大论断为我们深刻把握当代中国发展的新阶段新特征，科学制定党的方针政策提供了时代坐标和基本依据。党的十九届四中全会聚焦于国家治理体系和治理能力建设，系统地总结了“中国之治”的 13 项制度原则。② 推进社会治理现代化，提升治理效能应当遵循共建共治共享原则，发展合作治理、共同治理机制，创建共建共治共享的社会治理格局。中国共产党引领的社会治理实践，经历了借鉴西方治理经验、探索本土治理路径、超越西方治理经验的阶段，并在本阶

① 《中国共产党第十九届中央委员会第四次全体会议公报》，载《人民日报》2019 年 11 月 1 日。

② 2019 年 10 月 31 日中国共产党第十九届中央委员会第四次全体会议通过《中共中央关于坚持和完善中国特色社会主义制度推进国家治理体系和治理能力现代化若干重大问题的决定》，载人民网，http：//cpc. people. com. cn/n1/2019/1106/c64094-31439558. html，访问日期：2022 年 6 月 6 日。

段形成了中国特色社会治理话语,[①] 既彰显了与时俱进的理论品质，也展现了其于当下现实社会的指导意义。

在新的历史方位下，治国理政的第一要务就是紧紧围绕坚持和发展中国特色社会主义这个主题，创新执政方略和执政方式，转变发展理念和发展方式，提高发展水平，继续奋斗探索，砥砺前行，展现中国特色社会主义更强大的生命力。确立实现高质量发展，全面建设社会主义现代化国家的根本着力点，首先需明确我国社会的主要矛盾。中国特色社会主义新时代社会矛盾的转变，揭示了我国当前最突出的问题是发展不平衡不充分，具体而言就是各区域各领域各方面发展的不平衡不充分，从而制约了人民追求美好生活。从基层社会治理的角度切入，面对各区域、各领域发展不平衡不充分的问题，习近平总书记指出，加强和创新社会治理，关键在体制创新，核心是人，应当把社会治理的中心落到城乡社区，把资源、服务、管理放到基层，聚焦群众反映强烈的突出问题，社区服务和管理能力强了，社会治理的基础就实了。[②] 可以说，新的历史方位从顶层设计和宏观决策上为社会治理效能提升指明了方向，划定了范围，也从微观执行层面和基层行动层面上找准了着力点。

2. 新形势下社会组织参与社会治理实践的新要求

党的十八届三中全会通过的《中共中央关于全面深化改革若干重大问题的决定》，其确立了创新社会治理体制的具体方面：改进社会治理方式、激发社会组织活力、创新有效预防和化解社会矛盾体制、健全公共安全体系等。[③] 从社会治理的概念的内涵与外延来看，其内涵以及包含的要素丰富且复杂。在此基础上，改进创新社会治理在不同的场域、不同的历史阶段有着不同的具体指向。[④] 因此，需要提高社会组织参与治理的时代性、科学性和专业性，以使其能在广泛而

---

① 周进萍：《共建共治共享：社会治理的中国话语与行动体系》，载《中共福建省委党校学报》2018 年第 7 期，第 89 页。

② 习近平：《在参加十二届全国人大第二次会议上海代表团审议时的讲话(2014 年 3 月 5 日)》，载《人民日报》2014 年 3 月 6 日。

③ 2013 年 11 月 12 日中国共产党第十八届中央委员会第三次全体会议通过《中共中央关于全面深化改革若干重大问题的决定》，载人民网，http：//cpc. people. com. cn/n/2013/1115/c64094-23559163. html，访问日期：2021 年 11 月 28 日。

④ 陈宇：《国家级新区社会治理创新：现状与思路——以南京江北新区为例》，载《黑龙江社会科学》2020 年第 1 期，第 116~122 页。

具体的社会治理领域中实现共建共治共享社会治理格局的系统功能良性运转。因而，当前社会组织参与社会治理实践面临着全局性的历史变化所提出的新要求。

第一，要以政治建设为根本，强化和优化党的领导。习近平总书记明确指出，社会组织面大量广，加强社会组织党的建设十分重要。[①] 社会组织有别于党政部门、企业和事业单位等，传统的党建经验难以完全适应新时代社会组织党建工作的发展要求，必须创新推进社会组织的党组织建设。在 2015 年 9 月，中共中央印发的《关于进一步加强部管社团党建工作的意见(试行)》中就强调了社团党建工作的“四个强化”，即强化政治引领、强化文化建设、强化思想工作、强化推动发展，把党的建设融入社团改革和发展全过程。[②] 由此可知，新形势下党建引领社会组织的社会实践中的关键就是强化政治引领，即要以习近平新时代中国特色社会主义思想和党的十九大精神为引领，忠诚践行“两个维护”，牢固树立“四个意识”，坚定“四个自信”，认真落实“两个全覆盖”。新形势下，必须将党的政治优势全方位嵌入日渐分化、诉求多元化和结构复杂化的社会治理之中，有序领导和整合社会组织和各种社会主体，克服社会组织内在的党的建设弱化虚化问题，形成广泛参与和协同治理。

第二，始终将全面依法治国和依规治党贯穿其中。依法治国是坚持和发展中国特色社会主义的本质要求和重要保障，是实现国家治理体系和治理能力现代化的必然要求。要实现社会组织参与社会治理实践的效能提升，必须更好地发挥依法治国和依规治党的引领和规范作用，用法律的准绳去衡量、规范、引导社会生活。在党的十八届四中全会上，习近平总书记指出，要坚持在法制轨道上统筹社会力量、平衡社会利益、调节社会关系，规范社会行为。要推动当前社会治理的健康持续高效发展，必须一方面切实从严治党、依规治党、发挥好党委统揽全局、协调各方的领导核心作用，另一方面紧扣时代特色和实践特色推进相关法制建设，提供制度方案。

第三，要坚持以人民为中心的根本立场。人民性是马克思主义最鲜明的品

---

① 中组部负责人就《关于加强社会组织党的建设工作的意见(试行)》答记者问：《大力加强社会组织党建工作》，载人民网，http：//politics.people.com.cn/n/2015/0929/c1001-27645128.html，访问日期：2022 年 4 月 6 日。

② 易军：《落实两个全覆盖，推进社团组织党的建设》，载人民网，http：//dangjian.people.com.cn/n1/2017/0503/c117092-29251712.html，访问日期：2022 年 4 月 6 日。

格，中国共产党作为马克思主义政党，党性和人民性从来都是一致的、统一的，除了国家、民族、人民的利益，没有任何自己的特殊利益。为人民谋幸福是中国共产党人的初心，人民对美好生活的向往是中国共产党人永远的奋斗目标。坚持人民主体地位、充分调动人民的积极性，是自建党伊始在认识和时间上取得突破和发展的最大依靠力量，是我们党立于不败之地的强大根基。因而，社会治理和政府提供基本公共服务的核心内容就是以人民为中心，满足人民群众日益增长的基本公共服务需求，实现人民群众最关心、最直接与最现实的利益。因而，党和政府引导社会组织服务人民，在面向基层、面向民众需求的过程中，不断调适好自身的角色、调整好职能、匹配好治理工具是当前社会治理效能提升的刚性需求。

可以说，以习近平新时代中国特色社会主义思想为指导的社会治理共同体建设，主体是党建引领和政府负责下的全体公民、社会组织、社会群体等，前提是社会组织的政治建设，内在机制是社会主义法治，价值诉求是满足社会日益增长的对美好生活的共同需要，目的是创造更有效率的社会治理格局。

二、以党建引领打破社会组织参与社会治理的实践困境和瓶颈

在新的历史时期，我国社会活力显著增强，社会组织形式、社会结构、社会利益格局都在发生深刻的变化，社会组织参与社会治理面临着大量亟待解决的课题以及实践过程中的困境和瓶颈。

1. 党建意识薄弱导致内生动力缺乏

在社会组织运营过程中，从社会组织自身的利益出发，社会组织党建的动力，源自党建工作带给社会组织的合法性资源、物质资源和文化资源，即通过党组织建设，社会组织可以直接与政府部门对接，政社之间的关系更为密切，并且通过党建链接，树立社会组织新形象，增强公信力，不断拓展社会组织发展所需要的各种人力、物力、财力等资源。

不过，仍有一些社会组织尚未找到党建动力，党建意识薄弱，对党建工作持漠视、敷衍甚至排斥的态度，肤浅地认为党建工作不仅对社会组织发展助益不大，反而无形中增加了社会组织的人力成本和时间成本，因此，导致社会组织党建工作存在党组织设置不健全、组建效率低、覆盖面小等问题。

如从 2021 年《中国民政统计年鉴》的统计数据来看，已建立党组织的民办非企业单位仅占 10.41%。[①] 除外，据《2020 年民办非企业单位发展报告》所显示，民办非企业单位的党建活动形式较为单一，党组织作用难以得到有效发挥，民办非企业单位负责人对党建工作的认识仍有待进一步深化，这导致民办非企业单位党组织覆盖不全面。另外，党建工作与民办非企业单位的业务工作割裂，实现民办非企业单位党组织有效覆盖仍有待进一步探索。[②] 同时，由于社会组织对党建工作缺乏内生动力，使得社会组织党建力量相对比较薄弱，社会组织行业党委人员不足，社会组织成员政治意识淡薄，入党意愿不强，社会组织中党员数量过少，尚有不少社会组织没有党员，甚至有的党员故意隐瞒党员身份，成为“隐身党员”，长期游离在党组织之外，不主动向党组织靠拢。

2. 社会组织自律性不足与信任困境

在经济社会中存在一个基本的共识，那就是社会中的个人及群体都是赋予经济理性的。在客观现实情境中，社会组织作为社会团体，无论是营利性社会组织还是非营利性社会组织，都存在自利性，即追逐自身利益及发展。对于社会组织来说，需要把握好自利的限度，否则很可能导致其公信力下降。在具体的社会情境中，由于自利的“度”的界限不够清晰，因而对于社会组织而言，需要高度的自我规约。事实上，由于一些社会组织缺乏制度约束，抑或存在制度但形同虚设，加之其内在的自治能力薄弱，就会走上过度追求利益的自律性障碍。这可能导致社会组织的公信力下降，致使合法性基础动摇，从而影响社会组织进行社会治理及提升社会治理效能的发挥。从当下我国社会组织自律性困境来看，主要表现在以下几个方面：

第一，社会组织内部的规章制度不健全，管理不规范。一些社会组织在表面上成立了一套规章制度，实则在内部运行中管理较为混乱，不受管理制度约束。[③] 譬

---

① 中华人民共和国民政部：《2021 民政事业发展统计公报》，载中华人民共和国民政部网站，http：//www.mca.gov.cn/article/sj/tjgb/，访问日期：2022 年 1 月 17 日。

② 徐明、魏朝阳、陈斯洁：《2020 年中国民办非企业单位发展报告》，黄晓勇、徐明、郭磊等编：《中国社会组织报告(2021)》，社会科学文献出版社 2021 年版，第 71~96 页。

③ 据清华大学 NGO 研究所在全国性的民间组织调查中发现，有 46.6%的组织由理事会或全体会议等正式决策机构进行决策，有 47.4%的组织无正式决策机构，其中由全体人员协商决策的占 10.7%，由两个以上的负责人协商决策的占 17.8%，由负责人单独决策的占 18.9。参见邓国胜：《中国 NGO 问卷调查的初步分析》，载中国第三部门网，访问日期：2022 年 5 月 30 日。

如“商红会”，其在领导组织体系上，既没有召开会员代表大会，也没有理事会、常务理事会等领导机构；在财务管理方面，没有建立完善的财务、合同与项目管理制度。由于其内部管理毫无章法、混乱无序，为一些投机者提供了营利的渠道。其部分负责人利用其双重身份，在项目运作中存在关联交易，严重违反了公益组织的基本原则，也面临着来自公众的信任危机。

第二，社会组织内部监督机制缺失。由于一些社会组织内部监督机构不健全，监督条例不清晰，惩罚制度未明确，这就使得其突破“非营利性”的性质特点，一方面享受国家在相关社会服务项目和领域的政策优惠，另一方面逃避税收、寻求租金，甚至将利益索取瞄准普通群众。据中华人民共和国民政部《2020年民政事业发展统计公报》显示，“我国2020全年共查出社会组织违法违规案件6935起，行政处罚6707起”①。如在2020年新型冠状病毒性肺炎疫情初期，有的慈善组织信息公开透明度低、募捐及物资分发等存在不规范行为。② 社会组织违法违规造成了一定的社会负面影响，也降低了社会组织的公信力，限制了公民社会的正常发育，破坏了公民支持社会组织参与社会治理的积极性。

3. 社会组织治理实践中的制度不畅

社会治理创新和现代化，形成共建共享共治的新格局，最终要落实到建立一整套比较完善、有效的治理制度体系上来，使制度的权威能够深入人心，渗透到社会治理的方方面面。社会组织的良性发展离不开健康的制度环境。当下社会组织在社会治理中良性发展存在制度不畅的困境，主要表现为：

一是社会相关管理制度对社会组织形成硬约束。比如对于社会组织的创立和组建而言，由于民政部门的高准入标准，大量的社会组织陷入合法性困境。③ 由

① 《2020民政事业发展统计公报》，载中华人民共和国民政部网站，http：//www.mca.gov.cn/article/sj/tjgb/，访问日期：2021年9月19日。

② 吴丽丽、刘沛鑫：《2020年中国慈善组织发展报告》，载黄晓勇、徐明、郭磊等编：《中国社会组织报告(2021)》，社会科学文献出版社2021年版，第127~148页。

③ 1998年颁布的《社会团体登记管理条例》对申请成立者所必备的条件做了具体明细的规定，其第10条第1款规定，社团必须“有50个以上的个人会员或者30个以上的单位会员；个人会员、单位会员混合组成的，会员总数不得少于50个”；第4款规定“有与其业务活动相适应的专职工作人员”；第5款规定，社团必须“有合法的资产和经费来源，全国性的社会团体有10万元以上活动资金，地方性的社会团体和跨行政区域的社会团体有3万元以上的活动资金”，等等。

于社会组织创立的登记管理门槛设置明显过高，导致一些运行多年并有着深厚的群众基础的社会组织被排斥在法定的登记管理体系之外，无法获得合法性身份，只能以非法的方式“漂浮”于社会中，这些社会组织在发展上也处于劣势，因为其难以享受政府的相关支持和优惠政策。

二是对社会组织的相关支持性制度的缺位。尽管社会组织有其自身的运作逻辑，但并不意味着其资金、资源的完全独立。事实上，许多社会组织都需要政府的制度性的资助。相较于欧美国家，我国第三部门所获得的源于外部的支持性的制度十分不足，构成了制约第三部门发展的制度缺陷。事实上，党建引领中国社会治理实践的行动路径的实现需要依托于基层群众自治制度等系列制度的完善成熟。新形势下，面对社会转型和社会矛盾变化的现实，在此基础上推进社会组织参与社会治理并提高效能，需要在制度层面给予支持，完善制度体制机制，强化制度的权威。不仅要靠制度的强制力、公信力、执行力，同时还要靠制度文化的培养和提升。也就需要强化社会组织党建资源的供给和整合，以党建引领实现组织覆盖和工作覆盖，提升最终的治理效能。

三是社会组织的相关制度冲突。民办非企业单位产权的非营利性存在制度冲突，治理结构有待进一步明晰和完善。按照《中华人民共和国民法典》《民办非企业单位登记管理暂行条例》等相关法律法规规定，民办非企业单位不得分红，以及注销后财产不能收回，但是《民办事业教育促进法》相关条款规定，出资人可以在办学结余中取得合理回报，在实践中，对于什么是合理回报也缺乏标准，界定不够清晰。这种法律之间的冲突，使得政府在监管中难以把握，存在风险。另外，民办非企业单位是非营利组织，强调资产的公益服务目的和公益属性，有别于市场领域出资人出资的逐利本性。这就对治理结构提出了较高要求。①

三、以党的全面引领为基本导向实现社会组织社会治理效能提升

党的十八大以后，中国社会迎来了快速转型的关键时期，其中的一个鲜明特点就是“社会进步与社会代价共存、社会优化与社会弊病并生、社会协调与社会

① 徐明、魏朝阳、陈斯洁：《2020 年中国民办非企业单位发展报告》，载黄晓勇、徐明、郭磊等编：《中国社会组织报告（2021）》，社会科学文献出版社 2021 年版，第 71~96 页。

失衡同在、充满希望与饱含痛苦相伴”。① 党的十八大报告专门阐述了“改善民生和创新管理中加强社会建设”的问题，提出“要围绕构建中国特色社会主义社会管理体系，加快形成党委领导、政府负责、社会协同、公众参与、法治保障的社会管理体制”。2013 年，党的十八届三中全会作出关于全面深化改革的重大决定，并提出“国家治理体系和治理能力现代化”的重大命题和重要论断，提出“创新社会治理体制、提高社会治理水平”的要求。至此，在党和国家的相关部署和文件中，“社会治理”正式取代“社会管理”，“治理”理念成为党领导社会建设的指导思想和基本要求。

近年来各类社会组织蓬勃发展，在社会治理中起到了重要作用。“十三五”期间，全国社会组织从 2015 年的 66.2 万家增加到目前的 89.7 万家，较“十二五”时期的数量增加了 35.5%。社会组织规范性更强、活跃度更高、作用发挥更大，实现了从规模扩张向健康、有序、高质量发展的根本性转变。② 如 2020 年新型冠状病毒性肺炎疫情突发后，据不完全统计，全国共有 5289 个慈善组织、红十字会开展了慈善募捐，累计筹集捐赠资金 396.27 亿元，捐赠物资 10.9 亿件。社会组织还积极参与全球抗疫行动，覆盖 100 余个国家；也有越来越多的社会组织重视与党建力量的融合。如何进一步发挥党在引领社会组织提高社会治理效能中的领导核心作用，如何使党的各级组织充分响应群众要求，如何充分调动各类社会组织、人民群众参与社会治理的积极性、能动性和创造性，是新时代党的建设要解决的重要课题。

在实现国家治理体系和治理能力现代化的大背景下，党建引领社会组织提升社会治理效能的实践在很多方面实现了创新发展。如在城乡社区治理体制中，党的基层组织进一步发挥组织优势，充分调动了社区内民间组织、人民群众参与基层自治的积极性。一方面，城市街道党(工)委紧跟信息化潮流，利用大数据平台，通过互联网、微信、QQ 等现代化通信手段，搭建起“智慧党建”平台，把公民培养成为“表达自身利益，影响公共政策的有生力量，参与社区决策的有机组

① 郑杭生：《改革开放三十年：社会发展理论和社会转型理论》，载《中国社会科学》2009 年第 2 期，第 10~19、204 页。

② 尚哲：《2020 年度中国社会组织大事记》，载黄晓勇、徐明、郭磊等编：《中国社会组织报告(2021)》，社会科学文献出版社 2021 年版，第 439~450 页。

成部分”;[①] 另一方面，在农村逐渐形成了多主体共同参与乡村治理的体制机制。部分农村在党的领导下，以完善村民议事会、监事会等新兴自治组织为突破口，构建了基层群众以“自我管理、自我教育、自我服务、自我监督”为基本特征的新型基层社会公民治理机制。[②] 又如北京市探索了“街道吹哨、部门报到”的街乡管理体制机制的创新，以条块关系的再造，将各类城市管理力量综合下沉、聚合到乡镇街道，通过街道乡镇这一平台实现资源和权力的有效分配，强化街道党工委的领导核心地位；以加强组织结构和队伍建设，在社区设置社区专员，以网格为依托整合协助管理员队伍，构建简约高效的基层管理体制；以基层治理结构创新，探索建立党建工作网络，使街区成为公共服务供给、社会活力激发的新载体，实现共治向下沉淀、自治向上拓展，二者在街区交汇，实现“共治”与“自治”的有效衔接；以区域化党建机制建设，形成以街镇党(工)委为核心，社区党组织、辖区单位党组织和全体党员共同参与的区域化党建工作体系，调动和组织多方力量共同参与基层社会治理。[③]

伴随新时代党的建设的历史性变革，以党建引领社会组织的实践也呈现出具有历史性意义的新特点。总体而言，党的十八大以来，党建引领社会组织突出了党的全面领导，进一步凸显了党的领导核心地位。具体来看，主要体现在以下几个方面：

第一，以党的政治引领为统领。旗帜鲜明讲政治是马克思主义政党的本质特征。党的十八大以来，随着全面从严治党的不断深化，政治问题被列为政党治理的核心问题，党的十九大报告中也首次强调了“以党的政治建设为统领”。在引领社会组织中，党切实贯彻“总揽全局、协调各方”的领导原则，重点强调党中央关于社会治理的各项方针、政策在社会组织中的贯彻落实，把传统的以领导、控制、命令为主要特征的行政权力式领导转变为代表、协调、服务为主的政治式领导，确保各类社会组织立场正确、方向正确、原则正确，切实发挥中国特色社

① 周庆智：《基于公民权利的城市社区治理建构》，载《学习与探索》2015年第3期，第52~62、2页。

② 史云贵、屠火明：《基层社会合作治理：完善中国特色公民治理的可行性路径探析》，载《社会科学研究》2010年第3期，第48~54页。

③ 鄯爱红：《以党建引领基层治理体制机制创新》，载《中国党政干部论坛》2018年第12期，第79~80页。

会主义国家社会主义治理的功能。

第二，凸显党的思想引领作用。党的十八大以来，中国的国际地位不断提高，“中国方案”治理世界问题的成效愈发凸显，这给中国的社会发展带来了前所未有的机遇。但与此同时，世界正处于百年未有之大变局，意识形态领域的冲击和斗争仍然是党在引领社会组织中要面临的突出问题。因此，在引领社会组织时，党在思想上尤其强调坚持马克思主义思想的指导地位，强调牢固树立共产主义信仰和中国特色社会主义信念，强调各类社会组织要自觉把辩证唯物主义和历史唯物主义的思想、观点、方法运用于实际公众之中，彰显党建引领下社会组织积极参与社会治理的智慧。

第三，坚持以人民为主体的利益导向。党的十八大以来，党在引领社会组织建设、发展的过程中，始终要求各类社会组织把人民群众的利益放在首位，对侵犯群众利益的行为严惩不贷。我国 2020 全年共查出社会组织违法违规案件 6935 起，行政处罚达 6707 起。[①] 这表明，在社会结构日益分化和社会生活多元化带来的利益差距增大的背景下，党始终把人民群众的利益摆在首位，并贯彻到社会组织建设发展的方方面面，以实现好、维护好、发展好最广大人民的根本利益，来巩固党的执政基础和执政的合法地位。

第四，不断提高党员干部队伍的质量。基层党员干部是领导基层社会治理的直接实施者。党的十八大以来，党中央坚持“打铁还需自身硬”的理念，转变党员干部的思维方式、工作模式，为发挥党建引领社会组织提升社会治理效能提供了重要保障。一方面，通过“三严三实”“两学一做”“不忘初心、牢记使命”等党内的集中性的主题教育活动，党员干部的宗旨意识和服务意识有了极大的提高；另一方面，对党内腐败问题零容忍，严格落实党建主体责任等全面从严治党重要举措的贯彻，扭转了党风，带动了政风、社风的转变。此外，基层干部担当激励机制、容错纠错机制等的建立健全，也为基层党员干部干事创业营造了良好的环境，激发了社会组织治理社会、服务群众的积极性和热情度。

概括来说，党建引领社会组织提升社会治理效能的历史进程，可以为当前提供一些启示。一是在“党领导国家”的政治形态下，党建引领社会组织要坚持以

---

① 《2020 民政事业发展统计公报》，载中华人民共和国民政部网站，http：//www.mca.gov.cn/article/sj/tjgb/，访问日期：2021 年 9 月 19 日。

党组织为主导的多元治理结构，这是中西方社会治理的根本区别所在。二是 70 多年来，国家治理形成了条块结合的治理格局以及公共权力错综复杂的“矩阵结构”，在治理过程中要坚持横向与纵向相结合的方法。三是共产党人的价值观在党建引领社会治理中要发挥核心作用，尤其是在社会动荡、社会转型的关键时期，发扬共产党人良好品质的示范引领作用，才能带领整个社会朝着正确的方向前进。四是党建引领社会组织，不仅要有“软”的条件如坚持马克思主义的指导、坚定政治立场、坚守理想信念等，更要有“硬”的条件如民主集中制、党内法规制度、请示报告制度等的健全和完善，软硬兼施，才能实现社会治理的良好状态。

第四章　党建引领社会组织提升社会治理效能评价指标构建

政府出资、社会组织提供服务，是当前政府与社会组织开展合作治理的一种常见模式，也是中国特色的社会治理经验。社会组织不以市场性和营利性为最终目的，而是以专业服务供给为主旨，通过开展多元化、多面向的公益性、服务性活动，不但可以解决公共财政资金在提供公共产品上的不足，还可以帮助国家与政府改善和解决医疗卫生、教育、扶贫扶困、养老助老、劳动就业、心理健康疏导等社会治理重点与难点领域问题。在服务基层的社会治理实践中，社会组织逐渐崭露头角并获得一席之地。党建作为社会治理能力现代化的关键力量，将其作为引领社会组织建设发展的重要抓手也是势在必行。

社会组织在党的领导下，必将成为党密切联系群众的一支重要力量。一方面，加强社会组织党建能巩固壮大党在基层的领导力，要把“以发展促党建”与“以高质量党建促高质量发展”相结合，实现将基层党建同经济高质量发展、全面深化改革和推动社会治理创新高度融合。另一方面，社会组织作为社会治理创新的载体，还将在参与基层治理与提升治理效能中进一步发挥作用。那么，从效能评价的价值属性和工具属性来研究和分析，党建引领社会组织提升治理效能评价所具有的功能和影响主要体现在以下几个方面。

1. 效能评价能起到黏合剂和指挥棒的作用

从价值属性来看，效能评估的出发点和落脚点在于，通过开展效能评估，有效地增强了党建、社会组织和社会治理工作之间的关联性。在实际工作中，党建引领下的社会组织，其政治方向与社会服务取向之间是高度融合的，社会组织公共服务的供给质量依赖于党建发挥的作用与扮演的角色。因此，从一定程度上看，效能评估的真正目的是检验党建引领嵌入社会组织的必要性与运作机制，以及社会组织参与社会治理的可行性与有效性。尽管效能评估是对某个社会组织在某一时期治理工作的全面检验和反映，但在评价过程中将各种信息和数据进行综合对比和深入分析，并呈现出差异化的效能水平时，就能够发现工作中的不足、差距和可以进步的方向。通过效能评估后将这些信息在一定范围内进行公开，对部分社会组织增强党建引领与提升治理效能等工作起到积极效应。

2. 效能评价能起到动态的过程管理作用

从根本上讲，效能评估是一个综合性、动态性、系统性的活动，它包括社会组织运行的科学性、社会治理能力现代化的目标体系、党建绩效以及效能评估等一系列的子系统。其中，效能评估衡量和反馈了社会组织发挥治理优势的程度，是整个社会治理体系和治理能力现代化过程中的关键环节。可以说，在当前社会治理格局中，只有建立了科学、有效、畅通的信息渠道与沟通机制，才能最大程度地发挥治理效能。在此过程中，既要掌握社会组织参与社会治理的静态情况(即社会组织运行的基本情况和有关信息，如组织结构、人员构成、活动情况等)，还要掌握动态情况(即社会组织提升治理效能所采取和尝试的不同措施与行动，如工作部署、支持力度以及主观态度和能动性等)。效能评价的过程也就是掌握和了解相关信息的渠道与机制，有助于领导者全面、有效、真实地掌握在党建引领社会组织参与社会治理活动中的相关进展与信息。

3. 效能评价是促进政府科学决策、民主决策的重要途径

从效能评价的重要目的来看，建立科学合理的效能评价旨在助力和改进相关工作。建立一个规范合理的评价标准，开展效能评价活动，可以影响一个组织或个人的行为方向，促进政府科学决策和民主决策。在当前市场经济条件下，市场效率和收益很容易被视作衡量社会治理能力高低的准绳。但在实践过程中，党建嵌入社会组织参与社会治理的效能评价标准肯定比市场性原则要更复杂、更艰深，其中需要处理和融合的评价变量与指标也更繁琐。即对于党建引领社会组织提升治理效能的评价体系既有定性的标准，也有定量的标准，如前者要从组织结构、体制机制上的方向性、带领性予以把握，后者要从党建对社会组织资源整合能力、技术优化能力等体现其社会治理的效率等予以把握。因此，有了效能评价指标体系这个科学工具，在相当程度上都会对政府决策、党建工作与社会组织建设起到一定的约束、规范作用。这样，决策者在任何行动之前，都有必要考虑决策后产生的效果，会对社会治理效能评价产生何种影响，以此来避免一些盲目的、不合理的甚至是可能会产生负面效应的决策发生。

第一节　指标体系构建的基本原则

党建引领社会组织提升治理效能的评价指标体系，是由若干个项目、指标(多个层次)一起构成的一个相互联系的统一体，是政治学、党史党建、社会学研究方法在社会治理效能评估工作中的实践运用。近年来，通过对各级社会组织管理局(科)、社会组织综合党委以及社会组织等的工作进行大胆的探索和实践，明确了此指标体系的构建是评估社会治理效能的基础和难点，制定科学的评估指标体系，应该从具体情况具体分析，一切从实际出发，突出党建引导的政治性方向，激发社会组织的有效活性，以构建共建共治共享的社会治理格局。因此，构建评价指标体系应该遵循系统性、典型性、动态性、科学性四大原则。

一、系统性原则

社会治理问题，不仅是一个政治命题，也是一个社会命题。当前中国社会依然处在快速转型期，社会治理中存在的问题、面临的挑战纷繁复杂，这就要求社会组织党建必须充分发挥系统协调、统筹兼顾的能力。一方面，社会治理任务的多元化、多样性必然导致“差异性”；另一方面，党建工作的“总体性”与“全局性”站位又将对新时期社会治理技术与方法提出新的挑战。

以此可以预见，党建引领社会组织参与社会治理、提升治理效能，是一项整体性、系统性强的复杂工程。党的十九届四中全会明确指出了中国式的社会治理体制，即“党委领导、政府负责、民主协商、社会协同、公众参与、法治保障、科技支撑”。根据各地推进党建引领社会组织提升社会治理效能的实践，总结出党建对社会组织的有效赋能，将切实增强社会组织之间的信息沟通频率，确保社会组织与政府之间的互信。由此印证以党建引领社会治理是夯实党的执政根基、加强社会治理的必然举措。在这一过程中，需要打破不同组织类型之间的边界，树立整体意识和全局意识，消除“党建=强政治性+弱服务性”与“社会组织=强专业性+弱政治性”的思维惯性，通过党建与社会组织的嵌入式发展，促进资金、人才、设施、信息技术等资源的开放共享，充分释放党建与社会组织在治理效能中的“外溢”效应，推动新时代治理能力与治理体系实现内涵式发展、系统性增效。

党建引领社会组织提升治理效能的评价指标不同于一般性的工作业绩评价，主要通过党建对社会组织的引领作用来折射其提升水平。因此，对本指标体系的构建力求系统和全面，做到全覆盖，既包含党建嵌入社会组织的积极效应，又包括社会组织参与社会治理的有效性，既包含主观层面，又包含客观层面，将长远目标与近期目标相统一。

二、典型性原则

典型性原则要求部分指标是具有代表意义的命题，这样不仅能够如实地反映当前党建引领社会组织治理效能的概况，还能够有效突出一时或一地在党建嵌入社会组织治理过程中的特色经验。伴随单位制社会的解体与社会流动性的增强，本就弱化、虚化的旧有组织缺乏化解新旧社会问题的能力。在旧的体制被打破、新的体制尚未建立健全的背景下，社会治理的成本在无形中增大，社会治理效能显然差强人意，无法满足社会群体的新需求。诚然，推进国家治理体系与治理能力现代化是关键一招。解决社会中出现的各种问题，不能在政府和社会之间采取非此即彼的二分法，单纯依靠行政科层体制的扩张或社会力量的发育，都无法彻底解决问题。因此，社会组织作为连接“政府”与“社会”的中坚力量发挥了重要的桥梁作用。

中国共产党是领导一切的。在构建共建共治共享的社会治理格局中，党的领导和党建引领具有独特的政治优势。有研究指出，“在中国特色的社会治理体系下，唯有党建的有效引领，才能克服社会治理中的种种问题和短板，不断优化和升级社会治理体系”①。因此，党建引领下的社会组织将在多元利益主体的基础上有效增强社会资源和社会力量的整合，进而成为一种新的组织工具来提升和促进治理效能。其主要优势体现在：一是社会组织的社会性很强；二是社会组织能同时利用政府和社会两方面的资源；三是社会组织的发展壮大能够使国家和社会

---

① 叶敏：《新时代党建引领社会治理格局的实现路径》，载《湖南师范大学社会科学学报》2018 年第 4 期，第 18～24 页。

双双受益。

制定社会治理效能的评价指标体系，不需要追求面面俱到、包罗万象，而应抓住能够集中反映党建引领下社会组织的建设发展及其参与社会治理、提升治理效能的重点内容、关键内容和覆盖面广、综合性强的主要指标，紧紧围绕推进社会组织党建工作实现突破式发展，以创新社会治理与提升治理效能为中心，加大善治指标权重，增加公众生活幸福指数、满意度等指标。可结合重点工作、重点问题中的薄弱环节，突出重点指标及否决性指标的构建。

在具体操作中，要因地制宜。探索社会组织党建的不同模式、党建引领社会组织参与社会治理效能的体制机制。能否积极开发并整合资源是决定党建引领提升社会治理效能的关键。

三、动态性原则

在新兴的社会领域中，功能各异、种类繁多的不同社会组织日益增多，在各自领域发挥着一定的社会治理功效。大量的社会群体被吸纳到这些新型组织中，如果缺乏党组织的领导，必然会导致党与这些新型组织的群体失去制度上的关联，无形中削弱了党组织在基层的治理能力，从而加大了党组织的治理难度。社会的快速变迁导致旧有的社会治理方式与治理体系不能满足新形势新问题的需要，因此，党建的角色、方式与作用也应该在动态中不断调适和变革。在这样的背景下，执政党必须重视加强社会组织的领导，并通过党建引领社会组织，从中汲取合法性资源、巩固执政地位。

在西方语境下，社会组织作为第三部门，其运作逻辑不同于政府和市场，具有相对独立性。从中国国情出发，在“强政府、弱社会”的社会治理结构中，起步较晚的社会组织对于政府具有较强的依附性。因此，社会组织在嵌入党组织时，往往会呈现出两种表现形态：一是独立性强政府依附性弱，对党组织的嵌入表现得比较被动和消极；二是政府依附性强，对党组织的嵌入非常积极，旨在寻求资源、活动空间、组织的影响力等方面的支持，具有一定的功利主义色彩和不确定性。

党建引领社会组织提升治理效能体系包含时间维度的发展规划，需要长时间持续推进，是一个动态概念。这里的动态性不仅意味着党建引领社会组织发展的作用时时变化，也意味着在这一作用机制下对社会治理效能的提升与促进，需要一定的时间才能充分显现。在分类标准确定后，应适当增加部分动态性指标，充分反映地区、行业之间的差异性和特殊性，做到科学合理，客观公正，权责统一。科学的评价指标体系还应要有一定的预见性和前瞻性，做到与时俱进，随着新形势新环境新情况新任务的发展变化而不断作出相应的调整、补充和完善，以保持社会治理效能评价指标的先进性与适时性。

四、科学性原则

指标体系既在理论上要站得住脚，同时又要能反映评价对象的客观实际情况。这就要求制定指标体系时，一方面要有科学的理论作指导，使评价指标体系能够在基本概念和逻辑结构上严谨、合理；另一方面，指标体系必须是理论与实际相结合的产物，都必须是客观的抽样描述。一级指标完备稳定，二级、三级指标有特色、可拓展。

由于党组织和社会组织是两个高度异质化的组织，党组织的嵌入和融合存在结构和功能层面的双重困难。加之缺乏完善的社会治理体系，基层党组织不得不在社会中与分散的“社会人”直接互动，这不但增加了社会治理的成本，弱化了社会治理的实际效能，也使得党和政府在很多具体事务或宏观决策上成为社会成员的对立面，影响了党和政府的威信。故此，党建引领下的社会组织提升治理效能，在本质上是一种整合。这种整合，是党建嵌入多元利益主体和社会力量的基础上实现自身的组织整合，对内部结构的调适与优化，使得党组织符合社会多元性的要求。同时，这种整合还将通过基层党组织的战斗堡垒作用，将有关社会治理和党建的各类要素组织起来，在社会组织自主行动与调和中映射出党建的引领作用和方向指导，维系社会的动态协调。

因此，在党建引领社会组织提升治理效能的体系构建中，必须关注社会组织特点，凸显党建引领社会组织的本质。既要考虑到社会组织参与社会治理中政府与社会的互动关系，也要关注到社会组织参与社会治理的内容、过程与要求，过程导向和结果导向并重，从而真实反映、刻画党建引领社会组织发挥治理效能的状况。

综上所述，科学化的评价体系是评估党建引领社会组织提升社会治理效能有效与否、成效大小的重要依据。将科学化的评价体系作为参考，以此裁量这项工作的成效，发现和改进实践中的不足，提升治理效能的科学化水平和实效性价值。

第二节　党建引领社会组织参与社会治理评价指标设计

建构评价指标体系，是预测性或评价性研究的基础性工作。它的基本过程是将抽象的研究对象，按照其基本内涵，分为若干个可操作、可量化的结构，并对指标体系中每一构成元素(即指标)赋予相应权重。通过建构党建引领社会组织提升治理效能指标体系，对实践行动进行检验和测评，可以精确描述和呈现当前中国社会组织党建的发展水平，对于总结社会治理可供借鉴的经验、把握治理效能提升的重点和难点，全面推进党建引领下社会组织提升治理效能的目标也有独到的好处。

根据国内外社会组织、社会治理的理论与实践，辅以党和政府重要文件中的论述与规定，本书力求设计一套既具备学术引领价值又反映基层社会实践，既逻辑清晰又具有可操作性的党建引领社会组织参与社会治理评估指标体系。

党建引领社会组织参与社会治理提升治理效能涉及党组织对社会组织的引领力和党建引领效能转变为治理效能两个部分。二者之间是层层递进的关系。课题组提出将党建引领社会组织提升治理效能从四个一级指标进行测量，分别是社会治理的熟识度指标、社会组织运行的科学性指标、社会组织的党建绩效指标以及党建提升社会治理能力现代化的效能指标(见图4-1)。

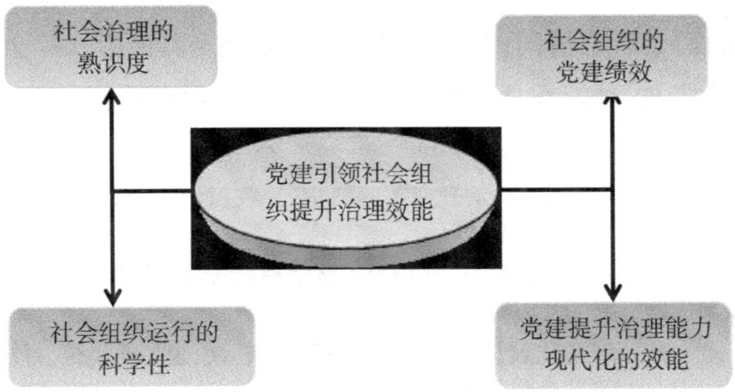

图4-1　指标体系的内容框架示意图

一、社会治理的熟识度指标

面对人口流动化、主体多元化、利益复杂化和需求差异化的情势，仅仅依靠政府单方力量无法应对社会治理的要求和需求，共建共治共享已经成为社会治理创新的革新方向，① 社会成员共享发展成果成为社会治理创新的旨归所在。党的十九大报告提出“打造共建共治共享的社会治理格局”。十九届四中全会则提出“坚持和完善共建共治共享的社会治理制度”。与十九大报告的表述相比，社会治理从“格局”上升为“制度”，同时增加了民主协商、科技支撑两项新内涵。概念内涵的变化与拓展，不仅体现了当前社会治理体系与治理能力现代化的理论延伸，也为社会治理制度优势转化为治理效能奠定了制度基础。② 治理是一个上下互动的管理过程，它主要通过合作、协商、伙伴关系，确立认同和共同目标等方式对公共事务进行管理。社会治理③提供了一种多元主体关系重构的新机制，一方面，社会治理问题的公共性使得不同治理主体跨部门合作变为可能；另一方面，在社会合作治理体系与能力现代化的构建过程中，要从实际出发，根据社会治理的背景、现状和过程等具体情况，选择、设计和建构社会治理体系，实现多元治理主体之间的良性互动及合作共赢。

在社会治理的熟识度指标中，包含 4 个二级指标，分别是治理主体、治理手段、治理对象和治理效果(见表 4-1)。具体来看：第一，“治理主体”指标下设党委领导(党对社会的领导集中体现在“引领”和“服务”上，即党委通过规划引领社会治理方向，同时在社会组织缺位时做好服务，体现在党建引领社会治理、服务型党组织建设等方面)、政府负责(社会治理要求政府模式变革，在角色功能和促进社会组织发展、公民自治方面发挥好引导作用，体现在公共服务供给、社会组织培育等方面)、社会协同(体现在社会组织发展及其能力、社会工作职业化等方面)、公众参与(体现在公众参与公共决策与公共服务等方面)。第二，“治

① 张康之：《合作治理是社会治理变革的归宿》，载《社会学研究》2012 年第 3 期，第 35~42 页。

② 曹海军、刘少博：《新时代“党建+城市社区治理创新”：趋势、形态与动力》，载《社会科学》2020 年第 3 期，第 12~20 页。

③ 注明：对“社会治理”比较具有操作化的界定：政府、企事业单位、社会组织、社区以及个人等行为主体通过平等合作的伙伴关系，依法对社会单位、公共事务以及公共生活等进行规范和管理，并实现公共利益最大化的过程。

理手段”指标的具体内容有信息化治理(体现在运用现代信息技术，建设信息网络系统和平台等方面)、网格化治理(体现在基层社会工作的精细化特点等方面)和社会化治理(体现在政府购买社会组织公共服务等方面)。第三，“治理对象”指标的具体内容有社会组织(即社会组织的发展建设以及对其进行管理)、社区建设(体现在培育社会生活共同体，通过制度化开展社区建设方面)与社会事业(包括教育发展、医疗卫生和社会保障等方面)。第四，“治理效果”指标的具体内容有社会秩序(包括社会稳定状况、社会治安状况、居民安全感等方面)、社会公平(社会成员的公平感、获得感等)与社会活力(包括社会组织发展、志愿者队伍建设等社会治理现代化长远目标的实现)。

表 4-1　**社会治理的熟识度指标**

序号	二级指标	条目	三级指标
1	治理主体	(1)	党建引领社会治理、服务型党组织建设
		(2)	政府职能转变，培育社会组织
		(3)	社会组织发展及其能力、社会工作职业化
		(4)	公众参与公共决策
2	治理手段	(1)	信息化治理(数据共享与服务应用)
		(2)	网格化治理
		(3)	社会化治理(政府购买服务)
3	治理对象	(1)	社会组织(治理创新)
		(2)	社区建设(公共议题、公益活动)
		(3)	社会事业(教育、医疗卫生、社会保障)
4	治理效果	(1)	社会秩序(社会稳定、居民安全感)
		(2)	社会公平(居民公平感、获得感)
		(3)	社会活力(社会组织发展、志愿者队伍建设)

社会治理创新，离不开中国共产党的领导。对于社会组织而言，就是要将党的领导贯穿社会治理的全过程。同时，在提升社会治理效能时，不断增强社会组织党建的凝聚力和战斗力，从而实现对社会的引领和治理。与此同时，社会治理科学化必然要求社会治理的信息化，科学技术是第一生产力，将技术应

用于治理是世界各国通行的做法。党提出的社会治理智能化是科学技术应用的政策导向。① 通过信息技术促进社会治理模式转型，提升公共服务和社会治理效能。在实践中发现，治理层级越低，治理目标越侧重社会效率。② 而治理层级越高，治理目标越侧重公平性、合法性，也就意味着社会整体治理效果将更好。

二、社会组织运行的科学性指标

组织理论认为："组织是有相对明确的边界、规范的秩序、权威的层级、沟通系统及成员协调系统的集合体。"③任何组织都有自己运行的原则和规范，社会组织既不是与国家体制相关的政府组织，也不是与市场体制相关的企业组织，而是独立于政府与市场之外的第三类组织。作为一种非正式组织，社会组织在其发展演变过程中也折射出其独特的作用。根据民政部发布的社会组织数量信息，截至 2018 年年底，全国共有社会组织 81.6 万个，与 2017 年的 76.2 万个相比，总量增长了 5.4 万个，增速为 7.1%。④

复杂多变的社会治理事务，对社会组织人才专业化、项目专业化和服务专业化提出了挑战。政府和公众对社会组织的服务质量、工作效率以及专业化程度要求越来越高。作为社会交融的"黏合剂"、社会矛盾的"稀释剂"、社会冲突的"缓冲剂"的社会组织，能否通过高质量的社会服务、精细化和低成本的公共服务，整合资源、增进居民福祉，有待深度考察和监测。实践证明，政府购买服务，有助于改善政府与社会组织关系，拓展社会组织生存空间，促进社会组织可持续发展。

因此，支持社会组织参与公共服务和社会治理，利用其连接国家和社会的桥梁、纽带作用，合理搭建社会组织发挥作用的平台，有效对接社会治理需求和社会组织供给，更好地发挥社会组织反映利益诉求、提供公共服务、规范自

---

① 吴新叶：《党建引领社会治理的中国叙事——兼论国家-社会范式的局限及其超越》，载《人文杂志》2020 年第 1 期，第 114~122 页。

② 郁建兴：《辨析国家治理、地方治理、基层治理与社会治理》，载《光明日报》2019 年 9 月 30 日。

③ [美]理查德·H. 霍尔：《组织：结构、过程与结果》，张友星等译，上海财经大学出版社 2003 年版，第 35 页。

④ 黄晓勇：《社会组织蓝皮书：中国社会组织报告(2019)》，社科文献出版社 2019 年版，第 3 页。

身行为、推动公众参与的作用是当前提高社会组织参与社会治理的重要任务。

在社会组织运行的科学性指标中，包含5个二级指标，分别是组织结构、信息公开、专业化水平、资金支持和人才队伍(参见表4-2)。具体来看：第一，“组织结构”指标的具体内容有职责权限的明确性、内部制度的完善性和权利义务的规范性；第二，“信息公开”指标的具体内容有信息公开的真实性、信息公开的完整性、信息公开性的及时性和信息公开的便捷性；第三，“专业化水平”指标的具体内容有社会组织的治理能力、社会组织的创新能力、社会组织的协调能力和社会组织的持续发展能力；第四，“资金支持”指标的具体内容有政府来源资金、社会捐赠资金和服务收费、国外援助资金；第五，“人才队伍”指标的具体内容有人才队伍的构成、人才队伍的建设(含专业化、职业化程度)和人才队伍的保障工作(含人事管理制度、档案管理制度、职称评定制度、收入分配制度、考核奖惩制度)。

表4-2　**社会组织运行的科学性指标**

序号	二级指标	条目	三级指标
1	组织结构	(1)	职责权限的明确性
		(2)	内部制度的完善性
		(3)	权利义务的规范性
2	信息公开	(1)	信息公开的真实性
		(2)	信息公开的完整性
		(3)	信息公开的及时性
		(4)	信息公开的便捷性
3	专业化水平	(1)	社会组织的治理能力
		(2)	社会组织的创新能力
		(3)	社会组织的协调能力
		(4)	社会组织的持续发展能力
4	资金支持	(1)	政府来源资金
		(2)	社会捐赠资金
		(3)	服务收费和国外援助资金

续表

序号	二级指标	条目	三级指标
5	人才队伍	(1)	人才队伍的构成
		(2)	人才队伍的建设(专业化和职业化程度)
		(3)	人才队伍的保障工作(人事管理制度、档案管理制度、职称评定制度、收入分配制度、考核奖惩制度)

党是要领导一切的，而党的领导主要是通过加强党组织建设来实现的。尽管目前在“两新组织”已经建立了党组织，但总体上看，这些党组织的覆盖面还不够广泛，甚至还有部分社会组织的党建工作存在“盲区”和“空白”，需要我们持续用劲、久久为功。

社会组织要想科学运行，需要党建工作科学运行，实现二者融为一体、互相促进。因而，需要我们从顶层设计的角度加强社会组织党建工作运行的科学性评价指标构建。

在社会组织党建工作运行的科学性指标中，包含两个二级指标，分别是社会组织党建工作的公开程度、社会组织党建工作的关联程度。社会组织党建工作的公开程度体现了工作的担当，党建工作有没有痕迹，有没有成效，公众通过公开性工作能够看到；社会组织党建工作的关联度是观察社会组织与党建工作的融合度。社会组织党建活动应与社会组织发展紧密结合，积极探索开展主题活动等有效载体，与社会组织执业活动、日常管理、文化建设等相互促进。为此，本书从社会组织党建工作的公开程度和关联度两个方面设计了社会组织党建工作运行的科学性指标(详见表 4-3)。

表 4-3　**社会组织党建工作运行的科学性指标**

序号	二级指标	条目	具体内容
1	社会组织党建工作的公开程度	(1)	党组织是否在社会组织中做到党务公开，有党建文化墙或机构网站等宣传阵地
		(2)	党组织是否每年都有工作计划并在年底形成工作总结，并在单位内做到党务公开
		(3)	党组织是否主动及时向单位宣传政府政策，向组织党员群众宣传党的方针政策
		(4)	党组织是否也向单位中的非党员群众宣传党及政府的方针政策
		(5)	党组织是否定期公开党费去向

续表

序号	二级指标	条目	具体内容
2	社会组织党建工作的关联度	(1)	社会组织在需求评估阶段、服务开展阶段是否扎根基层，对服务对象进行调研和摸底
		(2)	党组织活动与社会组织工作项目之间是否存在相关性
		(3)	党组织活动与社会组织的日常管理活动是否存在相关性
		(4)	党组织活动是否融入社会组织的组织文化建设
		(5)	党员的社会组织所有者和管理者，是否积极参加党的生活，遵守党的章程，履行党员义务，拥护党的决定
		(6)	党组织是否每年开展一次党内的满意度测评
		(7)	党组织是否在社会组织内每年开展一次党外的满意度测评

三、社会组织的党建绩效指标

从理论依据上看，坚持党建引领一方面是提升社会治理效能的必然要求，另一方面，创新社会组织和提升治理效能又是改善党的领导水平和提高党的执政能力的重要内容。从政策实践看，根据《中国共产党支部工作条例(试行)》要求："凡是有正式党员3人以上的，都应当成立党支部""正式党员不足3人的单位，应当按照地域相邻、行业相近、规模适当、便于管理的原则，成立联合党支部"。

推进党建引领社会治理并不是让党组织唱独角戏，更不是党组织对社会组织施行全面控制，而是在发挥党建引领的政治优势和组织优势的基础上，激发党组织统筹协调和社会动员的作用，发动社会组织参与社会治理，提高社会服务质量。党组织具有"总揽全局、协调各方"的制度优势，有助于基层政府统筹和整合更多的主体和治理资源为党员群众服务。党建引领对基层治理能力的提升意义还在于党组织作为大系统整合的关键，能够将区域内更多主体和资源调动起来，为群众和党员服务。① 把党的政治优势和组织优势转变为治理效能和服务优势，实现治理能力和治理体系现代化的伟大目标。

① 叶敏：《政党组织社会：中国式社会治理创新之道》，载《探索》2018年第4期，第117~122页。

在社会组织的党建绩效指标中，包含4个二级指标(见表4-4)，分别是党建对社会组织的理念引领情况、技术引领情况、资源引领情况和党建吸引力。详细来看：第一，“党建对社会组织的理念引领情况”指标的具体内容有党组织是否对社会组织的重要事项决策、重要业务活动、大额经费开支、接受大额捐赠、开展涉外活动等提出意见，确保社会组织的业务活动符合章程和国家相关法律法规要求，以及是否在进行重要决策、项目开展等中，党组织给予意见与指导，等等。第二，“党建对社会组织的技术引领情况”指标的具体内容有党组织是否为社会组织提供丰富的项目服务(决策咨询、科技评价、科技服务、文化建设、知识普及等)，是否通过购买技术服务等方式，将技术引入社会组织，以及党组织是否通过定期不定期地组织人才培训，为社会组织输入精英，等等。第三，“党建对社会组织的资源引领情况”指标的具体内容有党建对社会组织的物质资源输入，社会组织年度通过党建获得社会资源(资金投入、党费支持、资源提供、优先购买的情况)、党建经费等资金补助和扶持政策向社会组织倾斜的情况，以及提供的信息等非物质资源的输入，等等。第四，“党建吸引力”指标的具体内容有入党启蒙教育的年度开展情况、发展培养社会组织党员人数占总员工人数的比例、入党积极分子的培养及名单上报情况、入党联系人的设置及其职责完成情况。

表4-4　　　　**社会组织的党建绩效指标(主要指标)**

序号	二级指标	条目	具体内容
1	党建对社会组织的理念引领情况	(1)	党组织是否对社会组织的重要事项决策、重要业务活动、大额经费开支、接受大额捐赠、开展涉外活动等提出意见，确保社会组织的业务活动符合章程和国家相关法律法规要求
		(2)	是否积极组织开展主题党日活动，将党组织活动融入社会组织，且载体和形式新颖、有成效
		(3)	是否积极参加中心党委组织的各类会议培训
		(4)	是否在进行重要决策、项目开展等事项中，党组织给予意见与指导
		(5)	是否贯彻落实上级党委工作要求及时到位，对要求完成的各项党建工作能及时研究部署落实

续表

序号	二级指标	条目	具体内容
2	党建对社会组织的技术引领情况	(1)	党组织是否为社会组织提供丰富的项目服务(决策咨询、科技评价、科技服务、文化建设、知识普及等)，是否通过购买技术服务等方式，将技术引入社会组织
		(2)	党组织是否通过定期和不定期地组织人才培训，为社会组织输入精英
		(3)	党组织是否通过项目的引进，提升了服务质量与技术效率
3	党建对社会组织的资源引领情况	(1)	党建对社会组织的物质资源输入，社会组织年度通过党建获得的社会资源(资金投入、党费支持、资源提供、优先购买的情况)
		(2)	党建经费等资金补助和扶持政策向社会组织倾斜的情况
		(3)	信息等非物质资源输入。 A. 党建是否(如何)为社会组织提供丰富的信息交流和分享资源，持续为社会组织提供宣传、咨询和法律等信息。 B. 如何促进党建和社会组织建立战略性合作、彼此信任和相互支持的关系网络，以完善社会组织的共享平台和空间
		(4)	党建嵌入如何为社会组织输入人才以及社会组织的社会资本如何得到提升
4	党建吸引力	(1)	开展入党启蒙教育，保证每年有一定的数量的入党申请人及入党积极分子
		(2)	是否三年内发展培养发展党员人数不少于社会组织员工数的1%
		(3)	是否做好入党积极分子培养工作，以及及时上报参加上级党组织入党积极分子培训班的人员
		(4)	是否每名入党积极分子都设有两名入党联系人，每季度与入党积极分子沟通思想工作情况

此外，还有三个附加指标(参见表4-5)，分别是社会组织党建示范力、社会组织党建工作保障度、社会组织党建发展创新能力。附加指标的详细内容包括："社会组织党建示范力"指标的具体内容有党建工作示范点的创建、员工提交入党申请的比例、优秀党员的培育、党组织星级评比情况和党建工作/活动被媒体

正面报道的情况；“社会组织党建工作保障度”指标的具体内容有党员活动经费来源、上缴党费的用途、每年党员大会的召开与通报内容以及每年党群工作影响力情况；“社会组织党建发展创新能力”指标的具体内容包括关于体制机制创新的设想、党员间沟通交流的渠道和方式、“智慧党建”平台的使用情况等。

表 4-5　　社会组织的党建绩效指标(附加指标)

序号	二级指标	条目	具体内容
5	社会组织党建示范力	(1)	是否积极创建社区党建工作示范点、区级党建工作示范点、市级党建工作示范点
		(2)	是否达到两年内提交入党申请的员工不少于该单位总人数的 1%
		(3)	是否每年培育一名优秀党员
		(4)	党组织星级评比情况
		(5)	党建工作或活动是否被媒体正面报道
6	社会组织党建工作保障度	(1)	上级党组织的党员活动经费是否用于党内教育活动
		(2)	党费是否上缴全额返还全部用于党内教育活动
		(3)	是否每年年底召开党员大会，向全体党员说明党建经费的使用情况
		(4)	每年是否开展有影响力的党群工作(推进精神文明建设或助推单位文化建设)
7	社会组织党建发展创新能力	(1)	近两年是否提出过关于体制机制创新的设想
		(2)	是否借助互联网开设党员论坛、支部 QQ 群、微信群等党员沟通交流平台
		(3)	是否利用大数据平台，通过互联网、微信、QQ 等现代化通信手段，搭建起“智慧党建”平台，培养公民的表达自身利益，参与社区决策的意识
		(4)	是否围绕党建活动内容，拓展服务的功能和范围，创新党建内涵

四、党建提升社会治理能力现代化的效能指标

2018 年 11 月颁布的《中国共产党支部工作条例(试行)》，明确提出“加强支

部标准化、规范化建设”。既要无条件保障党组织覆盖率、提升党建引领力，也要保证被嵌入社会组织的良性运行，从而实现党组织与社会组织共同服务社会的发展效应。社会治理现代化既是党的领导下政府依法对社会事务进行调节和规范的过程，也是社会自我管理、自我教育、自我监督和自我服务，从而实现社会自治的过程。加强党建引领社会组织的发展建设，是推进社会治理体系和能力现代化的内在要求。

在党建提升社会治理能力现代化的效能指标中，包含 4 个二级指标(见表 4-6)，分别是社会治理的效率、社会治理的能力、社会组织可持续发展的能力、满意度。具体来看：第一，“社会治理的效率”指标的具体内容包括社会组织参与社会治理或进行公共服务的情况、社会治理的成效(含社会治理目标的达成程度、公共服务的改善程度、社会治理的响应速度与治理过程中的透明程度)、党建嵌入下社会组织的竞争力情况；第二，“社会治理的能力”指标的具体内容有社会组织内部规范管理的能力(含内部制度的完整度、执行度、岗位分工的明晰度、目标完成的程序)、社会组织动员能力(含社会组织的筹资能力、资源配置效率以及整合能力)、社会组织项目管理的能力(含公共策划、合作、项目执行能力)；第三，“社会组织可持续发展的能力”指标的具体内容有社会组织项目服务的成本改善、党建引领下的技术衔接与融合对治理效果的持续作用、社会组织社会网络的组织规模及发展态势、社会组织人才的技能提升情况；第四，“满意度测评”指标的具体内容有公众感知价值(含自我价值实现和社会价值实现的感受)、公众对社会组织的总体满意度(含对内容、过程、信息、环境的评价)。

表 4-6　　**党建引领社会组织提升治理效能指标**

序号	二级指标	条目	具体内容
1	社会治理的效率	(1)	社会组织参与社会治理或进行公共服务的数量
		(2)	社会组织是否为公众提供了更快和更便捷的服务
		(3)	社会组织是否较过去为公众提供了质量更好的服务 A. 社会治理目标达成情况 B. 社会治理(公共服务)的改善程度 C. 社会治理的响应速度 D. 社会治理过程中的透明度
		(4)	党建嵌入背景下的社会组织在市场中是否更具备竞争力

续表

序号	二级指标	条目	具体内容
2	社会治理的能力	(1)	社会组织内部规范管理的能力 A. 内部制度的完整度、执行度 B. 岗位是否明晰 C. 目标完成的程序
		(2)	社会组织动员能力 A. 社会组织筹资的能力是否得到增强 B. 社会组织资源配置效率以及资源整合的能力是否得到增强，在哪些方面得到增强
		(3)	社会组织项目管理的能力，公开策划、合作、项目执行能力
3	社会组织可持续发展能力	(1)	党建通过为社会组织提供丰富的项目服务，降低项目的成本
		(2)	党建通过技术衔接，增强社会组织社会治理的创新和可持续发展
		(3)	社会组织社会网络是否有发展，呈现出什么样的发展
		(4)	组织人数与规模发展状况
		(5)	社会组织人才的技能提升及发展状况
		(6)	党建引领下的社会组织的线上与线下的宣传、扩散及融合
4	满意度	(1)	对自我价值实现、社会价值的感受
		(2)	公众对社会组织服务的总体满意程度
		(3)	对社会组织实施公共服务或社会治理的各个环节(内容、过程、信息、环境)的评价
		(4)	公众对社会组织的行为与公共活动保持信心的态度及支持态度
		(5)	社交媒体宣传情况
		(6)	社会组织的口碑评价等

本节以理论定义为逻辑起点，立足于社会治理能力现代化目标和党建与社会组织双向嵌入关系，提出了包含社会治理的熟识度指标、社会组织运行的科学性指标、社会组织的党建绩效指标和党建提升社会治理能力现代化的效能指标在内的评价指标体系。经过笔者前期的文献研究和理论框架的确定，本书将采用德尔菲法，

通过采用发放专家问卷和征询专家意见，筛选指标；同时，确立评估方法和模型。具体而言，本书课题组通过对政府职能部门、社会组织、乡镇街道、社区工作人员、社工专业队伍以及学术界的专家进行打分筛选指标。在确立了评估方法和模型之后，采取试调查的方式进行实际数据采集，根据统计分析得出评估情况，进一步验证并完善指标体系，以形成相对科学合理、可操作性强的党建引领社会组织提升治理效能评价指标体系。尝试改变已有的社会治理评估过于侧重政府职能和注重政府绩效评价为主的倾向，鼓励社会组织作为重要力量参与社会治理、提升治理效能的过程与目标，助力构建共建、共治、共享的社会治理格局。

第三节　党建引领社会组织提升社会治理效能综合评价体系

在国家治理现代化进程中，社会治理诸多事项越来越多地由社会组织等第三方部门来承接。同时，政府在治理社会时的治理工具也逐渐由“命令-控制式”的规制转向以“项目-绩效式”为基础的规制。在这样的变革取向下，第三方组织参与社会治理的绩效反映了政府治理目标的实现程度。① 从中国本土国情和现实实践出发，社会组织在党的领导之下开展相关工作，因此党建是一个绕不开的重要元素。在上一节，我们从社会治理的熟识度、社会组织的科学运行、社会组织的党建绩效以及党建引领社会组织提升社会治理效能方面构建了指标体系。

是否存在一个统合性的分析框架，将不同视角、不同领域、不同个案涉及的“参与”问题和现象纳入整体性考虑，以客观地呈现参与诸要素之间的关联及其对社会组织参与社会治理提升治理效能的贡献情况，这是本节重点要解决的问题。

一、社会组织参与社会治理评价体系的理论框架

“参与”是政治学、社会学和管理学等学科中的重要概念。参与成效的评估也是一种常见的研究方法。本书采用“合法性-有效性”的理论框架，并在此基础上构建社会组织参与社会治理的评价模型论证评估指标的选取对党建引领社会组织参与社会治理进行绩效评价。通过综合评价方法和模型构建反映不同地区党建引领社会组织参与绩效的差异，推动政府相关政策的优化和实践的继续探索。

---

① 孙莉莉、钟杨：《社会组织参与社会治理的绩效评估：理论框架与评估模型》，载《宁夏社会科学》2018 年第 5 期，第 115~119 页。

1. 党建引领社会组织参与社会治理的合法性分析

“合法性(Legitimacy)”一词发端于政治学领域，最早由马克斯·韦伯提出，用来阐释“统治的正当性”①。20 世纪 60 年代后，合法性研究的对象逐渐拓展至企业、非营利机构、社会团体等非政治组织。它的内涵也随之发生改变，指“一个实体的行为在某一社会结构的规范、价值、信仰及解释系统中是合乎要求的、正当的”②。

在舒曼、斯科特等人看来，合法性的内涵最少包含三个方面：一是合乎正式的规制，即符合来自政府、协会等公共权力机构的法律、规章和制度；二是合乎非正式规范，符合来自社会的价值、道德、风俗和习惯；三是合乎公众认知，即公众对组织存在合理性及追求目标手段正当性的普遍认知。③

党建引领社会组织参与社会治理的合法性可从两个方面来理解：一方面，党建引领社会组织、社会组织参与社会治理符合制度设计，国家法律法规是制度合法性的主要来源。任何社会行为都必须得到国家的认可和支持。来自正式的国家相关制度成为影响当前社会组织参与社会治理水平的首要因素。社会组织在社会治理中的作用虽在不同层面被提及，但国家层面并未形成社会组织参与社会治理的顶层设计和管理架构。从实践层面来看，社会组织参与社会治理在制度环境上尚不明晰。当然，不同地区社会组织参与社会治理的制度环境存在较大差异，成为影响社会组织参与社会治理水平区域差异的重要原因。④ 从实践层面看，在中央鼓励政策频频释放的同时各地方正逐渐形成社会组织参与社会治理的政策制度体系，如政府购买社会组织服务制度、社会组织参与组织化平台建设、重点培育“四类”社会组织发展等，对这类支持政策的观测能有效反映社会组织参与社会治理来自制度层面的合法性支持。一些研究发现，党建引领社会组织发展明确增强了参与治理的合法性。杨阳、冯凌宇(2020)研究指出，党不仅能够增强社会组织的政治合法性、扩展其资源渠道，而且还能够通过政党统合赋予社会组织负责

---

① ［德］马克斯·韦伯：《经济与社会》，商务印书馆 1997 年版，第 370~375 页。

② Suchman M. C.，“Managing Legitimacy：Strategic and Institutional Approaches”，*Academy of Managemengt Review*，1995，Vol. 20，No. 3，pp. 571-610.

③ Scott，*Institutions and Organizations*，Thousand Oaks，Calif：Sage Publications，1995，p. 69.

④ 黄晓春：《当代中国社会组织的制度环境与发展》，载《中国社会科学》2015 年第 9 期，第 146~164、206~207 页；周俊：《政府与社会组织关系多元化的制度成因分析》，载《政治学研究》2014 年第 5 期，第 83~94 页。

人政治身份，凭借更高的政治平台可以进一步增强合法性和整合资源，从而使社会组织获得更好的发展。①

另一方面，党建引领社会组织参与社会治理的合法性来源于行动的公共性，这种合法性主要来自公众的社会认同。阿伦特和哈贝马斯等政治哲学家较早对“公共性”内涵进行界定。阿伦特认为公共性意指公开和共同，哈贝马斯则认为公共舆论、公共领域中的沟通交流等都是构成公共性的重要元素。桑内特认为，公共性的建立必须摒弃传统公共性注重私人间的亲密关系，走向非人格化的社会空间。社会组织参与社会治理的实质是公共性实现了从政府领域向社会领域的蔓延，而公共权力也通过社会组织作为载体嵌入社会治理之中。

社会组织通过公共利益表达、公共服务提供，以此赢得社会认同的基础。社会组织相对于政府和企业，具有自身优势与特征。社会组织主要是通过吸纳社会成员建立志愿机制来实现，这一点与政府的控制力和市场的利益导向是不同的。因此，社会组织要保持相对于政府的独立性，否则志愿机制难以持久存续。社会组织所承载的功能亦是其公共性的重要表现，社会组织是公共领域的重要自组织形式，这种自组织形式将分散的个人诉求集中起来，通过组织化的形式进行利益表达，有效克服原子化的个人在利益表达方面的低效和无效，从而使社会公众需求得到更好的满足。②

党建引领社会组织能够将党建和社会组织的业务工作，特别是公益行动整合起来。当前，各地大量涌现“围绕公益抓党建、抓好党建促公益”的创新模式，充分发挥党建引领作用，结合各地特色打造社会组织党建工作的新亮点，很好地形成了“党建引领、群团助力、多元参与、共谋发展”的政治生态，最大限度地实现了社会公益，并以此获得社会支持，这是党建引领社会组织参与社会治理的合法性来源。

2. 党建引领社会组织参与社会治理的有效性分析

有效性的逻辑主要是指组织或政策的行动逻辑与行动目标之间存在某种内在因果联系，主要回答行动目标实现程度。“有效性”与“合法性”这组概念往往是相伴相随出现的。合法性主要是评价性的，而有效性是工具性的。很多研究阐释

---

① 杨阳、冯凌宇：《党建引领社会组织参与城乡社区发展治理研究——以成都市为例》，载《中共成都市委党校学报》2020年第1期，第90~96页。

② 韩小凤、苗红培：《我国社会组织的公共性困境及其治理》，载《探索》2016年第6期，第136~141页。

了政治的有效性。李普赛特认为，政治系统的有效性就是实现基本功能的程度。周雪光认为，国家治理的有效性是国家意志、政策的准确、迅速执行与政策执行实现国家发展、社会平等的统一。从中我们可以发现已有研究关于“有效性”的两个维度：一是达成目标的能力维度；二是实现目标的程度的效果维度。

因此，党建引领社会组织参与社会治理的有效性，可以理解为“党建引领背景下社会组织参与社会治理的能力与实际治理效果”，具体可以从以下两方面进行观测：一是参与能力，二是参与效能。

参与能力方面。当前，中国社会组织正在迈向快速发展。在共建共治共享社会治理共同体背景下，从制度设计上讲，社会组织将在社会治理中发挥更重要的作用。与此同时，社会组织在社会治理体系中的作用力大小取决于自身的参与能力。在现有制度条件下，社会组织必须具备一定的能力和优势，才能进行深度参与社会治理、扮演关键角色。这些能力主要包括三个方面：一是成熟的内部治理机制，在党建引领下，能够形成明确的机构愿景、健全的法人治理结构、科学的决策机制和品牌意识等，通过社会组织规范化建设可以对建设成效进行评估；二是供给平衡的功能区服务能力，也就是社会组织的功能活动领域与当地服务需求状况相匹配，通过万人社会组织数量和相应领域服务对象与社会组织数量比进行测量；三是专业化服务能力，在社会治理主体结构中，社会组织必须要有自己的领域和专长，才能实现有效参与。专业化服务能力可以通过社会组织服务人员持证上岗率和公众满意度等指标进行测量。

参与效能方面。参与效能维度反映了社会组织参与社会治理的产出，是社会组织参与社会治理有效性的直接反映。可以用社会组织参与社会治理的效率、能力、居民生活质量、社会发展质量和群众满意度等指标进行测量。

二、社会组织参与社会治理评价指标体系的党建模型

学界对社会治理评价体系有一定的关注。俞可平在“中国社会治理评估指标体系”中把社会组织参与社会治理情况作为社会参与的重要维度，并从“社会组织发展状况”“社会组织的制度环境”“万人社会组织数量”“社会组织对国家政治生活的影响”等方面进行了指标设计。① 樊红敏、张玉娇从过程性评估和效果性评估的理论框架出发构建了县域社会治理评价指标体系，从治理过程、治理效果

① 俞可平：《论国家治理现代化》，社会科学文献出版社 2015 年版，第 269~281 页。

两个维度设计政府治理、社会自发治理、村(居)民自我治理、居民生活质量、社会发展质量五个三级指标，通过对专家访谈和实证检验，尝试筛选出47个可测指标的县域社会治理综合评价指标体系。① 孙莉莉、钟杨基于“合法性—有效性”理论框架，从制度支持、社会支持、参与能力和参与效能四个维度，研制社会组织参与社会治理水平的绩效评估模型，为我们建构党建引领社会组织参与社会治理的绩效评估体系提供了重要借鉴。②

本书将在前人的研究基础上从合法性和有效性两个层面，建立党建引领社会组织参与社会治理综合评价指标库，同时，对相关文献中提取的指标进行同类合并、相似剔除和频数统计，将初步筛选出的评价指标汇总建立三级指标基础库。

1. 专家遴选

从武汉市高校遴选16名从事社会组织、社会治理研究者、相关工作的管理者以及县乡干部作为专家。纳入标准：从事社会组织管理工作8年及以上；中级及以上职称；本科及以上学历；有意愿和积极性参与本次专家调研。

2. 首轮专家咨询

专家现场调研问卷包括4个部分：(1)问卷说明：研究背景、前期成效和填写要求。(2)专家基本情况：性别、年龄、学历、职称、职务、工作年限、擅长专业和研究方向。(3)专家权威程度量化表：积极程度、权威程度和协调程度。(4)问卷主体：课题组将一级指标和三级指标基础库提供给专家，要求各位专家根据以往经验进行指标补充，数量不限，从而形成评价指标综合库。

3. 次轮专家咨询

采用问卷星开展现场调研。邀请专家对综合库中指标的重要性进行李克特量表5级评分法打分，分别对“非常重要”“比较重要”“一般”“不重要”“非常不重要”进行赋值5分、4分、3分、2分和1分，删除专家打分的平均值小于2分或变异系数大于0.60的指标，对专家打分的平均值小于3分或者变异系数为大于0小于0.60的指标进行讨论处理，从而作为第三级指标库。最后，经过所有专家讨论，在保留一级指标的基础上，对三级指标进行合并、归类和命名，形成二级指标。

① 樊红敏、张玉娇：《县域社会治理评价体系：建构理路与评估框架》，载《河南师范大学学报(哲学社会科学版)》2017年第1期，第26~31页。

② 孙莉莉、钟杨：《社会组织参与社会治理的绩效评估：理论框架和评估模型》，载《宁夏社会科学》2018年第5期，第115~119页。

4. 统计分析及结果

应用 SPSS 17.0 软件进行统计分析，以 $P<0.01$ 为差异有统计学意义。描述性数据采用百分比和均数等表示。

为了测量专家打分的可靠性，我们采用了积极系数来进行判断，主要是通过判断系数和熟悉程度系数的算术平均值来计量和呈现，具体结果见表 4-7。关于判断系数的测量，我们主要是通过专家提供的具体判断依据及其影响程度来进行测量。关于指标熟悉程度的计算方法，主要对专家指标熟识度进行打分，分别对“非常熟悉”“比较熟悉”“一般”“不熟悉”“非常不熟悉”进行赋值 1.0、0.8、0.6、0.4、0.2。

表 4-7　　**专家的判断依据及其影响程度量化表**

判断依据	影响程度的量化值		
	大	中	小
理论分析	0.3	0.2	0.1
实践经验	0.5	0.4	0.3
同行了解	0.1	0.1	0.1
直觉	0.1	0.1	0.1

本研究邀请 16 名专家，基本情况如表 4-8 所示。其中，具有硕士及以上学位的 8 人，高级职称 9 人，从事相关工作超过 8 年者 10 人。两轮现场专家调查表的有效回收率都为 100%，专家积极系数均为 1.0。两轮的专家判断依据系数分别为 0.83 和 0.86，专家熟悉程度系数分别为 0.81 和 0.82，根据判断依据系数和熟悉程度系数的算术平均值，得到两轮咨询专家权威系数分别为 0.823 和 0.834。在第二轮专家调研中，各指标的专家协调系数为 0.47～0.86，$P<0.01$，专家咨询结果可靠可信。

表 4-8　　**咨询专家的基本情况**

项目类别	项目情况	人数
学历	本科	3
	硕士	5
	博士	8

续表

项目类别	项目情况	人数
职称	中级	4
	副高	6
	正高	6
擅长领域(可多选)	社会组织	12
	社会治理	13
	党建思政	7
从业年限	8~10年	5
	11~19年	7
	20年以上	4

5. 党建引领社会组织参与社会治理评价指标体系的构建

经过第一轮打分，专家维持既定指标。经过第二轮打分，形成4个二级指标(即制度合法性、行动合法性、参与能力和参与效能)和16个三级指标，由此形成了党建引领社会组织参与社会治理的综合评价指标体系。同时，根据第二轮专家对指标重要性评分计算出各指标权重，最终形成党建引领社会组织参与社会治理评价模型(见表4-9)。

表4-9 **党建引领社会组织参与社会治理提升治理效能综合评价体系**

一级指标	权重	二级指标	权重	三级指标	权重
合法性	0.545	制度合法性	0.218	政府购买社会组织服务的预算	0.065
				社会组织平台建设与地方社会管理创新的关联度	0.055
				城乡社区社会组织拥有量	0.052
				党组织是否对社会组织的重要事项拥有决策权	0.046
		行动合法性	0.327	“四类”社会组织数量	0.033
				社会组织参与社会治理或进行公共服务的数量	0.049
				社会组织是否为公众提供了更快和更便捷的服务	0.130
				公众对社会组织的行为与公共活动保持信心的态度及支持态度	0.117

续表

一级指标	权重	二级指标	权重	三级指标	权重
有效性	0.455	参与能力	0.244	党建引领社会组织内部规范管理的能力	0.063
				社会组织专业队伍人数	0.059
				党建引领社会组织的动员能力	0.088
				党建引领社会组织的项目管理能力	0.034
		参与效能	0.211	社会服务需求的满足程度	0.084
				社会资本的培育程度	0.042
				政府职能转移情况	0.052
				社会组织参与社会治理的竞争力	0.033

6. 信效度检验

本书课题组根据德尔菲专家咨询法，进行了问卷设计，对党建引领社会组织参与社会治理的效能进行了调查。利用问卷星在鄂州和武汉同时发放问卷，共获得问卷1107份，有效问卷1088份，有效回收率为98.28%。其中社区居民863人，社区工作者163人，社会组织90人，基层公务员28人。整体指标体系的Cronbach α 系数为0.899($P<0.01$)，2个一级指标的Cronbach α 系数为0.873，0.881($P<0.01$)，表明内部一致性较高。整体指标体系的重测信度 $r=0.91$，2个一级指标的重测信度为0.894，0.902($P<0.01$)，以上结果皆说明本指标体系具有较好的信度。

一级指标“合法性”与其所属的8个三级指标的 r 为0.53~0.67，“有效性”与其所属8个三级指标的 r 为0.77~0.85，研究结果表明，党建引领社会组织参与社会治理综合评价指标体系的内容效度较好。

党建引领社会组织参与社会治理虽未作为一项公共政策在全国进行实践和推广，但是，地方的政策安排和实践开始出现，尤其是社会组织参与社会治理面向基层、直接面对群众的特征以及人性化的管理特质，可以较好地弥补政府管控式治理的缺陷。与此同时，社会组织承接政府委托的服务的规模和质量都在稳步提升，有效地推进了公私伙伴关系的构建以及公共服务需求的满足。而对于仍然处于发展和转型期的社会组织而言，厘清对社会组织参与社会治理绩效的理解尤为重要，这将为立足现实情境，从不同维度看待合理的社会组织参与社会治理的实践逻辑提供坚实的依据。在理论层面，学界讨论了社会组织参与社会治理的内生机制参与模式和参与效能。

与已有的关于社会组织评估和社会治理的评估不同，本书把社会组织参与社会治理的绩效视为社会组织绩效和社会治理绩效的综合体，借鉴和引用了“合法性-有效性”的分析框架，剖析社会组织参与社会治理的核心内容，其中合法性维度体现在“公共性”和“制度化”，有效性体现在社会组织参与社会治理的“参与效能”和“参与能力”两个维度。本书还尝试将党建引领作为一个重要的中介变量进行分析，在综合评价的各个维度中，都有党建工作者在场。

那么，在党建引领下，什么样的社会组织参与社会治理绩效才是最佳的呢？这可能需要经过大量的实践验证和理论探究，但是从有效性和合法性的视角来看，一方面需要实现社会组织参与社会治理的价值理性，满足合法性的需求，追求公共性、公共利益和参与的公共价值，这也是社会组织参与社会治理目标的应有之义；另一方面则需要兼顾参与能力和参与效能，这是实现工具理性的必然途径。从动态发展的角度来看社会组织参与社会治理的绩效，合法性和有效性相互缠绕，甚至可能发生或多或少的增减，如合法性的获取会降低乃至牺牲部分的有效性，而有效性的增强可能会削弱合法性的影响。但是，为了促进社会组织参与社会治理目标的达成，我们需要从价值理性和工具理性两个层面维度，寻找二者的平衡之道。

必须指出的是，由于各地社会组织发育程度、制度环境不一样，虽然我们制定了党建引领社会组织参与社会治理的综合评价体系，但我们尚未进行区域化的比较研究。这是下一步我们需要改进的工作。

第五章　党建引领提升社会治理效能的实证调研与比较分析

改革开放后，我国政治经济体制改革不断演进，党和政府管理下的“单位制”社会开始转型，社会治理也逐步由政党主导向分权与多元协作的现代治理体系转型。在多元协作的治理主体中，社会组织①的作用不可忽视，根据中共中央组织部发布的《中国共产党党内统计公报》统计数据显示，截至 2021 年 6 月 5 日全国共有社会组织基层党组织 16.2 万个，基本实现应建尽建。② 党建引领是社会组织发展的现实需要，是克服党在社会治理中被边缘化的迫切需要。然而实践证明，社会组织中的党组织还没有充分发挥其促进社会治理效能提升的重要作用。

党的十九届四中全会指出：“健全党的全面领导制度。”③在此背景下，党对社会组织建设的影响力逐渐增强，嵌入式发展成为社会组织成长的重要选择。推进社会组织党的建设，是加强和创新社会治理的关键。其对于党的群众工作本领的提高，对于推进国家治理体系和治理能力现代化，对于加强和巩固党的阶级基础和社会基础，都十分重要。④ 强调党对社会组织的领导，是党对社会组织的

---

① 注明：新社会组织的构成主要包含各类非营利性、自发性、民间公益性以及自治性企业，具体涵盖主要有五个部分，即民办非企事业单位、各类中介组织、社会团体、基金会以及企业活动中心等。社会组织主要包括社会团体、基金会、民办非企业单位。根据中国社会组织公共服务平台截至 2020 年 2 月的数据显示，我国目前社会组织数量达到 867046 个。

② 《中国共产党党内统计公报》，载共产党员网，https：//www.12371.cn/2021/06/30/ARTI1625029938331844.shtml，访问日期：2021 年 10 月 15 日。

③ 《中共中央关于坚持和完善中国特色主义社会制度　推进国家治理体系和治理能力现代化若干重大问题的决定》，人民出版社 2019 年版，第 7 页。

④ 丁晓强、黄亚玲：《新时代党建引领社会组织融入社会治理的新探索——关于平湖样本的调查考察》，载《上海党史与党建》2019 年第 7 期，第 8~13、7 页。

政治领导。社会治理的根本在于既要保护社会生活的活力，又要维护新型的公共秩序。因此，在社会治理中，要逐步增强党建引领作用，提升社会组织治理效能。

第一节 研究对象与数据收集

通过对各地实践探索所了解到的社会组织党建情况，可以对社会组织党建的现实性和有效性进行考察，全面厘清党建引领社会组织提高治理效能的必要性与充分性。深度剖析社会组织党建中的难点与盲点，其中既包含体制机制方面的障碍，又包括具体工作方法上的不足。重点抓住影响党建引领社会组织治理效能的关键因子，构建数据模型并推导其内在的逻辑关联。

自 2020 年 8 月起，本书课题组先后在湖北省咸宁市、武汉市江夏区民政局、贵州省贵阳市、广西壮族自治区桂林市等地开展调查，通过立意抽样发放问卷，一共发放《党建引领下的社会组织提升社会治理的效能评估调查问卷》(社会组织工作人员卷) 360 份，其中回收 346 份，有效问卷 342 份，有效回收率达 95%；发放《社会组织发展状况调查问卷》50 份，其中回收 47 份，有效问卷 47 份，有效回收率达 94%。同时，课题组结合《党建引领下的社会组织提升社会治理的效能评估访谈提纲》(社会组织管理人员使用) 及开放式访谈提纲 A、B 等内容，采取实地访谈法(集中座谈与个别访谈相结合)与 60 余名相关人员进行深度访问，获得了在新时代背景中党建引领下提升社会组织参与社会治理效能的第一手资料。

本书课题组设计的调查问卷专门针对社会组织党建等相关内容，具有足够的深度和专业性。但受限于资金和人员等因素，课题组无法在全国范围内开展大规模调查，因此本章还采用了华东理工大学发布的“中国社会工作动态调查(CSWLS2019)”数据作为补充验证资料。该调查于 2019 年 6 月至 10 月在全国 57 个城市展开，采用多阶段随机抽样方法，最终获得社会工作机构有效问卷 979 份，社会工作者有效问卷 6776 份(含民政、医务社会工作者)，本章使用的机构样本为 954 个，社会工作者样本为 5943 个。此外，为了验证治理绩效对城市发展的作用，课题组将 2018 年城市统计年鉴数据与该数据相匹配，形成个体-机构-城市三级嵌套数据。

一、对象的选取

本书的调查对象源自武汉工程大学马克思主义学院党建与社会治理研究中心团队于2019年9月至2021年3月对上海、贵州、武汉等地十余家社会组织党建情况的实地考察、半结构化访谈。调研的社会组织涵盖了社会团体、民办非企业单位、基金会三种类型。其业务聚焦于社会工作、公益慈善、文艺体育等不同领域；访谈对象共60余人，包括机构负责人、理事长、秘书长、项目主任、党支部书记和党建负责人等，从而实现了调查对象——机构与成员的多元化。

这里需要说明的是，调查问卷与实地访谈的实施地点以湖北省为主，结合部分省外社会组织参与社会治理、党建工作等案例。原因在于：一是由于地域相近，代表性社会组织的分布较为集中，开展调查比较方便；二是因湖北省社会组织党建工作起步较早，自2015年以来，湖北省委、武汉市委认真贯彻中共中央办公厅印发的《关于加强社会组织党的建设工作的意见(试行)》；同时，《关于深化新时代党建引领加强基层社会治理的意见》《关于深化街道管理体制改革的实施意见》《关于加强城市社区工作者队伍建设的意见》《湖北省机关企事业单位党员干部下沉社区实办法》《关于城市社区党组织书记实行事业岗位管理的试点方案》《关于深化新时代志愿服务工作助力基层社会治理的意见》等一系列配套政策相继出台。此外，湖北省社会组织总会是经湖北省民政厅批准，于2012年12月31日正式成立，是由湖北省内社会团体、民办非企业单位、基金会和热心支持社会组织发展的企事业单位及从事社会组织管理和研究的专家、学者自愿组成的全省性、非营利性、联合性、枢纽型社团组织。这些都为本书提供了许多宝贵素材。

二、问卷调查

本书课题组发放《社会组织发展状况调查问卷》50份，回收47份，其中有效问卷47份，问卷有效率达94%；发放《党建引领下的社会组织提升社会治理的效能评估》(社会组织工作人员调查表)360份，回收346份，其中有效问卷342份，问卷回收有效率达95%。本书课题组还采用了华东理工大学发布的“中国社会工作动态调查(CSWLS2019)”数据作为补充验证资料。

在量化研究中，因素分析的可靠性除与预试样本的抽样有关外，与样本数的多少更有密切关系。在实际进行因素分析时，预试样本应该为多少才能使结果最为可靠，学界并没有一致的结论，但在社会及行为科学领域中一般的准则是进行因素分析时，样本数至少要在300以上，本书本课题选取的样本量已达到要求。

三、实地访谈

实地访谈的目的有二个：一是前期的实地访谈为课题研究设计，包括调查问卷设计和抽样设计提供依据，确保变量测量的信度和效度，保证数据收集的深度和广度；二是在资料收集环节严格遵循多来源策略以支持构成研究中的“三角验证”，多视角、多渠道的数据能够提供更精确的信息和更稳定的调查结果。

实地访谈对象共60余人，包括机构负责人、理事长、秘书长、项目主任、党支部书记和党建负责人等。为实现访谈对象的机构与成员的多元化，具体而言，访谈对象可分为两大类：一是主管单位及领导，包括省(市)社会组织管理局、省(市)社会组织总会、市民政局社会组织管理科、省(市)社会组织党委办公室、联合党委等分管领导或负责人；二是研究主体，包括部分社会组织发起人、负责人代表(含社会团体、民办非企业单位与基金会三大类)，如社会组织的理事长、秘书长、项目主任、党支部书记、党建负责人、工作人员等若干人员。深度的实地访谈有助于充分掌握各相关单位对当前党建引领社会组织提升社会治理效能的认知及看法，了解社会组织如何通过党建在维系生存发展的基础上实现组织资源整合、渠道拓展，推动社会发育和社会建设进程。

第二节　数据分析及模型检验

在数据分析环节，本章采用的是调查问卷数据与实地访谈资料相结合的方式，也就是量化研究与质性研究并重。量化研究主要是阐述党建引领社会组织参与社会治理的现状与特点、参与社会治理过程中的突出问题与表征，从广度上对当前中国党建引领社会组织参与治理领域的情况做一个总体上的把握与分析。而质性研究则集中探讨党建引领社会组织提升治理效能的制约与困境、影响因素以及未来方向，从深度上挖掘这一中国化、本土化议题背后的逻辑机理与演变态势。在二者的结合下，能够最大限度地将研究问题"是什么""为什么""怎么样"呈现出来。

一、调查数据的归入及分析

在正式问卷的统计分析中，所采用的统计分析方法需配合研究假设，根据问卷编制的题目或量表属性进行逐题或层面分析。本研究使用的是 spss17 这一数据统计分析软件，使用的功能包括频数分析、描述分析与探索分析。由于课题组还采用了华东理工大学发布的"中国社会工作动态调查(CSWLS2019)"数据作为补充验证资料，使用的调查数据为多水平分层数据，受制度环境的约束，同一城市的组织机构和同一组织机构的个体成员相似性要高于不同城市的机构和不同组织之间的个体，本章同时采用多水平回归模型进行数据分析。同时，由于因变量为连续型数据，本书将基于多水平回归模型使用 stata16 的 mixed 和 gsem 命令程序进行假设检验分析。

(一)样本背景分析

本次调查问卷的发放对象是社会组织工作人员，在基本资料部分主要针对其年龄分布、性别分布、学历分布以及是否为党员等情况进行背景分析。所获得的资料展示如表 5-1 所示。

在回收的 346 份调查问卷中，从年龄分布情况来看，社会组织中 30 岁、35 岁以下的工作人员占比较重，说明了青年人是社会组织工作人员的主要构成部分，他们在社会治理中起着重要作用，为党建引领下社会组织提升社会治理贡献强大力量。从性别分布情况来看，男性有 105 人，占比为 30.7%，女性有 237 人，占比为 69.3%。可见社会组织工作人员仍以女性为主，男女比例大约为 3∶7。从学历分布情况来看，本科及硕士以上学历有 244 人，占比 71.4%，由此可知，社会组织工作人员的文化程度普遍较高，本科及以上学历占到 70%左右，对人才首次就业的吸引力较大。从党员情况来看，本次调查中党员有 207 人，占比 60.9%，由此可知，社会组织工作人员中的党员覆盖率较高，朝稳中向好的趋势发展。

表 5-1　　**社会组织工作人员样本社会人口特征描述**

变量	频数(百分比)	变量	频数(百分比)
性别		党员	
男	109(31.50%)	是	213(61.56%)
女	237(68.50%)	否	133(38.44%)
年龄		加入组织年限	
30 岁以下	153(44.22%)	1 年以下	58(16.76%)
30~35 岁	105(30.35%)	1~3 年	168(48.55%)
36~45 岁	41(11.85%)	3~5 年	62(17.92%)
46~55 岁	19(5.49%)	5 年以上	58(16.76%)
56~60 岁	15(4.34%)		
60 岁以上	13(3.76%)		
学历		所在社会组织类型	
高中	30(8.67%)	社会团体	139(40.17%)
专科	72(20.81%)	民办非企业	178(51.45%)
本科	151(43.64%)	基金会	29(8.38%)
硕士	93(26.88%)		

总体上看，当前我国社会组织整体发展水平参差不齐，社会组织发育程度相对较低，参与社会治理能力略显不足。

(二)社会治理的熟识度情况

新时代为加强和创新社会治理，提出了“提高社会治理的社会化、法治化、智能化和专业化的水平”①的要求，具有很强的实践操作性。从治理的角度来看，社会治理意味着在社会领域中，个人和机构等多元主体对与其利益攸关的社会事务，通过互动和协调而采取一致行动的过程，目标是维持社会的正常运行和满足个人及社会的基本需要。在这样的背景下，基层社会聚集了多元社会主体和多样化的利益诉求，也沉淀了一定的社会矛盾和社会问题。②

目前在社会治理的主体嵌入中，最迫切的是有效嵌入处于党组织匮乏状态的社会组织。通过在社会组织中发展党员，建立党组织体系，这是党加强对社会组织领导的组织保证。在社会组织中建立党的组织是扩大党的群众基础和执政基础的重要方式，是社会组织党建的基础。③ 通过社会组织参与基层社会治理、提供公共服务，发挥其在社会治理中的积极作用。④

(三)社会组织运行的科学性指标

在微观领域，社会组织具有广泛的社会基础和较强的专业特性，在利益整合、行业规范、基层治理中具有弥补宏观社会治理所覆盖不足的效能。社会组织在民政、教育、文体、司法、残联等领域承接了政府转移的部分职能。在运作机制上，政府通过向社会组织购买服务，借助项目管理和合作管理等手段来理顺政府、社区、社会组织的合作伙伴关系。衡量社会组织发展程度的高低，一是看社会组织数量的多少，二是看社会组织影响力的大小。

1. 社会组织结构

社会组织内部治理机制尚不健全。调查数据显示，部分社会组织缺乏民主的决策和制度，虽然有理事会，但并没实际运作。缺少人力资源相关制度(此因素也是社会组织工作人员流动性较大的原因)，甚至没有建立党组织。

从社会组织的发展来看，大部分社会组织规模偏小。由图 5-1 可知，进入社

---

① 《党的十九大报告辅导读本》，人民出版社 2017 年版，第 48 页。

② 张娅：《党建引领基层社会治理的逻辑、现状及优化路径——以湖北省为例》，载《湖北行政学院学报》2019 年第 3 期，第 84~89 页。

③ 许爱梅、崇维祥：《结构性嵌入：党建引领社会治理的实现机制》，载《党政研究》2019 年第 4 期，第 32~37 页。

④ 殷荣林：《社会组织党建：实践、问题与建议——基于浙江省湖州市的调研》，载《党政干部学刊》2018 年第 1 期，第 76~80 页。

会组织年限为“1～3年”的工作人员比重最大，为47.3%，而工作年限为“3～5年”的工作人员占比则骤降至18.3%，说明了社会组织这一类单位对人才首次就业的吸引力较大，但就业持续性不强，所谓“招人容易留人难”，也印证了部分社会组织工作人员流动性大的现实，进而导致调动政府、企业和社会资源的力量比较薄弱。

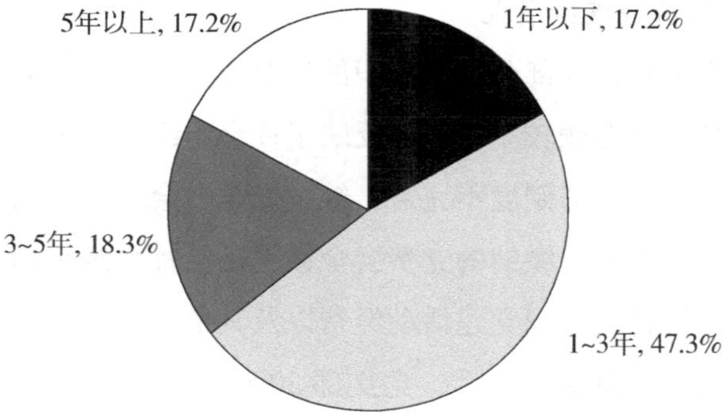

图5-1　社会组织工作人员的从事年限情况(%)

社会组织的独立性有待加强，发展态势尚不均衡。经费是社会组织维持和独立运转的基础，根据调查结果显示，相当一部分社会组织“造血”功能差，资金不足问题突出。甚至有些社会组织的经费基本上仅能覆盖专职人员工资、物业费和办公经费，用在开展项目和活动上的经费屈指可数、捉襟见肘。在这种经费不足、资金短缺的现实条件下，社会组织在民间性和独立性上都有所下降，更加依赖政府，因此，其“行政化”管理倾向依然存在。

2. 社会组织的信息公开情况

根据湖北省社会组织管理局网站的公示信息，可知社会组织成立登记信息、变更登记信息、注销登记信息、慈善组织认定信息以及公开募捐认定信息都是公开形式，包含社会组织名称、统一信用代码、法定代表人、住所、业务主管单位、相关时间等内容。

3. 社会组织的专业化水平

从实践中看，我们国家社会组织规模小、能力弱，仍有相当数量的社会组织不具有现代科层制结构，无法从形式和实质上建立完善的管理制度与运行机制，因此专业化水平并不均衡。而目前还有一些非法社会组织的存在，影响社会稳定和谐。

根据湖北省民政厅社会组织管理处负责人的介绍，目前湖北省涉嫌非法社会组织的主要情况有以下几种：一是未在民政部门登记，擅自以社会组织名义开展活动；二是已被撤除注销的社会组织，仍以该社会组织名义开展活动；三是尚处于筹备阶段的社会组织，以社会组织名义开展筹备工作以外的活动。

4. 社会组织的资金支持情况

根据调查数据显示，大部分社会组织的注册资金是通过政府相关职能部门或企业等渠道获得的，且金额较小，侧面反映了社会组织的高依赖性。也有不少社会组织表示它们内部的财务制度不完善，缺少专职财会人员。而根据社会组织党建政策精神，社会组织成员缴纳的党费会全额返还给社会组织用于党建活动，另外党和政府还会增设社会组织党建活动经费以及其他资金资源。比如杭州市明确每年按党委 2 万元、党总支 1 万元、党支部 3000 元的标准安排党建工作经费补助，同时设立一些党建工作专项经费①，广东省规定，每名党员每年 300 元的拨付标准；全职任党组织书记的，按每人每月 2000 元标准拨付，兼职的按每人每月 300 元标准拨付；新建立的党组织，省财政按照每个党组织 3000 元标准拨付启动经费。②

5. 社会组织的人才队伍情况

根据前面已有的调查数据可知，社会组织工作人员多为 35 周岁以下、女性、文化程度较为普通的社会人士，少数社会精英式的社会组织管理人员也是将社会组织作为兼职或者半份工作来对待，人才队伍呈现出分散和泛化的特征。结合实地访谈资料来看，社会组织中普遍还存在着人才成长渠道不畅、激励机制作用不佳、后续晋升发展易遇瓶颈等问题。

---

① 《浙江杭州市新社会组织党组织：建起来，更要转起来》，http：//www. fgdjw. gov. cn/fgdjw/system/2014/06/18/018104181. shtml，访问日期：2021 年 8 月 20 日。

② 《关于建立广东省非公有制经济组织和社会组织党建工作经费保障机制的意见》，http：//www. gdlxdj. cn/gdlxdjportal/ArticleDetail. aspx? Id = 8f3d08810a6a48238a61b329b624ec1e&ColID = 18217341e9344ba592174d5783786009，访问日期：2021 年 8 月 20 日。

(四)社会组织的党建绩效指标

社会组织党建将有效整合各种社会资源，为社会组织成长提供动力与支撑要素，同时基于中国社会自身发育的不成熟与社会生活多元化的现状，社会组织的健康规范发展必须以党组织为政治中轴，广泛汲取能量与资源。实现党建与社会组织的良性互动，有助于优化社会组织的资源环境，增强社会组织的服务能力，提高社会治理与服务效率。① 对社会组织的党建绩效指标的考量主要从理念引领、技术引领、资源引领三个方面开展。

1. 社会组织党建的理念引领情况

社会组织党建是新时代党对社会组织实现政治引领和价值理性转型的关键。② 表 5-2 显示了社会组织党建的理念引领情况的因子分析结果。社会组织党建的理念引领包括党建启蒙教育、党建活动影响、党的理念方针路线理解和认同、党组的决策和建议、组织服务群众理念、党组织意见采纳、党建引领的总体影响九个方面。整体来看，评价得分均值均超过 4 分，说明评价很高。以因子分析法进行降维分析得到的结果较为理想，以此拟合一个党建理念引领因子。

表 5-2 **社会组织党建的理念引领情况因子分析**

指标	均值			因子得分
	社团	民办非企业	基金会	
您是否接受过党建启蒙教育，并由此萌生入党意愿?	4.11	4.24	4.11	0.8377
您是否受社会组织中的党建活动的影响，萌生入党意愿?	4.12	4.25	4.18	0.8432

① 郑晓华、左弼臣：《党联系新社会组织的模式完善研究》，载《社会主义研究》2012 年第 4 期，第 105 页。

② 马超峰、薛美琴：《组织资源禀赋与社会组织党建嵌入类型——基于南京市社会组织的案例分析》，载《学习与实践》2020 年第 6 期，第 70~78 页。

续表

指　　标	均值			因子得分
	社团	民办非企业	基金会	
通过党组织的教育，您是否加深对党的理论路线方针政策的正确理解与全面认同？	4.47	4.48	4.38	0.8836
您是否认可党组织在社会组织决策时的建议或指导？	4.81	4.73	4.66	0.5379
就您参与的具体项目而言，是否认同以服务群众，增进服务对象的福祉为出发点？	4.58	4.65	4.52	0.8141
贵组织在进行重要事项决策时，是否采纳党组织意见？	4.28	4.36	4.24	0.8373
具体项目在开展过程中是否采纳党组织意见？	4.25	4.36	4.17	0.8010
贵组织在开展涉外活动时，是否采纳党组织意见？	4.24	4.34	4.21	0.8549
党建对贵组织的引领中，对您的思想、理念以及行为方式是否产生影响？	4.15	4.24	4.25	0.7834
Alpha 信度系数：0.9296	KMO：0.8570		解释方差比例：0.7230	

如图 5-2 所示，三类组织的理念引领的得分分布差异较小，均呈双峰分布。部分组织成员对党建的理念引领作用十分认可，其中社会团体中占比约 30%，民办非企业组织中占比约 40%，基金会中占比约 35%；另一部分则认可水平一般，其中社会团体中占比 30%。

影响党建理念引领认可的一个重要因素是社会组织是否每年开展有影响力的党群工作或者推进精神文明建设。如图 5-3 所示，80%的被访者均表示其所在的组织每年都有开展有影响力的党群工作或者推进精神文明建设等，这些活动可以明显提升社会组织成员对党建的理念引领的认可度(见图 5-4)。

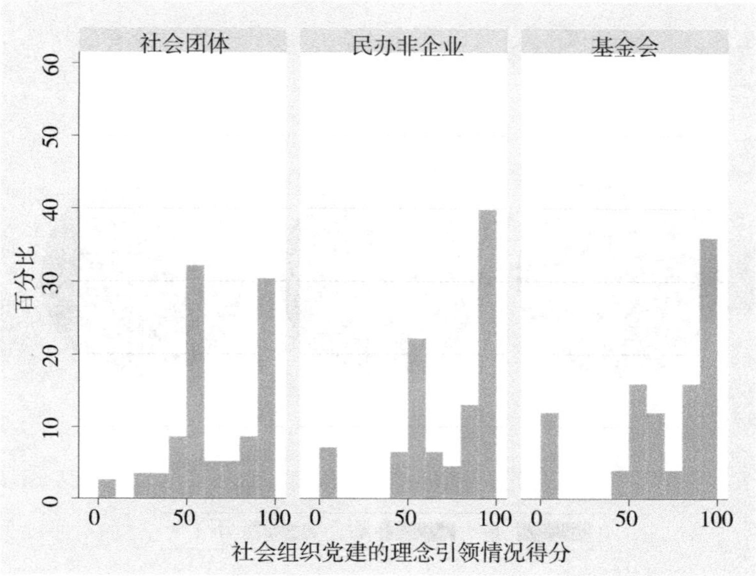

图 5-2 理念引领状况分布

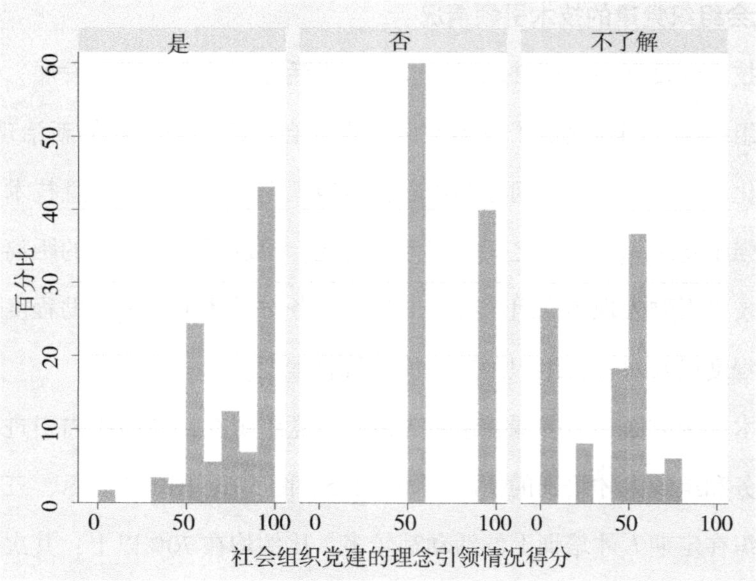

图 5-3 党群工作对理念引领的影响

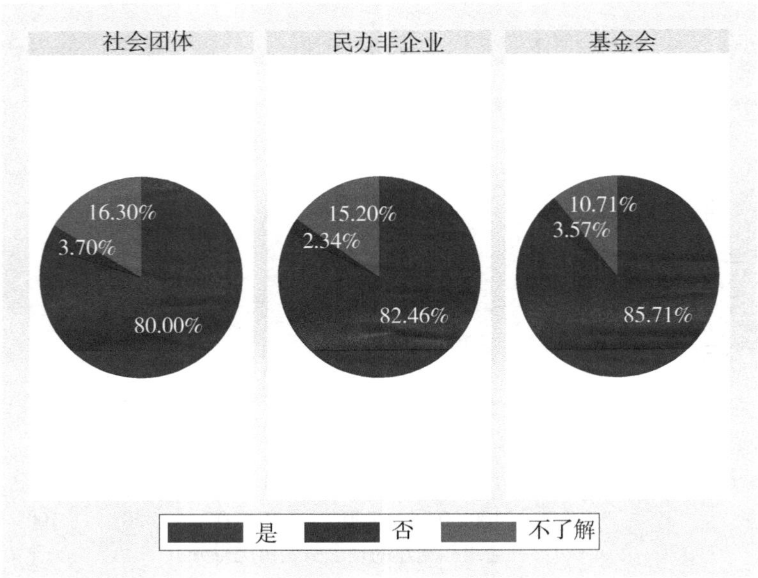

图 5-4　开展有影响力的党群工作情况

2. 社会组织党建的技术引领情况

信息技术的发展一方面推动了社会生产生活方式的大变革大发展，另一方面也为社会组织党建创新提供了发展空间。在社会组织参与社会创新治理实践中，信息碎片化、资源分散化等问题制约着社会组织党建工作，但信息技术的进步与变革又增强了党组织与个人之间的交流与沟通，拉进了彼此之间的距离。社会组织党建的技术引领表现为党组织提供的技术服务对具体工作的帮助程度、项目效率的提升程度以及对社会组织预期发展的符合程度。

在技术引领方面，本书课题组首先调查了党组织在社会组织内引进项目、购买技术服务和组织人才培训的情况。如图 5-5、图 5-6、图 5-7 所示，三类社会组织的党组织在定期人才培训上的活动都较多，比例均在 70%以上；其次是引进项目，比例在 50%左右；最后是购买技术服务，比例较低，占比 30%。

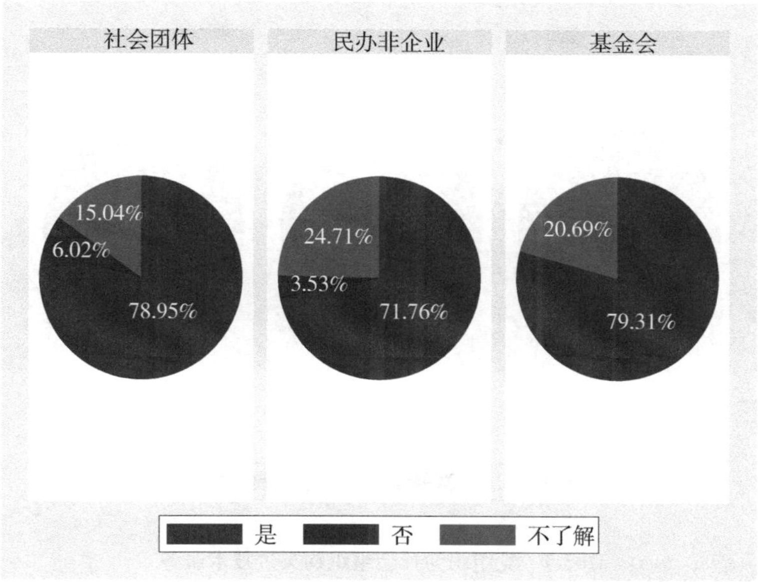

图 5-5　党组织定期组织人才培训

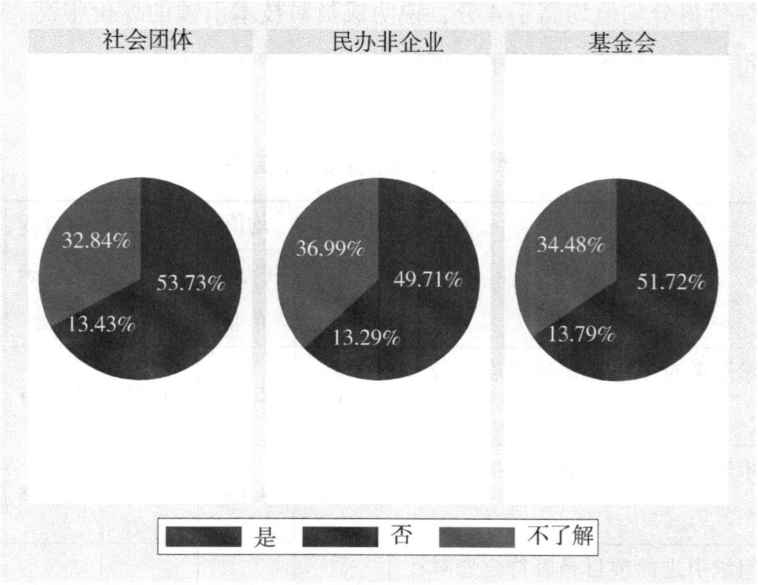

图 5-6　党组织为社会组织引进项目

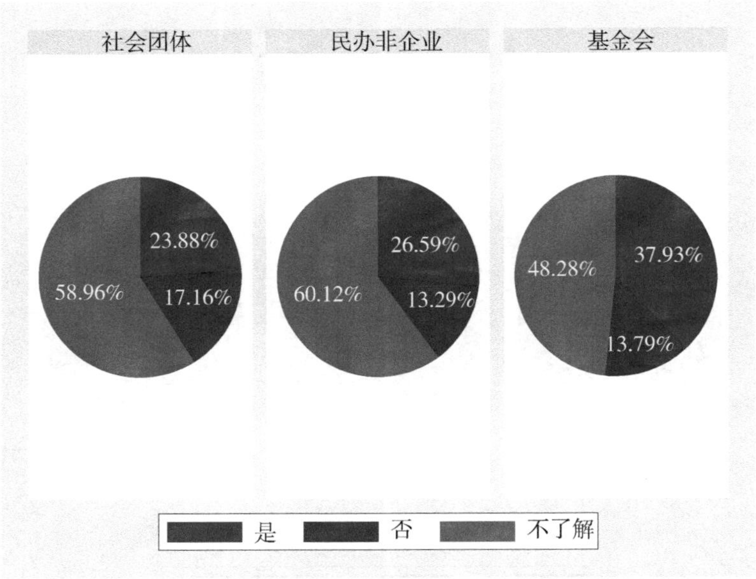

图 5-7 党组织为社会组织购买过技术服务

同样地，使用量表调查成员对党建技术引领的评价，结果如表 5-3 所示，各项指标的评价得分均值均高于 4 分，说明成员对技术引领的评价很高。探索性因子分析获得了两个技术引领因子，即项目技术因子和人才培训因子。

表 5-3 **社会组织党建的技术引领情况因子分析**

指标	均值			项目技术因子得分	人才培训因子得分
	社团	民办非企业	基金会		
您认为技术服务对于您工作的开展是否能起到帮助?	4.04	4.11	4.07	0.9734	0.0790
您认为技术服务对于项目效率的提升是否起到作用?	4.04	4.09	4.04	0.9318	0.1687
您认为党组织引进的项目是否符合您对社会组织发展的期待?	4.36	4.36	4.32	0.5649	0.2319
您是否接受过党组织开展的人才培训?	4.56	4.43	4.43	0.0990	0.7548

续表

指　　标	均值			项目技术因子得分	人才培训因子得分
	社团	民办非企业	基金会		
党组织开展的人才培训是否满足您对自身能力提升的需求？	4.30	4.30	4.15	0.2033	0.7341
您认为专业技能或综合素质培训对于您能力的提升是否有帮助？	4.50	4.40	4.30	0.2683	0.5149
Alpha 信度系数：0.8433　KMO：0.7340　解释方差比例：				0.5056	0.3274

图 5-8 和图 5-9 显示了项目技术因子和人才培训因子在三类组织中的分布差异，可以发现项目之间的差异并不大。而图 5-10 和图 5-11 则引入党组织项目引进、技术购买和人才培训的情况进行分析，可知不同的情况存在明显的差别。在项目引进中，党组织引入项目使得被调查成员的项目技术认可度反而更低，均值为 58.72；而没有引入项目的组织，其成员的认可度反而达到了 67.82，这一点值得反思。不过，技术购买的效果则不同，党组织购买技术的组织成员认可度更高，达到 71.44；没有购买的则略低，为 67.66。在人才培训方面，党组织定期组织人才培训，其成员的认可度明显更高，为 57.47。相较而言，社会组织成员对项目技术的平均认可度高于人才培训；另外，组织成员"不了解"党组织的技术引领行动，其技术引领认可度均很低，都在 45 分左右。

3. 社会组织党建的资源引领情况

与基层党建和企业党建不同，社会组织党建面临着规范和资源的双重匮乏。在社会组织党建研究的已有成果中，主要遵循的是结构视角（即政党对社会组织的全面领导与覆盖）与能动视角（即社会组织对政党嵌入的主动性与积极性），二者之间呈现出"资源-嵌入"发展机制。但社会组织本身的异质性特点决定了其在资源类型的需求上不能简单地一刀切，而需要不断在实践推进中加以调适与整合。

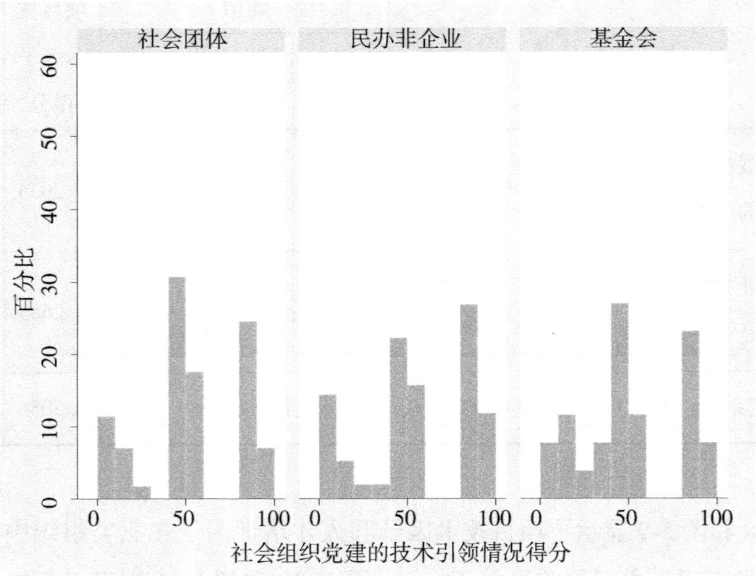

图 5-8　党建的项目技术因子得分分布

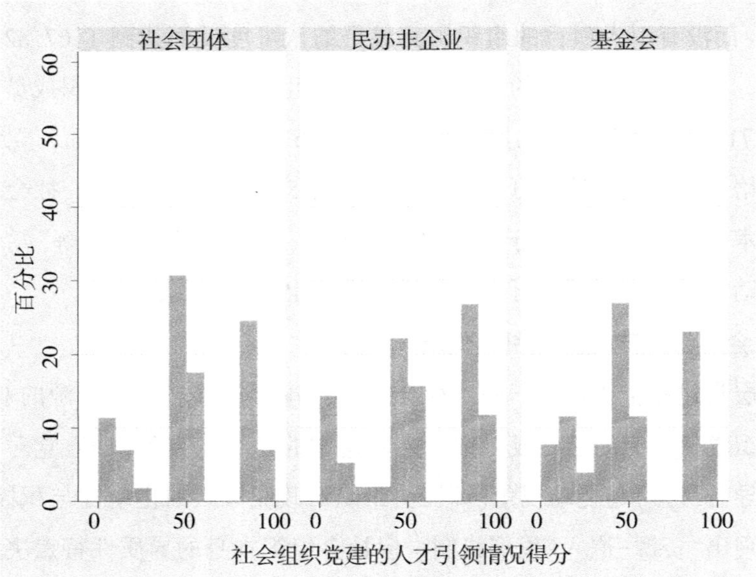

图 5-9　党建的人才培训因子得分分布

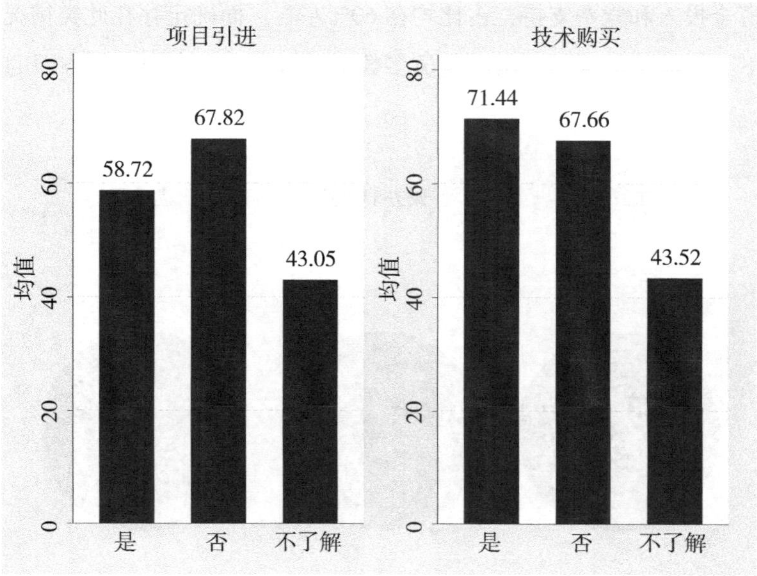

图 5-10　项目技术因子的引进和购买差异

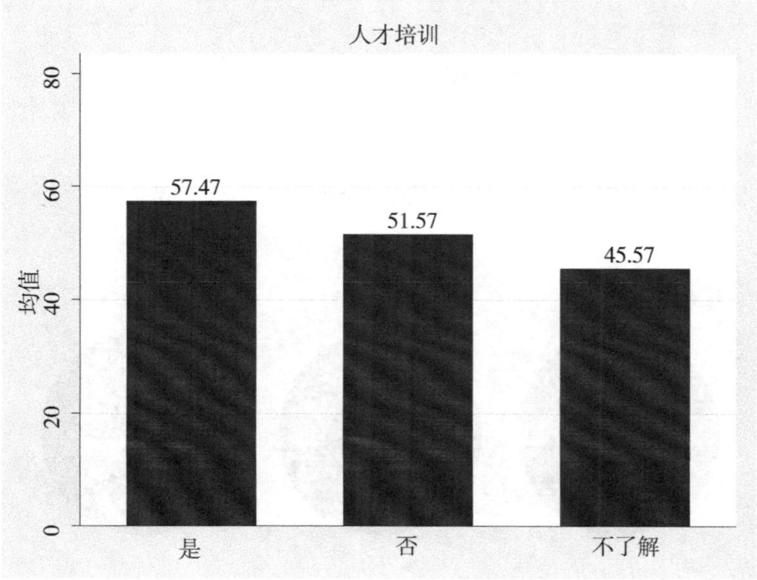

图 5-11　人才培训因子的实际培训差异

在资源引领方面，本书课题组调查了社会组织通过党建获得更多资金投入和党费支持的情况。如图 5-12 和图 5-13 所示，多数人都不了解社会组织是否通过党建获得更多资金投入和党费支持，占比均在60%左右，而确定存在此类情况的比例均在1/3以下。这些情况说明，组织成员多数不了解党建在资源引领方面的作用。

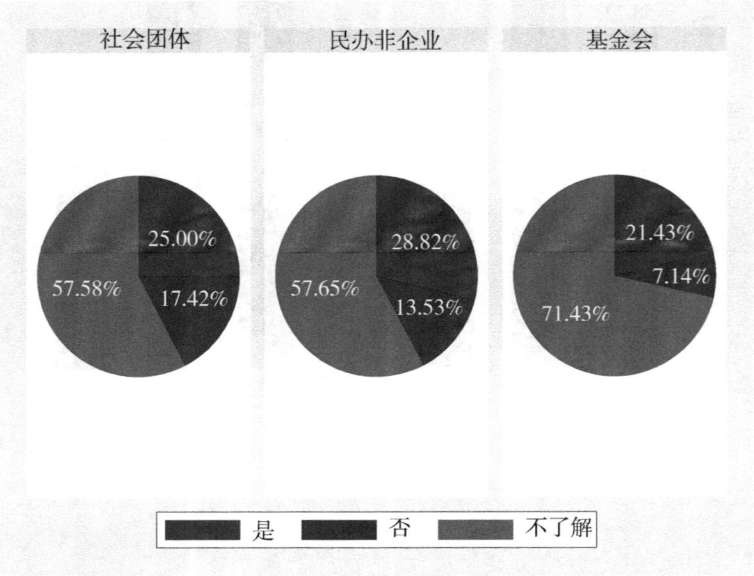

图 5-12 通过党建获得更多资金投入

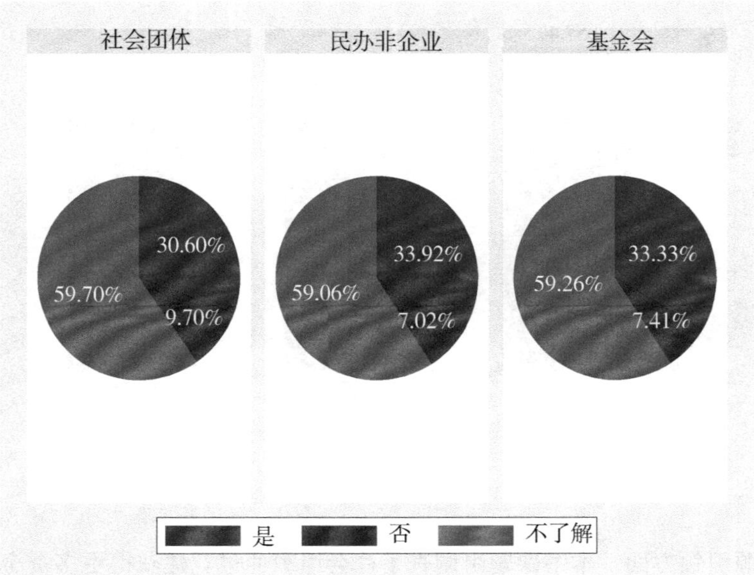

图 5-13 通过党建获得党费支持

同样使用量表调查成员对党建资源引领的评价，结果如表 5-4 所示，可以发现"您认为党建经费等资金补助和扶持政策向社会组织倾斜?"一项低于 4 分，其他各项指标的评价得分均值均高于 4 分，说明组织成员对资源引领的评价较高。同时，探索性因子分析获得了一个资源引领因子。

表 5-4　　　　社会组织党建的资源引领情况因子分析

指　　标	均值			因子得分
	社团	民办非企业	基金会	
您认为党建经费等资金补助和扶持政策向社会组织倾斜?	3.65	3.79	3.61	0.8062
党建是为社会组织提供信息交流和分享资源?	4.09	4.11	4.14	0.8041
通过党建，社会组织能享有更高的共享平台和更广阔的空间?	4.20	4.22	4.10	0.8554
您认为信息资源在你参与的具体项目工作中是否重要?	4.39	4.41	4.34	0.7991
党建为社会组织提供的信息资源对社会组织发展的意义?	4.70	4.62	4.62	0.6469
Alpha 信度系数：0.8652　KMO：0.8540　解释方差比例：				0.8397

图 5-14 显示了资金引领因子在三类组织中的分布差异，可以发现项目之间的差异并不大。

图 5-15 和图 5-16 显示了资金投入和党费支持的差异分析，可知党组织提供资金投入和党费支持，成员的资金引领认同感明显更高，分别为 87.38 和 89.02。从以上数据分析可知，大部分社会组织的注册资金是通过政府相关职能部门或企业等渠道获得的，且金额较小，侧面反映出了社会组织的高依赖性。根据社会组织党建工作的相关政策和指导精神，社会组织用于党建活动的经费除了来源于社会组织成员缴纳的党费，还有党和政府对社会组织党建活动的经费支持以及其他资金资源，对于社会组织而言，成员的资金引领认同感明显更高。

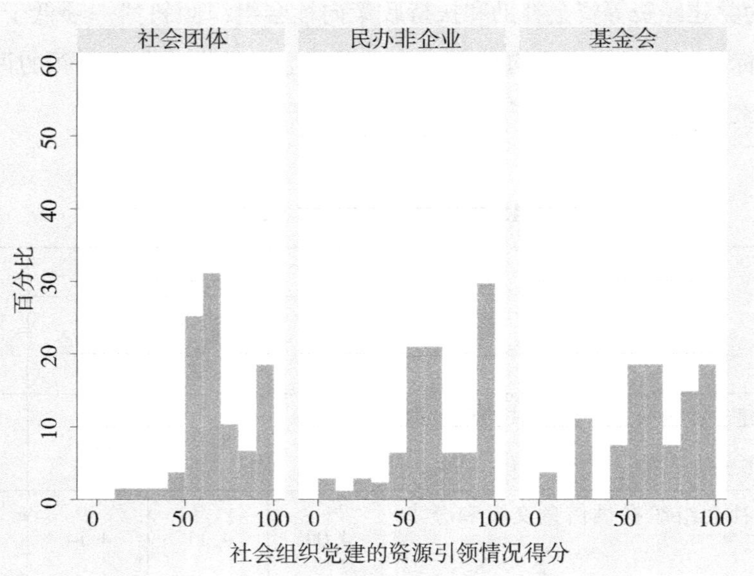

图 5-14　党建的资源引领因子得分分布

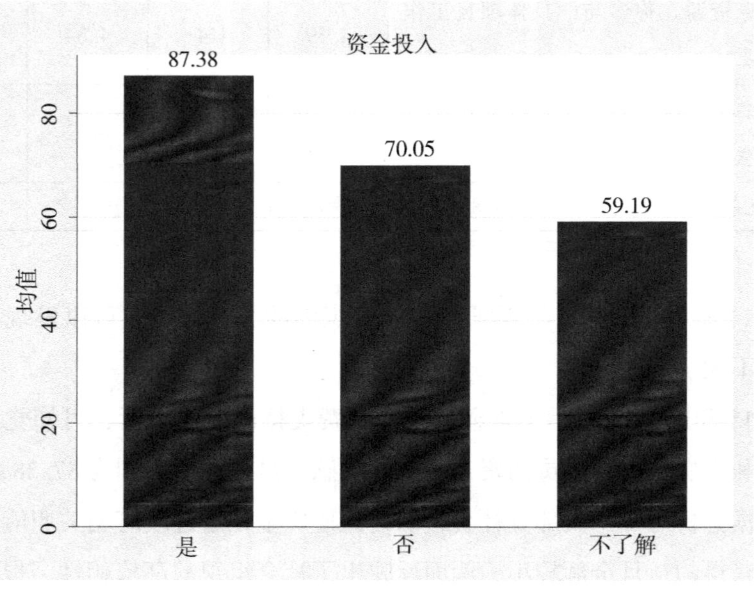

图 5-15　资金投入对资金引领的差异

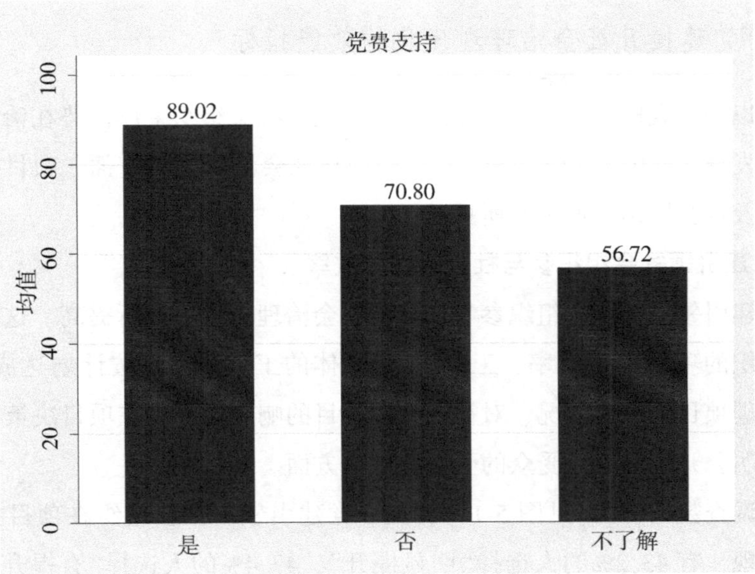

图 5-16　党费支持对资金引领的差异

根据图 5-17 所示，在党建为社会组织提供的信息类型中，“市场信息”占 25.9%，“政策信息”占 61.3%，“咨询信息”占 4.8%，“法律信息”占 0.9%，“其他”占 7.1%。

有研究证明，政府与社会组织相互嵌入会影响政府对社会组织的公共服务购买，这也是实现政府要求与社会组织服务能力衔接的前提条件，而这种相互嵌入的缺失则会给政府向社会组织购买服务带来困境，① 给社会组织获取资源带来冲击。

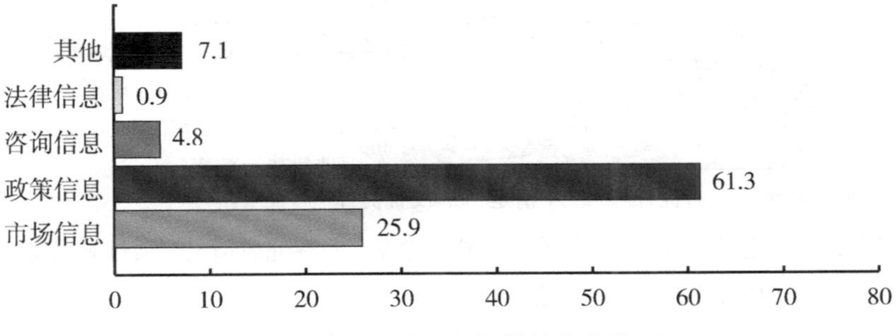

图 5-17　党建为社会组织提供的信息类型(%)

① 龙翠红：《政府向社会组织购买服务：嵌入性视角中的困境与超越》，载《南京社会科学》2018 年第 8 期，第 90~96 页。

(五)党建提升社会治理现代化的效能指标

长期以来，我国社会组织主体发展性不足，社会组织主体优势在治理中没有得到充分发挥。① 在党建引领下，社会组织在社会治理创新方面、项目类型与数量方面以及社会网络方面都有所提升。

1. 党建引领社会组织参与社会治理的效率

在党建引领下，社会组织参与、提升社会治理的效率有所提高。这主要表现在社会组织的项目执行效率、工作小组/团体的工作效率、按计划达成原目标、对社会治理项目的改善情况、对社会治理项目的响应速度、在项目决策和执行过程中的透明公开情况以及受众的受益程度等方面。

根据调查数据可知(见图 5-18)，关于党建引领下社会组织在项目执行效率方面的表现，有 43.2%的人选择“明显提升”，47.4%的人选择“有提升”，9.4%的人选择“不清楚”。在目标完成情况方面，有 42.6%的人选择“明显提升”，46.8%的人选择“有提升”，10%的人选择“不清楚”，0.6%的人选择“没有提升”。在项目响应速度与公众受益情况方面，分别有 60.3%、67.4%的人选择“明显提升”，分别有 32.8%、27.7%的人选择“有提升”，分别有 5.7%、4.9%的人选择“不清楚”，另有 1.2%的人选择社会组织对项目响应速度“没有提升”。

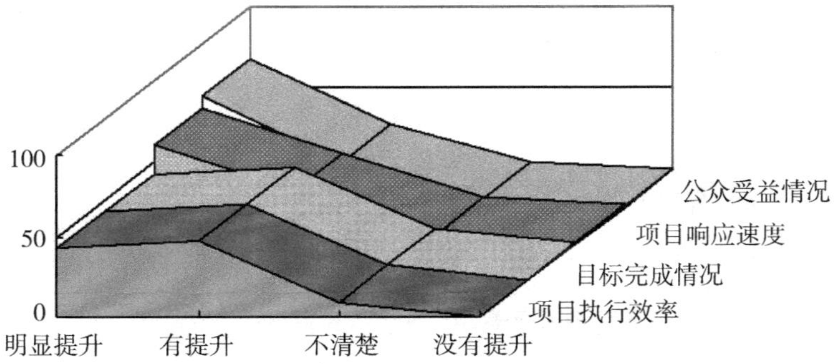

图 5-18　党建引领下社会组织在项目执行效率、目标完成情况、项目响应速度和公众收益情况上的表现(%)

① 陈义平:《社会组织参与社会治理的主体性发展困境及其解构》，载《学术界》2017 年第 2 期，第 65~74、322 页。

2. 党建引领社会组织参与社会治理的能力

在党建引领下，社会组织参与、提升社会治理的能力在不同层面呈现出差异化表现，集中体现在社会组织的内部规范与外部运作两个层面。根据调查数据可知(见图 5-19)，党建引领下社会组织在社会治理过程中的动员能力上，有 62.5%的人选择“明显增强”，28.9%的人选择“增强”，2.4%的人选择“不清楚”，1.2%的人选择“没有增强”。在社会组织筹资能力上，有 70.6%的人选择“明显增强”，12.6%的人选择“有增强”，有 16.8%的人选择“不清楚”。在社会组织资源配置与整合能力、项目管理能力上，分别有 45.9%、43.8%的人选择“明显提升”，分别有 41.2%、49.7%的人选择“有提升”，分别有 12.9%、6.5%的人选择“不清楚”。

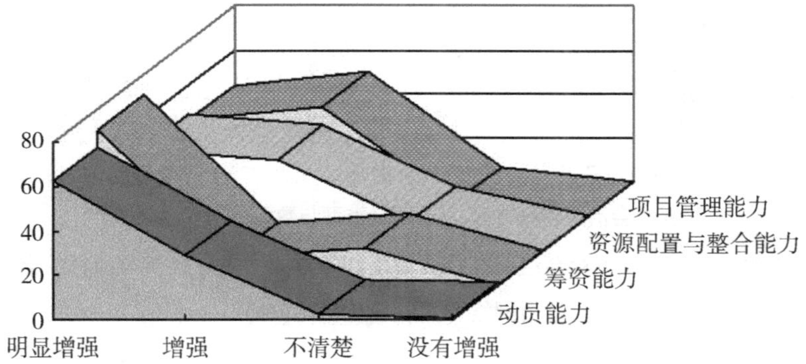

图 5-19 党建引领下社会组织在项目管理能力、资源配置与整合能力、筹资能力和动员能力上的表现(%)

3. 党建引领下社会组织发展的可持续性

在党建引领下，社会组织发展也面临着持续性问题。前文分析过社会组织工作人员满足年龄在 35 周岁以下、学历为本科以上，且为初次就业这几个条件时，该社会组织就很容易面临人才流失、工作人员流动性强的问题。此外，社会组织在行业或区域内的网络结构也在一定程度上制约或促进其发展，尤其是枢纽型社会组织，在社会网络的有利支持下，将党建嵌入、党员发展以及业务优化、资源链接等功能发挥得淋漓尽致，这意味着该社会组织在发展过程中需思考怎样解决自身面临的“上限”问题。

根据调查数据可知(见图5-20)，党建引领下社会组织在社会治理创新方面，有62.9%的人选择“明显提升”，29.7%的人选择“有提升”，7.4%的人选择“没有变化”。在社会组织主导或参与项目的类型与数量方面，有55.9%的人选择“明显提升”，35.9%的人选择“有提升”，8.3%的人选择“没有变化”。在社会组织扩大其社会网络(与其他社会组织以及不同层次部门的联动)方面，分别有58.5%、32.6%的人选择“明显提升”“有提升”，仅有8.8%的人选择“没有变化”。

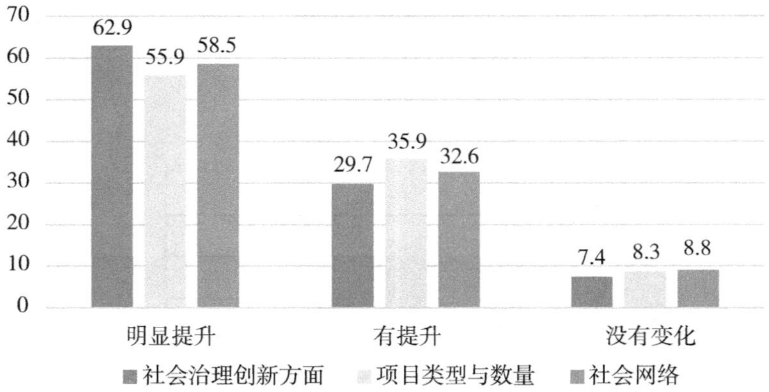

图5-20　党建引领下社会组织在社会治理创新方面、主导或参与项目的类型与数量方面、社会网络方面的变化对比(%)

在推论统计中，两个变量间的相关是否达到显著，不能单从积差相关系数绝对值的大小来判断，必须从积差相关系数显著性检验的概率值p来判定。如果显著性概率值$p>0.05$，则表示两个变量间的相关未达显著，即两个变量间没有呈显著的正相关或显著的负相关；相反的，如果显著性概率值$p<0.05$，则表示两个变量间的相关达到显著，相关系数不是偶然造成的，而是两个变量间呈显著的正相关或显著的负相关。当两个变量间的相关系数达到显著时，可以再从相关系数绝对值大小来判别两个变量的关联程度。

二、访谈资料的整理及分析

在调研、总结、反思的基础上，坚持以构建一套比较科学合理的党建引领社会组织提升治理效能评估指标体系为目标，运用规范分析的方法，按照党建引领和社会组织参与治理的运作流程与操作环节，逐项进行分析研讨，在现有实践进展的基础上，提出一个相对规范的参考文本。

(一)社会组织制度契合机制的实践

社会组织在政府民政部门登记、注册或备案后，可以依法进行各项活动。在社会组织中成立党组织并开展党的各项活动就意味着拥有政治正当性，且减少了潜在政策风险。将党建嵌入社会组织中既是党和政府“组织嵌入”的基本要求，也满足了社会组织对自身利益的维护。在实地调研中我们发现，大部分社会组织都对党建工作怀着积极态度，主动成立党支部。如W市J区五老艺术协会会长X说：

> “我们五老协会是由区关工委创办的，有自己的党支部，是主动要求成立的，为什么呢？因为我们这个协会里的都是原先从J区里退(休)下来的老干部、老模范、老教师等，大家都蛮适应组织生活的，所以我们很早就成立了党组织，包括支委的几个人，平时开展的党员活动，等等。可能算是我们作为几十年老党员的一种觉悟吧！党和国家对我们有要求，我们自己也的确有这些需求。”(访谈记录：20200921-WH-WLXH-1)

这些实践也进一步论证了党建工作的推进既是对社会组织行动范围的拓展，也是对社会组织行动选择的规范。从规范的角度而言，社会组织需要在治理结构中完善党的组织建设；从资源的角度而言，党通过给予社会组织领导人以政治身份，从而增强其政治资本、拓展其社会网络，进而提升社会组织的资源能力。

除了政治正当性之外，党建引领下的社会组织G省G市某商会负责人说道：

> “在5—6年前我们就已经建立了党支部，以党建促会建，骨干人员稳定，所以发挥着很大的作用，比如安定工作、联系群众的纽带作用，吸收到老队员参会、法律顾问参加，还能够吸引人才，有部分专家退休后也参加商会，推动了商会的发展，也积极地做一些年轻人的思想教育工作。说实在的，这些老同志做思想工作很有效果，对稳定会员起到了很大的作用。”(访谈记录：20201017-GX-GZ-5)

突出党组织的社会整合功能，淡化其政治和行政功能。党组织不仅具有扩大政治参与、吸纳集合公众的利益诉求的组织功能，而且还将吸纳和整合的公众诉求转化为公共政策，实现对社会的有效治理来满足公众利益需求。

坚持党建引领社会组织发展，其最独特的优势是拓展了社会组织的政治资本，加强了社会组织与党和政府的互动联系。这其中包含两层意思：一是通过党建赋予社会组织领导人以政治身份，对个人层面政治资本的增强以及社会网络的拓展有正面的效应；二是社会组织党建工作将其党组织身份正式化，在承接政府职能、提高公共服务质量与社会效益上有着不可替代性。

(二)社会组织党建实践中的突破点

在社会治理中心不断下移的背景下，社区作为城市基层社会治理的基本单元，成为承担社会治理工作的主体、居民群众日常生活的依托、促进社会和谐稳定的阵地。但在现实中，社会组织党建活动与社会治理需求对接不够、融合度不高，对党建引领作用的定位不清晰，各种活动形式相对单一。主要包括有：服务类活动占据主流，而协调类活动较少，问题导向不明确，对于化解基层矛盾、维护社会稳定所起的作用不甚明显。

J 区民政局副局长 Z 对社会组织党建工作中所面临的管理问题，也进行了深入的分析与探讨：

“目前全区社会组织一共 474 家，其中社会团体 149 家，民办非企业单位 325 家。根据中共 W 市 J 区委组织部的工作要求和文件精神，现在全区单独组建党组的社会组织 31 家，其中党总支 1 个，党支部 30 个；联合组建党组织的社会组织 223 家。全区社会组织党组织已有党员 1846 名，流动党员 584 名，入党积极分子 15 名。

但我们也能看到社会组织党建工作的基础条件不佳。本来社会组织就是处于生长期，特别是我们 J 区，大部分组织规模小，从业人员少且流动性大，组织成员凝聚力不强，成员对组织依赖性不高，组织关系比较松散。而且部分社会组织负责人和成员对党建工作存在误解，总是担心需要花费大量时间和精力投入党建中，害怕影响自己的正常业务和运营。”(访谈记录：

20200920-WH-JX-2)

人员数量少、凝聚力不强、流动性大等现实情况几乎在很多社会组织中都是存在的。就社会组织自身发展而言也尚处于一种不稳定的状态，其党建工作的进展也就可想而知。根据实地观察与访谈可发现，在业务方面趋于稳定的社会组织，其党建水平与意识更高；有相当一部分的社会组织因其本身的发展问题自顾不暇，导致其党建工作几乎空白。

突出问题表现为形式化的党建工作(见访谈记录)，将有限的组织资源策略化使用。① 党建为社会组织资源要素的有效配置，发挥衔接与整合功能是以往被人们忽视的，而这也将成为未来社会组织党建实践中的重要突破点。

"我们现在也是有些困惑，就是这个组织在实体性方面的规范不明确，比如人事管理、财政资助、税收优惠等，相应的规定搞不清楚。而且很多关于社会组织管理的内容比较宽泛，都是在方向上、原则上的一些要求，不是特别具体和细致。加上现在社会发展快，好多要求跟实际情况已经有所区别了，甚至可以说是大相径庭，所以我们也算是'摸着石头过河'。"(访谈编号：20201017-GX-GZ-5)

"早期的党建工作比较虚，这是要承认的，很多人的理解就是搞材料给上面看，'拍照+材料'就是党建工作(笑)。我记得机构里还经常打趣说，党建不给业务添乱就是。其实都是对党建理解得太狭隘了，只觉得是喊口号、读文件，没有真正地把它理解成业务的抓手。"(访谈编号：20201212-WH-WC-7)

实地调研中，不只一家社会组织提出过同样的困惑："社会组织党建究竟应该怎么搞?"或者说"什么样的党建工作才算是合格甚至是出色的?"无论是政府机关、职能部门还是事业单位，党建工作所表现出来的强政治性是显而易见的，这与其工作属性、目标要求之间并不相悖，甚至是不谋而合的。但对社会组织来

① 马超峰：《组织资源禀赋与社会组织党建嵌入类型——基于南京市社会组织的案例分析》，载《学习与实践》2020年第6期，第70~78页。

说，如何将正确的政治方向与专业的社会服务相融合，则是考验每个社会组织负责人和党组织书记的难题。

在面对党委政府、社会组织与党组织之间的多重关系上，也有不少社会组织负责人表达出这样的观点：

“社会组织中的党组织还是定位好，怎么说呢？党组织应该准确把握社会组织的特性和定位，在自身职责范围内开展工作，尽量不要过多地干预社会组织的正常管理和日常工作。其实我们理解的党建引领，更多的是在方向，尤其是政治方向上保证社会组织的正确性，此外为社会组织实现民主自治管理、提升服务实效、解决社会问题提供支持和保障。当然不知道我这个理解是不是正确啊！这样的话就不会出现‘互相打架’的局面。”(访谈记录：20200920-WH-JX-2)

广西省桂林市 WH 农产品公司的某支部书记在谈到社会组织党建工作的困难时，说道：

“我个人的感受是党建工作面临的困难不少，这项工作做好做扎实不容易，需要专人负责，我们这里目前是只有 2 人，力量肯定是不够的，而且党员活动经费支撑也需要额外划拨，据我所知目前每人 100 元的活动费过少。再一个就是党员流动性比较大，发展党员指标过少，有没有可能增加一名专职书记？而且我认为专职书记需要专门培训，需要通过学习来增强专业能力，否则就会搞不好。”(访谈记录：20201018-GX-GL-12)

而来自民办教育领域的 GL 市教育联合会的某支部书记则认为社会组织党建工作需要形成一批有影响力的带头人，尤其是对于社会某一专业领域或专业服务来说，需要共同为社会组织党建工作出谋划策、发挥示范作用：

“其实民办非企业中的工作人员流动性比较大，部分人员不参加党支部活动，对入党积极分子很难跟进，而且普通工作人员身上存在的问题比较多，他们自己未必能发现这些问题。我的建议是把在册的党员凝聚起来，才能进一步做好工作，尤其是对民办教育的投资人要吸收入党，社会组织的党建才能稳固起来。因为我感觉投资人是党员会对促进党建工作起很大的作用，社会治理从小事开始，教育界同样希望党建工作做得更好，相比较起来，民办教育在党建这块不足，所以需要有影响力的负责人积极加入党组织，发挥带动作用。”（访谈记录：20201018-GX-GL-14）

（三）党建引领社会组织参与社会治理创新

党的建设关键在于保持与人民群众的血肉联系，以人民为中心，就要从广大人民最关心的现实利益问题入手，有效破解社会治理中存在的治理机制不协调、动力不平等等问题。加强社会治理中的顶层设计、技术支撑、资源整合的整体性联动，① 这是党建引领社会组织提升社会治理创新与治理效能的必然选择。“五社联动”是社会组织提供社会服务的有效治理经验，这一模式为“事多人少”的基层社区补充了专业化的人才，在社区治理与疫情防控中都发挥了积极作用。

通过社会组织党建工作，在一定程度上增进了社会组织与党政部门的关系，进而使得社会组织在社会治理实践和创新中扮演着“实施者”的角色。以 H 省 W 市 C 社工服务中心负责人 Q 为例：

“在治理社会的过程当中，你会发现有个‘怪象’，就是‘看得见问题的人管不着，管得着问题的人看不见’……是不是这样？基层工作其实就是这样的，事情很多很细啊，都需要人落实。但是政府职能权限摆在那里，而且现在很多问题各有各的要求，也不能一次性解决掉。如果说他们（政府）比较刚硬，那么我们（社会组织）就是柔、和，用专业手法和技术去改善问题本来就是我们擅长的，再结合党建，我觉得党建就像个扣子，把我们双方链接起来了，有他们在背后支持，那我们做工作、搞服务就更有底气、更攒劲

① 段妍：《党建引领基层社会治理智能化与精细化思考》，载《人民论坛·学术前沿》2019 年第 20 期，第 63~68 页。

了。”(访谈记录：20201103-WH-WC-1)

多元主体参与社会治理的共治合力也有待提高。党建引领、多元协同的治理格局不仅强调参与主体的“多元性”，而且还注重厘清治理主体之间的职责权限。在当前社会组织兴起发展的大好势头下，有相当数量的成员掌握着专业技能、发挥人才优势，但常有“势单力薄”之感，没有释放出群体性、组织性的强大动能，使得许多单项的事务在持续改善，而一些关于群众幸福感、获得感的“指标性”事务却难以推进。

“现在作为个人的党员在发挥先锋模范作用方面发挥了很大的优势和能量，就像在这次新型冠状病毒性肺炎疫情中，涌现了好多优秀党员，但是作为群体的党组织在这方面，尤其是在基层社会治理和服务中，总感觉没有表现出或者激发出应有的引领带动作用，搞不清楚党组织究竟应该是怎样的。”(访谈记录：20201021-WH-JX-9)

“我(们)是‘新的社会阶层人士联谊会党支部’，简单来说就是什么阶层都有，支部目前成立一年，也做了大量工作，主要还是在扶贫帮困、疫情防控方面做了些力所能及的事情。我(们)直属于统战部，与政府各部门联系较多，也联系得很紧密，加入的成员中也有很多企业，作为民间组织(的形式)。这次新型冠状病毒性肺炎疫情暴发后，大部分单位在疫情期间抓得紧，当然也有部分管理不到位，新联会会把上级文件要求落实下去，需要协会去做，但有些效果也不是很好，比如直播带货的作用不是很明显。党组织生活中普遍的问题是经费不足，财力跟不上，困难比较大。目前协会又分为7个部门，如教育、健身等，在业务上和活动开展上比较松散，书记属于兼职人员。”(访谈记录：20201020-GX-GL-16)

上述访谈材料都突出反映了在党建引领社会组织发展过程中的创新举措与尝试。以GX省GL市的某社会组织为例，为了解决疫情期间当地产品滞销的问题，社会组织还积极充当了“网络主播”这一角色，尽管效果并不明显，但是充分体现出社会组织在参与社会治理中的调和性与适应力。

基层是社会生活中最具生机与活力的空间，也是问题突出、矛盾交织的空间。因而基层社会治理中通常还面临着一些短板，如人手短缺、资源不足、居民参与不足、精准社区服务缺乏等，这些短板都有待补齐。一方面政府职能机构无法面面俱到地覆盖到这些领域，另一方面，社会组织的专业性与灵活性正好为填补社会治理的空缺发挥作用。这类观点也在与民政局社会组织管理科工作人员的访谈中得到印证。

“社会组织的出现可以说让我们原来一直想做，但是不能做、不方便做的事情都做了。‘三社联动’，包括基层社会治理考核的指标里，就是看你有没有发动社会组织的参与。如果现在做工作还跟以前一样，放在考核里肯定是要扣分的。所以我们这块，其实是以倒逼的方式在鼓励社会组织的发展，推动社会组织参与到社会治理中，(社会组织)发展空间很大的。”(访谈记录：20201212-HB-WH-3)

“现在对社会组织党建蛮重视，出去接项目、拿资金都要看你里面有没有搞党建，搞得怎么样。(2021 年)1 月底省民政厅刚发布了全省社会组织评估工作的通知，没有党建的话是不参与评估的。而且在社会组织的登记评估中，党建也是个重要指标，马虎不得。”(访谈记录：20201210-HB-WH-11)

在民政部的支持下，湖北引入阿里巴巴公益基金会、腾讯公益慈善基金会、中华慈善总会等慈善组织，投入资金 4200 余万元，在武汉、黄冈等地的 210 余个社区、街道(乡镇)实施“五社联动”社会工作服务项目，推动形成“五社联动”服务机制，完善城乡社区治理体系，补齐能力短板，促进基层社会治理。① 湖北省民政厅慈善事业促进和社会工作处处长说道：

“社区、社会工作者、社区社会组织、社区志愿者、社区公益慈善自愿在开展社区服务、满足社区需求、解决社会问题、提升居民协商参与方面各

① 湖北省民政厅：《“五社联动”增强社区治理力量》，载湖北省人民政府网站，http：//mzt. hubei. gov. cn/ywzc/sz/wh/202101/t20210128_3315981. shtml，访问日期：2022 年 4 月 21 日。

有优势，在疫情中有特别突出的表现。如果‘五社’携起手来互联互动，将会产生‘化学反应’，释放出更大的能量。”(20210128-HB-WH-WXB)

“山东最近整了个新模式，是滨州市的一个街道社会组织服务中心，提出了‘1+1+N+X’的思路，是‘党委引领+中心运行+多个社会组织参与+周边群众受益’。”(20200920-HB-WH-2)

广西省 QX 区文学艺术界联合会的主席 HBR 对党建引领社会组织参与社会治理的看法是较为积极的。在他的认识中，党建工作不仅能促进党员个人对自己的高标准，同时也对组织生活的丰富、党群联系的紧密以及群体的凝聚力都起到了良性的助推作用。

我对党建工作感悟是这样的，一是党的思想建设得到加强。只要思想不滑坡，办法总比困难多。只要人的问题解决好了，觉悟提高了，困难就会解决了，因为人是在随着环境、体制不断变化的，需要不断去做好人的思想教育工作；二是党建工作的企业文化、效益的生产，需要党员的凝聚力，凝聚力好了，精神面貌就不一样了；三是党建工作要加强创新，需要具有开拓精神；四是近三年来，尤其是疫情期间，在我们 QX 区的创城工作中，党员作用明显，党组织会议正常了，组织生活正常了，“三会一课”的开展，使党组织生活丰富多彩；五是党员和党组织联系群众更紧密了。改造自己才能改造世界，落实全心全意为人民服务的宗旨加强了，疫情期间表现得更为明显；六是热爱公益活动意识更强了，公益事业以及爱党爱国，向心力和执行力大变样了；七是单位先进个人和典型增多了，因为党建工作做得好。(20201211-GX-GL-HRB)

党建引领社会组织参与社会治理创新使得社会组织有了新的用武之地，它们不仅可以通过自主创新获得党和政府的强有力支持，还能够担当起地方政府治理创新实践的重要角色。社会组织以党建为抓手，通过党建引领将其融入自身的业务中，努力实现党建与业务的平衡。在党建与业务“双强”下，社会组织将进行更多创新性的实践，也为地方社会治理创新实践提供新的样板。

三、调研数据的归类及模型校验

评估模型的直观与相对准确性有助于我们更好地理解和分析评估当前党建引领社会组织治理效能的情况，估计预期效果。在具体操作过程中，由于评估主体的认识能力以及评估过程中信息不完善、评估标准系统细微不一致等问题导致评估主体对客体的认识可能存在差异。因此，在具体的过程中，我们将根据已实施的党建引领提升效果，建立一定的理论模型(见图 5-21)，以此发挥评估者的能动性修正和完善党建引领提升社会组织治理效能，提高政治绩效，促进全面推广。

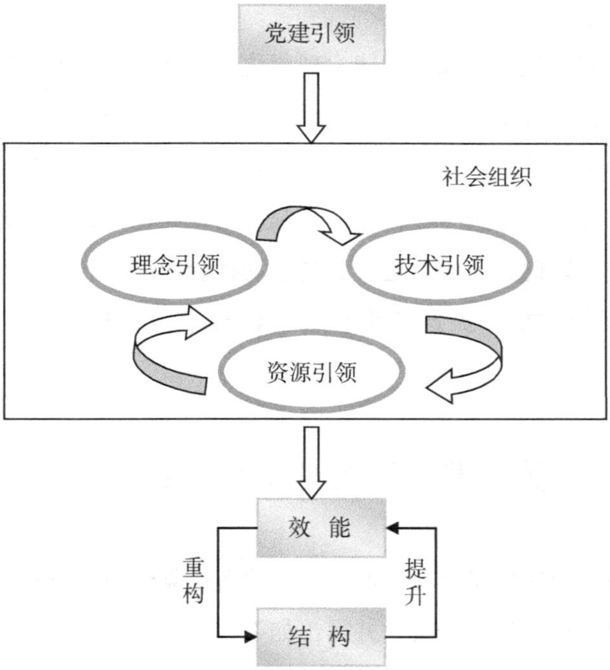

图 5-21　党建引领社会组织提升治理效能的逻辑示意图

从经验上看，党建引领并不是一句口号，将党建的旗帜放在社会治理领域中，是要将党建融入社会治理的血液中，将社会组织参与治理的进程纳入党建引领之下。根据已有的研究，无论是在理论上还是实践上，党建在与社会组织的互嵌交融中，实现对社会治理的参与和效能提升都是极为必要的。

在作用机制上，党建引领社会组织等治理主体，是基于社会成员与社会发展的公共利益，在为社会成员提供多元化的社会服务、公共物品、满足其对美好生活的向往上，体现出不可取代的有效性。而在具体实践中，通过撬动党建力量，社会组织在理念引领、技术引领和资源引领方面，为参与社会治理发挥引领效能。

对经验事实的考察与探究也离不开对社会结构、共同利益、社会建构等因素的探讨。从现代政党政治的理论与实践进程中看，执政党对社会结构的驾驭是鲜明的，由此形成对社会意识的凝聚、社会利益的共识，进而推动和完成社会治理工作。正是由于社会治理资源本身的分散性，使得大而全的党建工作很难渗透到基层社会的各个方面，这就要求社会组织党建以创新的方式有效地整合治理资源，提高治理水平。

全面推进国家治理体系和治理能力现代化，涉及党和国家的工作全局，是一项复杂的系统工程。其中的国家治理体系是由众多子系统构成的复杂系统，这个系统的核心就是中国共产党①。在提升社会组织参与社会治理效能的进程中，要充分发挥党的领导这个中国特色社会主义制度的最大优势，将党建引领作为社会治理的核心机制。以此为前提，通过党建撬动社会组织在理念引领、技术引领以及资源引领方面的效能，提升和重构社会治理水平，构建人人享有的社会共同体。

第三节　比较分析与实践结论

通过量化研究与质性研究，全面、深入地解读党建引领下社会组织提升社会治理效能的状况，进行比较分析，并得出如下实践结论。

一、定量分析

党的十九届五中全会中提出“全面推进国家治理体系和治理能力体系现代化”，进一步明确将社会组织作为“政府-社会”二元关系中的桥梁与协同主体。

① 中共中央文献研究室：《习近平关于社会主义政治建设论述摘编》，中央文献出版社2017年版，第34页。

量化研究主要是阐述党建引领社会组织参与社会治理的现状与特点、参与社会治理过程中的突出问题与表征，从广度上对当前中国党建引领社会组织参与治理领域的情况做一个总体上的把握与分析，得出如下结论。

（一）党建引领社会组织参与社会治理的现状与特点

1. 社会组织中党组织覆盖增强，促进了党建引领力和影响力的提升

从事实上看，党组织与社会组织是一种“双向嵌入”的关系。① 一方面，党组织通过成立、发展其组织形式、成员来实现其政治意图；另一方面，社会组织则通过党建来获取资源与制度合法性。根据调查结果显示，在被调查的样本中有超过51%的社会组织推进了党组织的建设，建立了相应的党组织。

此外，对比没有建立党组织的社会组织来看，建立党组织的社会组织，其党组织引领社会组织参与社会治理的效能已经充分体现出来，《党建引领下的社会组织提升社会治理的效能评估调查问卷》（社会组织工作人员卷）中关于“社会组织管理层与党组织班子成员有交叉任职的情况”，在有效回答中，有52.6%的人选择“有交叉任职”，有21.9%人的选择“无交叉任职”，有25.5%的人选择“不清楚情况”。

无论是在社会组织的重要事项决策、具体项目开展过程中，还是涉外活动中，均有将近90%的人认为社会组织采纳了党组织的意见，如图5-22所示，也充分体现了党建引领下社会组织在提升治理效能过程中对重要事项决策始终遵循民主与公开的原则。

社会组织负责人所开展的活动与党建工作的相关程度，以及党组织对社会组织决策的影响等，都能体现党建引领对社会组织的影响力。调查显示，针对党组织活动与社会组织工作项目之间的相关性，有61.1%人选择“十分相关”，13.5%的人选择“比较相关”。在关于党组织对社会组织决策的影响或指导的回答中，有82.8%的人选择“完全认可”。

---

① 注明：“嵌入”概念最早是由波兰尼在《大转型》中提出，嵌入理论已经被广泛应用于政府与社会组织关系性的探讨中。目前学界关注更多的是治理背景下政府对社会组织的嵌入，是一种自上而下的结构性思维。而在实践层面中社会组织出于生存策略和发展路径的需要，同样积极主动嵌入治理结构中以寻求自身发展空间，因此在现实中是社会组织与党政权力的“双向嵌入”。

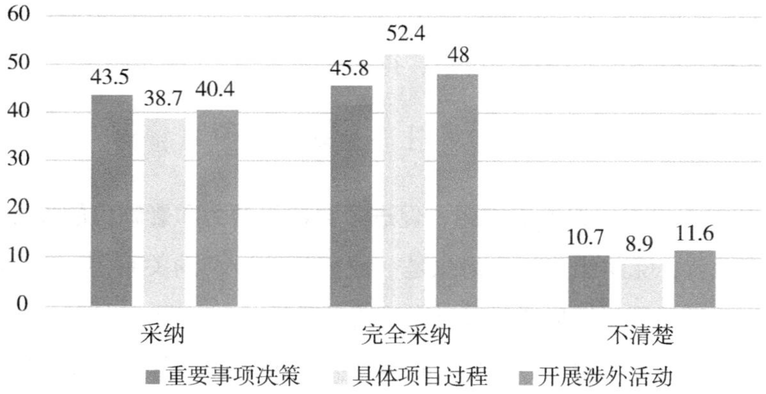

图 5-22　党组织对社会组织在其重要事项决策、具体项目过程以及开展涉外活动上的影响力表现(%)

此外，通过对社会组织负责人参与党组织开展活动，以及党组织在社会组织开展的党内、党外满意度测评等情况可以判断社会组织党建的影响力。数据显示，有 74.6%、20.2%的人认为社会组织负责人“做得很好”“做得比较好”。关于党组织在社会组织每年开展党内、外满意度测评的回答中，分别有 69%和 67.3%的人选择了“是”，有 27.2%和 27.1%的人选择了“不了解”。

从这些调查数据可看出，党建引领社会组织参与社会治理过程明显地影响了负责人的行动与决策，对社会组织党内外人员的正面效应也十分明显。因此，应加快建立健全党建工作阵地，推动社会组织党建“两个全覆盖”100%实现。

2. 党建引领的作用凸显，为社会组织服务社会、参与治理提供帮助

对于任何组织而言，有效的资源获取能力是其生存和发展的根本，社会组织也不例外。而在当前社会组织资源供给结构相对单一的情况之下，党建引领则成为社会组织发展资源供给的重要来源。

社会组织参与治理的途径主要还是依靠政府购买服务来实现的。根据调查数据显示，在近一年以来党组织是否为社会组织引进项目的回答中，有 51.5%的人选择“是”。以往的研究也证实社会组织的发展需要党的政策支持①，社会组织如

① 吴新叶：《党对非政府组织的领导——以执政党的社会管理为视角》，载《政治学研究》2008 年第 2 期，第 30~36 页。

果缺少党组织的嵌入，会直接影响到政府购买其公共服务的状况。关于党组织引进的项目是否符合对社会组织发展期待的回答中，有52.1%和33.4%的人选择“完全符合”和“符合”。说明了社会组织党建工作将视野更多地投向了政治性与专业性、政治效益与社会效益之间的平衡与融合。如J区民政局建立社会组织党建工作评估指标体系，对党建工作考核不合格的社会组织以及未开展党建工作的社会组织，实行一票否决。

江苏淮安近年来积极推进社会组织党建工作全覆盖，以有组织阵地、有制度章程、有目标计划、有活动载体、有等级评定、有典型经验“六有”为抓手，突出引领作用，实现社会组织“三强三好”。进一步完善党建工作制度，按照有关要求形成党建工作计划，定期召开党建工作会议。创新党建活动方式，完善党组织教育培训功能。将党建工作成效纳入等级评定，适当扩大党建工作权重。实现社会组织党建工作有组织、有制度、有计划、有活动、有评定、有经验。

3. 社会组织党建工作成效明显，党建促进了社会组织参与社会治理

通过对调查数据进行分析，发现拥有党建的社会组织参与社会治理程度显著高于没有党建的社会组织。“社会组织是否成立党组织”与因变量“党组织是否为社会组织引进项目”存在显著相关性($P=0.012$)，且B系数$=0.210$，表示二者存在正相关性，即成立了党组织的社会组织，其被政府购买的服务项目数量越多。

以苏州市为例，当地民政局打造了“红色社工”等一批有影响力的党建品牌，在全市发展进程中发挥了社会组织的智慧力量。自2020年起，苏州市民政局党委将社会组织党建工作摆上更加突出的位置，严格按照“四个同步”(即同步培育组建、同步登记承诺、同步年检述职、同步评估评议)要求，将党的工作融入社会组织运行和发展全过程，进一步强化氛围、强力推进，夯实社会组织坚持党建引领的思想基础，构建“上下协同、经纬交织、一体推动”的社会组织大党建格局。①

4. 社会组织内部治理能力凸显，社会组织内部治理与党建协同发展

通过调查发现，社会组织内部治理结构越好，其社会组织党建的质量就越高。截至2019年5月，目前中国成立3~5年的社会组织已经有15万家，成立

---

① 《江苏省苏州市民政局强化社会组织负责人党建培训》，载中国社会报网 http://www.chinanpo.gov.cn/xwxq?id=13594&newsType=1919，访问日期：2022年1月22日。

5~10 年的社会组织已经有 22 万家，成立 10 年以上的社会组织已经有 21 万家。① 成熟型社会组织在本土发展中已超过 10 年，形成了较为完善、固定的服务框架。协商型服务②、项目制运作③、专业性评估④是政府向社会力量购买服务、实现政府与社会协同治理的有效运作机制。

有学者曾对我国社会组织的党建模式进行过归纳，主要包括"属业化""属地化""部门化"三种类型。"属业化"是按照社会组织的行业归属，在行业协会开展党组织建设，或者依托于"枢纽型"社会组织进行党组织建设；"属地化"是将新社会组织的党组织挂靠在所在街道、社区或者人才交流中心等；"部门化"是借助于新社会组织的登记和管理部门——民政、工商部门开展党建工作。⑤

通过将党建工作纳入社会组织制度章程，社会组织开展工作贯穿党建引领，基层党组织履职增效，发挥战斗堡垒作用。让党建模范作用发挥得好的社会组织，优先承接更高层次的政府转移职能和购买服务。将党建工作作为重点项目，纳入社会组织年检工作，总结社会组织落实党建工作的先进经验，树立可推广的典型。针对社会组织公益性强的特点，编制党建工作手册，画好党建工作"路线图"；建立动态管理平台，跟踪党组织的工作情况；完善日常监管制度，常态监管党组织活动质效；组织星级评比，量化指标，以评促建；打造品牌社会组织，以此激发社会组织成员的工作积极性。

(二)党建引领社会组织参与社会治理的问题与表征

2019 年 11 月，习近平总书记在上海古北社区考察时强调："城市治理是推进国家治理体系和治理能力现代化的重要内容。要推动城市治理的重心和配套资

---

① 中共武侯区党校课题组：《新时期社会组织党建工作困境与出路——以成都武侯区为例》，载《中共成都市委党校学报》2016 年第 5 期，第 51~53、72 页。

② 说明：协商型服务就是在购买服务前通过民主协商的方式向服务对象征求服务需求目录。民主协商的参与主体包括服务购买方的政府、服务产出方的社区社会组织、服务接受者的社区居民，民主协商的方式有利于解决公共服务供给中存在的供需失衡问题。

③ 说明：项目制运作是当前政府向社区社会组织购买服务的主要方式，项目是服务的载体，社区社会组织通过申报项目的方式获取政府的财政资金用来开展社区服务。

④ 说明：专业性评估是对购买服务行为的修正和优化。

⑤ 陈家喜：《我国新社会组织党建：模式、困境与方向》，载《中共中央党校学报》2012 年第 2 期，第 36~40 页。

源向街道社区下沉，聚焦基层党建、城市管理、社区治理和公共服务等主责主业，面向区域内群众开展服务。”①在当前党建资源下沉、治理结构调适的趋势已成定局的情况下，全面认识和分析社会组织参与社会治理所面临的问题及其表征，对于提升其治理效能而言尤为重要。主要表现有以下方面。

1. 党建基础工作尚不扎实，两个覆盖有待提升

基层党组织的战斗堡垒作用发挥得不够充分，尤其表现在组织覆盖情况。有不少人都片面地认为基层党组织只是用以培育发展党员、教育党员的存在，而忽视了其在社会治理中的关键性地位，没有认识到党建工作在社会治理政策制定、治理方式方法以及治理内容等方面具有重要的功能与作用。对于基层党建工作中存在的问题，党的十九大报告明确提出要“扩大基层党组织覆盖面，着力解决一些基层党组织弱化、虚化、边缘化问题”②。根据问卷调查的数据以及实地访谈可知，超过51%的社会组织成立了党组织，说明还有近一半的社会组织尚未成立党组织。

在党组织活动方面，有82.3%的社会组织表示“每月一次及以上”，有8.4%的社会组织表示“每季度一次及以上”，还有0.9%的社会组织表示“每半年一次及以上”，8.4%的社会组织表示“情况不定”。说明在样本中有20%的社会组织没有坚持“三会一课”制度。党的领导力与影响力主要依托党组织活动来实现，如果党组织活动的频率很低，或是毫无规律地进行，自然会大大降低党的路线、方针、政策在实践中的贯彻力度。

2. 社会组织党建工作的泛化与虚化

通过实地观察与走访，不难发现一些基层党组织的自治意识和治理能力还处于较为薄弱的阶段，它们更习惯于接受自上而下的传统领导方式，在社会治理创新中的表现不突出。尤其是目前涌现的许多正面案例或典范，比较侧重于解决单一方面的问题，如打造单项的党建品牌，或着重于群众路线的体现。此外，党建工作的吸引力和号召力不足，许多党建活动缺乏针对性，表现形式与内容还是遵循老一套，缺乏与时俱进的先进性。而这与当前社会治理要求多元主体参与的理

① 《习近平在上海考察时强调　深入学习贯彻党的十九届四中全会精神　提高社会主义现代化国际大都市治理能力和水平》，载《光明日报》2019年11月4日。

② 《决胜全面建成小康社会　夺取新时代中国特色社会主义伟大胜利——在中国共产党第十九次全国代表大会上的报告》，载《人民日报》2017年10月28日。

念是不相适应的，进而使得社会组织在基层社会治理的过程中无法很好地适应当前治理形式多样化、复杂化的现实，影响了社会治理工作的整体成效。

党的十九届四中全会指出："健全党的全面领导制度。"①在此背景下，党建工作对社会组织建设的影响力逐渐增强。而在这一过程中，基层党建工作的延展性使得党建内容模糊化、党建方式表面化，而社会组织的"非正式性"及其力量的薄弱性又造成开展党建工作能力不足问题。这一现实议题对社会组织整合要求提出新的挑战，有学者认为应通过党建联盟的方式将政府部门、企事业单位、社会组织等党组织进行共建、互联，由此克服单一社会组织党建工作中的短板与不足。②

由于社会组织自身缺乏规范和资源不足的双重特性，使得在党建引领社会组织参与社会治理的过程中，常常出现"有组织无活动"，抑或"有活动无质量"的发展困局，即党建工作与业务工作融合得不够、浮于表面。因此，应通过党建联盟树立起社会组织开展党建工作的新思路，发挥"主体补位"和"社会建构"功能，形成"党与社会的链接"。③

3. 党建引领的工作机制不够突出，效果有待提高

近些年来，随着各地对党建工作的重视与突出，各类资源的投入的持续加强，发展群众和服务群众的成效有所显现。但仅仅依靠党建撬动部分资源的能力还不足以带来预期的治理绩效，必须完善和优化党建引领社会组织参与治理的作用机制，释放机制本身的作用力和带动性，探讨提升治理效能的新空间。

在关于近一年社会组织是否通过党建获得更多资金投入的回答中，有 26.7%的人选择"是"，14.5%的人选择"否"，58.5%的人选择"不清楚"。在关于近一年社会组织是否通过党建获得党费支持的回答中，有 32.5%的人选择"是"，8.1%的人选择"否"，59.3%的人选择"不了解"。在关于党建经费等资金补助和扶持政策向社会组织倾斜的回答中，有 25.7%和 22.5%的人选择"非常同意"和

① 《中共中央关于坚持和完善中国特色社会主义制度　推进国家治理体系和治理能力现代化若干重大问题的决定》，人民出版社 2019 年版，第 25 页。

② 薛美琴、马超峰：《关系网络再造：社会组织联合党建的行动逻辑》，载《探索》2020 年第 6 期，第 134～143 页。

③ 吴晓林：《党如何链接社会：城市社区党建的主体补位与社会建构》，载《学术月刊》2020 年第 5 期，第 72～86 页。

“同意”，还有50%的人选择“不清楚”，1.8%的人选择“不同意”，都说明了社会组织工作人员对于党建在资金投入、政策扶持等信息或渠道上的不明晰、不了解，由此影响到他们对党建引领作用的判断。

不少社会组织沦为一个无固定场所、无固定人员、无运作资金的“三无”空壳机构。并且在部分社会组织成立的初创期，所获得的党建业务指引是比较少的，加上组织内部成员的流动性很强，使得党员在入职-离职的流动中，党员身份没有得到正式认可，进而成为“隐形党员”。社会组织自身的特殊性也导致正式党员数量比较少，从事党建工作的氛围和意识不强，也不具备成立党组织的条件，所以便将党建工作长久地搁置起来。

社会组织党建工作在队伍建设上存在突出的共性问题，主要体现在党员“关键少数人”上。这些“关键少数人”主要是社会组织党员，他们大多是兼职，往往面临党员的职责不清、角色模糊的问题。比如，有的人觉得党的工作不是“分内事”，有的人觉得党的工作是“虚”的，导致党组织活动往往流于形式，热衷于搞一些轰轰烈烈的活动；还有的将所有精力放在自身业务上，无暇顾及党建工作，组织涣散，导致基层党建无法开展，以上种种问题严重影响了社会组织党建基层工作开展的有效性，进而削弱了基层党组织在群众心里的凝聚力、影响力和向心力。因此，加强社会组织党建已刻不容缓。

二、定性分析

社会组织所扮演的正是基层政府所期待的角色，它们提供基层政府需要提供但是无力提供的公共服务，解决政府需要解决但是仅靠自身又解决不了的社会问题。① 随着社会转型进程的加快，我国社会利益结构、群众生活方式、思想观念都发生了巨大变化，社会问题、社会矛盾和社会风险日益增多，这都给社会组织参与社会治理带来了诸多困境与挑战。

（一）党建引领下社会组织提升治理效能的制约与困境

这种现实困境是制约社会组织参与和提升社会治理效能的基本矛盾。马克思

① Brettell, Anna, “Environmental Non-governmental Organizations in the People’s Republic of China: Innocents in a Coopted Environmental Movement?”, *The Journal of Pacific Asia*, 2000, No. 6, pp. 129-130.

主义认为，任何事物都是矛盾的，抓住事物的主要矛盾和矛盾的主要方面就是抓住了解决问题的关键。现实困境虽然对社会组织提升社会治理效能形成了瓶颈和制约，但也是党建引领社会组织建设发展的突破口。在市场经济条件下，把握社会组织党建工作规律，深入剖析在发挥和提升社会治理效能中的作用与影响，是从源头上破解这一现实困境的关键。

1. 党建的覆盖性如何从“形式合理”走向“实质合理”

根据本次调查样本的显示，在组织覆盖方面，只有大约一半的社会组织成立了党组织，而这一比例与当前全国各地的社会组织党建工作情况是相符的。

组织嵌入式第一步，外部嵌入型党建模式常常引发社会组织对党组织的被动应付与外部排斥。① 再加上由于一些社会组织党员人数较少，不满足成立党支部的人数要求，故而建立起联合党支部，其中的成员则由相似或相近行业、业务机构等党员组成，即在形式上产生了“党支部”，但在实际运作过程中，由于地域限制、时间协调所造成的沟通成本，根本无法将党支部的作用发挥出来，最终形同虚设。

党建是一个系统工程，不是一时的任务或运动，党建引领社会组织的建设发展是常态化的趋势。民政部 2018 年 4 月专门下发通知，要求社会组织在章程中增加党的建设内容，并在成立登记和章程核准时加强审查。2019 年再次下发通知，要求民政部门贯彻落实《中共中央关于加强党的政治建设的意见》要求，推进社会组织党建从有形覆盖向有效覆盖转化。

2. 党建引领社会组织的体制机制不顺畅

社会组织长期存在“注册登记”与“归口管理”之间的不一致，由各个地区民政部门成立社会组织综合党委来负责本机构登记的社会组织党建，具体负责那些直接登记以及脱钩后没有明确行业归口的社会组织党建工作。在实地调查走访中也发现，有些社会组织的党组织是由当地政府行政部门管理的，如教育局、科技局、文旅局等，而有些社会组织则是由所在社区或街道来管理的，甚至还不乏出现被同时管理、多头汇报的情况，不仅要向当地社区或街道党组织进行工作汇报、接受指导，还要向当地民政局、主管政府部门进行汇报。

---

① 陈家喜、左瑞婷：《强化组织渗透性：社会组织党建的发展方向》，载《中国党政干部论坛》2015 年第 10 期，第 66 页。

十八届三中全会提出激发社会组织活力，行业协会商会类、科技类、公益慈善类和城乡社区服务类四类社会组织依法直接向民政部门申请登记已经在全国范围逐步实施，不需要再经由业务主管单位审查和管理。从制度上剥离社会组织对政府的行政依附关系，使其逐步回归公共性、民间性和非营利性，促使管理体制逐步由重入口登记向准入和日常管理并重转变。从社会组织的立场来看，其并不一定是党建的消极被动接受者，相反，也可以是积极建构者与拓展者。①

枢纽型社会组织的发展壮大。对于不同阶段的社会而言，枢纽型社会组织也将发挥不同的功能与作用。对于初创期社会组织而言，在组织结构、人才队伍、制度规范等方面都属于起步阶段，需要枢纽型社会组织党建的孵化培育，助其早日踏入正轨。对于发展期的社会组织，则在资源供给、项目执行、治理效果等方面需要枢纽型社会组织给予更多关注，思考如何以党建为抓手，在行业内或区域内成长壮大为具有标志性的社会组织。而对于成熟期社会组织，其运行机制、日常资金、结构效能等方面都已形成一定的规范。

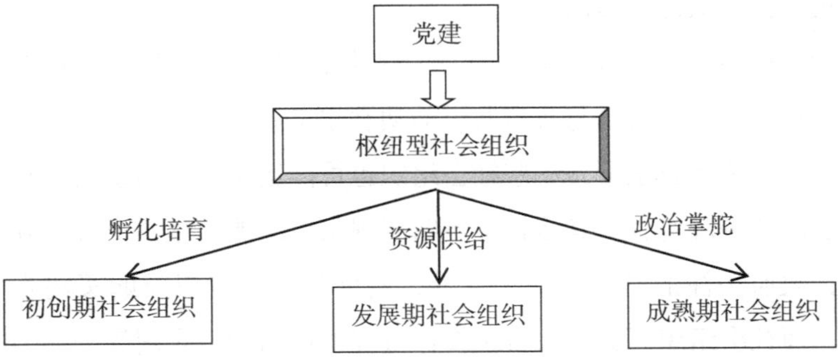

图 5-23 党建引领社会组织发展不同阶段的表现

此外，党建引领社会组织参与社会治理还存在着一些障碍性因素，如“治理结构尚未完全成型、治理机制尚未良性运转、治理力量尚未充分挖掘”②等。主要表现在：治理理念和治理手段的滞后性，无法在治理实践中达成预期目标，从

① 郁建兴、沈永东：《调适性合作：十八大以来中国政府与社会组织关系的策略性变革》，载《政治学研究》2017 年第 3 期，第 34～41 页。

② 何海兵：《探索城市基层党建引领社区治理新路》，载《党政论坛》2017 年第 7 期，第 44～45 页。

而使得党建的主体地位和引领作用受到冲击。加上社会治理在具体实践中往往难以形成多元主体的共同协作力量，导致资源整合力度不够等现实困境。①

（二）党建引领下社会组织提升社会治理效能中的制约因素

实现党建引领与社会组织参与社会治理的融合既需要党建强有力的引领和高度的包容，也需要完善社会组织治理结构、发挥治理效能，缺少任何一方都会形成制约。党建引领社会组织参与社会治理所面临现实困境的原因是多样的，既有作为社会组织自身的原因，也有外在环境的客观原因和认识偏差原因。

一个比较普遍的现象是：在社会组织蓬勃壮大的进程中，不少人将其视为“体制”外的产物，因而认为在社会组织中成立党组织、开展党建工作等做法是不必要的，即便是成立了党组织，也似乎不必向党政机关或国有企事业单位那样建立严密的组织体系和管理体制，以免影响和减弱组织的自主性。这种观点其实是一种误解，会严重影响社会组织党建的推进和深化。在当代中国，无论是企业还是社会组织都要接受党的领导，只有通过党建引领，才能实现社会组织参与社会治理，提升治理效能的目的。

一方面，社会组织可能采取主动顺从和依附的行为策略，以获得政府的认可，因此，社会组织表现出与政府共谋的功利主义倾向；另一方面，即便在合法性与资源的双重依赖背景下，一些社会组织也可能运用各种组织策略构建出有利于自身发展的任务环境，在其运行中不断展现出组织能动性。此外，在购买服务的过程中，政府关注的是项目的公共性、制度的完备性以及购买的竞争性、效率、效果，而社会组织更关注项目招投标过程的透明性、合同管理能力和服务满意度等。由于政府与社会组织在购买服务过程中需要实现资源交换的目的，具有不同的利益取向，容易引发购买服务风险。② 以上研究都表明社会组织与政府之间的关系是一种动态演进的过程，社会组织的发展与政府治理行为、模式之间的关系异常复杂。

党建引导要将社会组织建设与提升治理效能结合起来。社会组织建设发展亦

① 杨妍、王江伟：《基层党建引领城市社区治理：现实困境、实践创新与可行路径》，载《理论视野》2019 年第 4 期，第 78~85 页。

② 曹海军、鲍操：《社区治理共同体建设——新时代社区治理制度化的理论逻辑与实现路径》，载《理论探讨》2020 年第 1 期，第 12~18 页。

要通过党建引领的嵌入，提高服务社会、服务群众的能力和水平，是与社会治理相融相合的。在实践中，一些社会组织出现了党建工作与社会治理工作“两张皮”现象，没有以开放包容的姿态吸纳多元力量的参与和监督，从而导致社会组织党建失去牢固根基，也不能促进治理水平和效能的提高。

从党建引领的角度来看，很多社会组织党建工作缺乏针对性，服务空转，未能根据社会转型进程和社会组织的业务领域来实现角色转化与调整，使得党建引领与社会发展、治理需求脱节，削弱了党建引领在社会组织参与治理和提升效能中的关键作用。

在实际效果上，国家政党与社会组织之间已经形成了双向嵌入的关系。一方面，国家政党通过发展其组织并巩固其政治意识；另一方面，党建引领下的社会组织不断发挥“价值引领、公共治理、政治整合、政治监督与民主协商等功能”①，党的组织体系与行政体系一同称为管理和培育社会组织的重要主体，一些社会组织的党组织弱化、虚化和边缘化问题也随之得到有效解决。

（三）党建引领下社会组织提升治理效能的方向

在政策上，党建嵌入法人治理结构中已经成为一种制度要求。2018 年 5 月，民政部印发《关于在社会组织章程增加党的建设和社会主义核心价值观有关内容通知》，明确要求社会组织应当在章程中增加党的建设和社会主义核心价值观有关内容，民政部门要在成立登记和章程核准时加强审查。这一做法将从源头上确保社会组织正确的政治方向，对引领社会组织健康有序发展，引导社会组织发挥治理效能具有重要意义。

一是“双向嵌入”迈向“双向赋权”。党建对社会组织的结构式嵌入使得国家与社会双方的权力都得到了提升，既通过社会组织党建提升和优化了社会组织内部管理、战略制定、资源动员和政策倡导等方面的能力，形成“双向赋权”，从而提升了整体的治理能力；又通过党组织建设工作将传统的“政-社”对抗性关系予以改善，促成党、政府与社会组织形成更加良性的互动关系。

二是面对社会组织党组织的管理问题，则要充分激发“枢纽型”社会组织的

① 唐兴军：《从嵌入耦合到驱动引领：社会组织党建的逻辑与路向》，载《江西师范大学学报（哲学社科版）》2020 年第 1 期，第 33~39 页。

平台作用。枢纽型社会组织作为党的组织阵地，有着独特的扩大效应和辐射效应。一方面，枢纽型社会组织将帮助其他社会组织发展作为使命和目标，依托组织协作网络，通过举办工作坊、专业培训、论坛研讨、督导评估等形式，对处于初创期、发展期的社会组织加强关注、引导与规范。着力提升其他社会组织在专业服务、资源整合、项目执行、规范管理等多个方面的能力。另一方面，枢纽型社会组织通过凝聚社会组织中的流动党员，辐射不具备成立党支部条件的初创型组织。以广州市为例，在成立社会组织联合会党委后，通过"先覆盖后组建、先联合后独立、先内部后会员"三先三后的大党建工作模式，加强基础党务、党员的教育管理以及工、青、妇、统战等各项工作。党员发展指标属于稀缺资源，党委组织部门依托这一资源将党建目标输入社会组织，社会组织又进一步依托这一资源将党建目标输入社会组织成员；反过来，社会组织成员为了提升个体收益，配合社会组织实现外部党建目标。

三是准确把握社会治理形式，保持社会秩序和谐有序，既有"活力"又有"秩序"。党建引领，并不是"总体性社会"中所强调的对社会治理事务的大包大揽，而是在新的时代背景与发展形势下，创新思维方式、探索工作方法，在社会治理的"活力"与"秩序"中取得一种平衡。即在关键性事务、重点领域中要把稳方向，加以引领；在常规性事务工作中则要激发起群众、社会组织、社区等协同主体的参与性和积极性，将人人参与、人人共享真正地落实下来。合理区分大事、小事和私事，有效引领政府部门协同解决"大事"，辖区组织参与社区共治解决"小事"和基层群众自治解决"私事"①，实现社会治理多元主体的良性互动。

四是开展广泛深入的社会动员。在中国社会发展的实践过程中，中国共产党始终具有合法性和权威性的领导地位的社会动员力量。在过去的历史里，中国共产党作为执政党所展现的是带有革命武装动员的特色，即便是当前执政党制度建设阶段也脱离不了广泛深入的社会动员。根本原因在于有效的社会动员，尤其是执政党领导下的社会动员，依然是制度建设强有力的政治保障和坚强后盾。多年的社会治理经验如铁一般的事实反复证明了基层党组织的动员能力强，往往就意味着治理水平高，群众的满意度和获得感强。反之就会出现社会动荡、群众反

① 邹东升：《党建引领基层社会治理：探索、短板与完善》，载《国家治理》2019年第2期，第31~37页。

抗。因此，在新的社会时代背景和发展形势下，多元化的利益冲突与服务需求，在客观上也对党组织动员能力提出了新的挑战与要求。

三、实践结论

1. 从“强嵌入”到“适度嵌入”——社会组织与党建的关系

习近平总书记在2018年7月的全国组织工作会议中再次强调，要加强社会组织党的建设，全面增强党对各类各级社会组织的领导。① 有学者曾指出，社会组织要善于学会如何巧妙地与政府进行合作，既能够让政府提供对社会组织的政策支持、资金支持，还能够使社会组织保持其相对的独立性、自主权，这是社会组织发展的难题。② 如何促进社会组织参与社会治理，形成多元共治的主体，这是当前在实践中的一个重要内容。

当前党政对社会组织的嵌入是一种非常明确的结构性强嵌入，并且可以观察到的是，嵌入程度越强的社会组织，政府购买服务才会更多，在这种适应效应的影响下，那些党政弱嵌入程度比较低或者完全不嵌入的社会组织逐步走向边缘，甚至被淘汰出市场。

党建与社会组织的嵌入程度是否符合社会治理现代化的要求，主要从两个方面来考量：一是社会组织党建的构建能否为不同类型社会组织发展、能力提升起到促进作用；二是党建引领的框架能否为社会组织参与社会治理、提升治理效能提供良好的环境，实现政府、社会、社会组织之间的友好协作。这在一定程度上使得政府管理、社会管理要调整以往的惯性思维，在“治理”的基础与价值目标之上构建社会组织建设发展的友善环境，为其参与社会治理创造“有弹性”的自主发展空间。

2. 从“效率机制”到“治理效能”——社会组织在社会治理中的角色转变

在传统的社会管理中，社会组织往往只能沦为被管理者，受到政府的较严苛管制。而在多元主体的社会治理中，社会组织将作为治理主体之一，有力地承接原来由政府独立提供公共服务的职能，从而在众多社会治理领域发挥积极作用。

---

① 习近平：《在全国组织工作会议上的讲话》，http：//www. wenming. cn/djw/djw2016sy/djw2016sytt/201809/t20180917-4833069. shtml，访问日期：2022年3月12日。

② 萨拉蒙等：《政府向社会组织购买公共服务研究——中国与全球经验分析》，王浦劬译，北京大学出版社2010年版，第27页。

社会组织参与社会治理既有理论基础又有现实优势，从理论基础来看，治理和善治、法团主义、资源禀赋、协同理论都说明了多元主体的必要性；从现实优势上看，社会组织具有成本低、效率高、灵活有弹性等优点。因此社会组织既是社会治理的客体，也是社会治理的主体，社会组织的发展程度决定了社会治理效能的高低。

社会组织党建的工作重心，过去主要集中在专业技能较强、社会地位较高等自上而下的组织，因其承担了一部分政府权力部门转移的职能，相对具有垄断和排他属性。但在当前党建与社会组织结构式嵌入的格局下，党和政府在"双向赋权"中发挥和占领着主导作用，引领社会组织的孵化培育、组织管理、政策支持等多重领域的工作。对于社会组织而言，其党建进程也成为不断调适自身与党的关系，不断适应党建新要求和新变化的动态过程。

社会组织行动必须坚持党建的引领，如果在推动社会组织行动过程中一味追求效率容易走上脱缰发展的道路，最终会使其脱离中国共产党的引领。脱离中国共产党的引领，这在任何一种环境中都具有危险性。① 社会组织作为国家治理体系和治理能力现代化的有机组成部分，是社会治理的重要主体和依托。在 2019 年年底暴发的新型冠状病毒性肺炎疫情中，面对这场突如其来的战"疫"，如何科学、规范地开展心理危机干预工作是许多社会组织尤其是社会服务机构所面临的首要问题。此外，在疫情暴发期间，很多基层社会组织活跃在街道、社区，在不同的"战场"为抗击疫情提供专业服务，这是政府与社会组织协同，党建引领与业务建设的合作发力，既是社会力量参与社会治理的一次有效尝试，也是社会组织提高社会治理效能的出色表现。因此，党建引领下的社会组织积极参与社会治理，有利于创新社会治理方式方法，整合社会资源，合理有效地分配资源，将优质的公共产品和公共服务提供给人民群众，使社会矛盾得到积极化解，最终实现社会治理效能的提升。

① 葛亮：《制度环境与社会组织党建的动力机制研究——以 Z 市雪菜饼协会为个案》，载《社会主义研究》2018 年第 1 期，第 104~112 页。

第六章　社会组织参与社会治理的党建嵌入模式与运行机制

作为国家治理体系的细胞和基层单元，社会组织参与社会治理的成效直接关系到国家治理体系与治理能力的发展程度和总体水平。深入探讨社会组织参与社会治理的党建嵌入与运行机制成为提升社会组织参与社会治理效能需要回应的重要问题与议题。

第一节　党建引领社会组织提升社会治理效能的现实需求

改革开放加速推动了中国社会的深刻变革，这一点是毋庸置疑和有目共睹的。可以看出，社会转型不是社会某一领域某一层次的变革，而是极其复杂的整体性社会变迁，既包括经济体制的转型，也包括社会结构的调整和社会形态的变迁。在社会结构的日益分化与社会生活多元化发展的今天，持续的分化和不断加大的利益差距给社会发展带来的负面效应已经显现，在一定程度上，危害到党的执政基础和执政的合法性。因而，社会发展对于社会整合的要求凸显，党建领导社会发展的重要任务就是要顺应时代发展和社会变迁的要求，不断创新社会整合方式、增强社会整合能力，社会治理尤其是以组织为结合形式的社会组织参与社会治理成为党实现社会整合的重要载体和方式。

一、社会治理从“政社关系”到“党社关系”的理论转变

纵观国内外有关社区治理的理论谱系，这些理论总体上纷繁复杂。从对西方国家社区治理的理论梳理可以看出，20 世纪中期以来，西方国家社区治理理论主要有“政府–市场”关系理论、合约失灵理论、公民社会理论、新公共管理、新

公共服务、治理理论和政策网络治理等。这些理论主要聚焦第三部门视角下的社会治理理论，对我国第三部门发展规模较小、能力较弱，以及第三部门与政府关系趋于依附式等情形而言，上述理论在中国情景中的运用存在适切性限制。我国社区治理的主要理论渊源有治理-善治、国家-社会理论、新公共管理、社会资本理论，它们分别成为社会组织参与社会治理生成的理论基础、社会治理模式的划分依据、社会治理机制的操作指引，以及社会治理成效的阐释机制。诸多学者习惯从法团主义的视角研究国家和社会的关系，也有学者借用市民社会理论对此进行深入剖析。

近年来，中国学者结合国家具体实际加强了对社会组织本土性的探究，过去法团主义与市民社会理论的影响力相对下降。这些本土性的理论主要包括利益契合、依附式自主等，避免了西方理论“本本主义”式地运用于中国社会组织分析，相关研究尽管基于中国事实进行了概念创新，但依然没有摆脱国家和社会关系的分析路径。通过对以往有关社会治理的几种主要理论研究不难发现，这些理论为社会治理作出了特定方面的解释，但是上述四个理论基本上没有将中国特色的党组织元素融入既有的分析要素，不仅没有把握当前社区治理的总体转向，而且对基层实践情境也缺乏解释力，可以说，这些理论在运用过程中忽视了中国社会治理最重要的面向。这主要是因为既有理论过度关注国家与社会之间的二元关系，缺乏从总体上对社区治理的价值维度、目标维度、功能维度和行动维度等进行整合性考虑。因此，有必要对主流的国家-社会关系(或者政社关系)范式进行反思性的阐释和评价，并在此基础上提出从党社互构视角分析社区治理的实践机制，以形成党社关系对政社关系研究视域的补充。第一，政社关系：主流社会治理理论。社会治理总体是在国家-社会关系范式下展开的。其中，合作治理论强调的是在原先由政府单一主体进行治理的基础上，倡导多元主体协商、合作与共治，实质上是对原有不平衡的政社关系的进一步拓展。国家与社会之间的张力及其转化，在引介到本土社区治理中仍然具有较强烈的国家-社会张力特征。同时，党的核心引领作用到底如何与社会组织的社会属性相结合，党的核心引领如何在社会治理中发挥有效作用，都是理论上亟待破解的重要命题。第二，党建引领：新型的社区治理范式。国内外政党在本国的地位和功能不尽相同，中国共产党是国家公权力的重要组成部分，对国家和社会关系产生重要影响，进而提出“将政党带进来”这个重要命题，以期将政党作为丰富国家和社会关系的重要方法论。以往有关社区治理的研究普遍忽视了极具中国特色的党建维度。自中国共产党建立以来，在100年的历史发展历程中，其日益成为带领全国各族人民走向社会主义新时代的核心力量。结合历次党中央会议，党建核心引领已成为当前全面深化改革、全面建成小康社会、全面依法治国的关键维度。

因此，在国家治理和社会治理面临新形势、新问题和新挑战的背景下，加强党建与社会治理的联结，既是符合当前时代所需的现实诉求，也是有关社会治理的重大理论突破。然而，党建引领研究不能仅仅局限于党建本身，而是需要更新思路，将党建放入国家发展和治理的宏观维度进行分析，进而正确看待党建的重要角色。正是在这个意义上，我们尝试从党与社会的关系视角来建构一种新的社会组织参与社会治理解释框架。这种关系视角必须从党的历史、社会基础中寻找根本依据，同时，要回到新时期党与人民、党与社会、党与国家现代化的根本关系上进行论证。

从历史-社会的维度来看，只有坚持以社会为本位、以人民为中心的党社关系建构逻辑，才能为执政党获取执政的合法性与正当性资源，这是党在新时代的执政基础得以巩固的必然之举。这种历史和当代经验充分论证了党在社会主义事业中的核心引领地位和作用。在这个意义上，我们认为，党不仅是中国特色社会主义现代化建设的核心领导力量，同时，党要始终保持其群众性、社会性属性才能够真正实现与人民大众的血肉联系。而党的执政基础和政治特性正是要通过群众性、社会性等核心行动理念和实践属性才能有效获得。

在当代中国，“领导-被领导”形态是我们党和社会组织关系的重要表征，我国社会组织和西方第三部门、非营利组织和非政府组织也存在一定差别。中国共产党和社会组织形成的“领导-被领导”关系模式主要表现为两个方面：首先，党为社会组织提供重要的政策依据和方向指引，并通过政府机构加以推动和实施。因此政党和社会组织在关系互动中促进了政党、政府和社会组织三者的良性互动。其次，党的目标与意志增加了社会组织参与社会治理的效能，促进了二者“领导-被领导”关系的健康发展，“党社关系”互动成为社会组织参与社会治理效能提升的重要方式。总的来说，中国共产党对社会组织的目标与意志作用主要通过四种方式：第一，党建嵌入。在社会组织中强化党组织实体影响，积极开展党建工作，将党建目标及意志嵌入社会组织，极大加强了党建与社会组织互动的制度化水平，优化了二者的互动结构。第二，政治吸纳。通过组织与政治资源优势，将社会组织中的人才吸纳至党建和国家治理制度化体系轨道中，进而实现党建目标及意志对社会组织的有效嵌入。第三，购买服务。依托购买服务形式建立与社会组织规范合作和命运与共关系，进而将党建目标及意志有效嵌入社会组织。第四，体制链条。通过垂直分布的党政体制，将党建目标及意志有效嵌入社会组织。应该看到，这种社会组织主要是官办性的社会组织，包括党办社会组织等类型。当前这种地方性的试验逐步增多，主要是党建依托"派生型组织"①将党的目标与意志深度嵌入社会组织现实运作中。依托体制链条、购买服务和政治吸纳等形式将党建目标及意志嵌入社会组织进程当中，扩大了社会组织的互动覆盖面，进而产生了不同样态的"党社关系"。

就中国共产党发展来说，将目标与意志嵌入社会组织是扩大党建覆盖面的客观需求，不过由于社会组织自身发展情况和党建具体嵌入环境的不同，当前的党建嵌入存在强和弱的区别。按嵌入的实际情况，主要包括强嵌入和弱嵌入两种类型。其中，强嵌入意味着党的目标与意志对社会组织的影响较大；弱嵌入意味着党的目标与意志对社会组织的影响相对有限。当然，需要正确认识和理解社会组织的自主性与独立性，自主性表明社会组织能够按照自身意愿和规划行动，独立性展现出社会组织在结构体系中的相对分离性。一般而言，党建目标及意志对社会组织的嵌入会对社会组织自我独立性产生一定影响，进而使社会组织在党建引领下呈现出一定的弱独立形态。不过从"党社关系"的视角来分析，不能将弱自主性和弱独立性进行机械化的对应和匹配，社会组织自主性的强弱并不直接决定党建嵌入社会组织的效用。相反，党建目标及意志对社会组织的弱嵌入会增加社会组织在党建与社会组织关系互动中的自主性。

综上所述，"党社关系"主要考虑到党建嵌入的强弱及社会组织的自主性情况。基于此，社会组织主要包括"弱嵌入-强自主""强嵌入-弱自主""强嵌入-强自主"三大类型。首先，在"强嵌入-弱自主"式社会组织中，党建目标及意志对

① 学者田凯提出："一个组织从名称、章程等公开宣称的形式上毫无疑问应该归为 A 类，但其实际运作方式却与 B 类组织相同或近似，那么我们就可以认为该组织存在着组织外形化现象。"参见田凯：《组织外形化：非协调约束下的组织运作——一个研究中国慈善组织与政府关系的理论框架》，载《社会学研究》2004 年第 4 期，第 64~75 页。

社会组织的嵌入程度较高，社会组织的自主性较低。这种情形的社会组织主要是较为依赖党建资源、自身认同较低的党办社会组织。其次，在“弱嵌入-强自主”式社会组织中，党建目标及意志对社会组织的嵌入程度较低，社会组织的自主性较高。这种情形的社会组织主要是党员人数和自身规模较小、专业优势不太明显、社会影响有限，并且和党建的联系不强的民办社会组织。最后，在“强嵌入-强自主”式社会组织中，党建目标及意志对社会组织的嵌入程度较高，社会组织的自主性较高。这种情形的社会组织的“党社融合”现象较为明显，认同、接受甚至与党建在具有层次的关联性；同时，对党建的依赖程度不高，富有较强的使命与责任担当意识，关注自我发展和业务发展，故此表现出较强的自主性特征。

二、新时代对党建引领社会组织参与社会治理效能提升的新要求

社会组织作为现代社会的社会共同体，为社会组织成员参与政治社会化提供了重要的平台，丰富了社会组织进一步学习和了解党的各项政策方针的途径。社会组织通过加强对党建的理解和认知，增强了社会组织对中国共产党的执政理念和政治主张的认同，扩大了民众积极参与社会事务的范围。党建引领社会组织参与社会治理通过党建方针政策的实施及党组织作用，传播了党的政治价值、政治理念和重要思想，进一步增加了党建在社会组织中的影响力，进一步推动了社会组织参与社会治理的行动自觉，有助于进一步增强我们党对社会组织的领导力。要实现党的全面领导，需要强化党建对社会组织的引领，并对党建作用于社会组织的职责进行确定。在政治导向方面，党建引领社会组织参与社会治理侧重对我们党的路线和各项方针政策的传播，使社会组织全面理解和把握党组织重大思想和指示精神，避免对党建思想的片面认知或困惑，加强社会组织参与社会治理的效用。在这个过程中，社会组织在参与社会治理中践行党建思想和要求，并积极向党组织反映自身发展需求，促进党建与社会组织的协同并进，进而最大程度提升社会组织参与社会治理的效能。

社会组织在国家治理中扮演着重要角色，不过一些社会组织的管理规范性相对不足，产生了一些消极影响。党建引领社会组织参与社会治理可以促进社会组织发展，社会组织参与社会治理能够在党建引领下更好地把握人民群众的实际需

求与思想状况，消解各类矛盾，为社会组织参与社会治理营造良好的氛围。党建引领社会组织注重加强对社会组织遵守规章制度的监督与积极引导，推动社会组织主动融入社会治理进程，有效解决各类社会问题和矛盾，正确处理社会组织参与社会治理的机遇和挑战，进而通过党建引领确保社会组织在社会治理中方向的正确性。同时，加强群团组织建设是党建工作的重要组成部分，党建引领社会组织参与社会治理要求加强自身建设并处理好与群团组织的关系。党建通过对社会组织的引领，强化工会等群团组织的党建工作，将共青团、工会等群团组织纳入党建引领社会组织参与社会治理的“大棋局”中，进一步促进党建组织力作用的发挥。

党建引领社会组织参与社会治理要发挥群团组织作用，依托社会组织促进统战工作开展。社会组织是密切党建联系社会、巩固党的执政基础的重要力量，在党建引领下加强群团组织建设可以进一步增强社会组织参与社会治理的效能。重视群团组织是我们党长期以来统一战线工作的重要经验。在推进社会组织参与统战活动进程中，有必要充分利用群团组织在国家治理中的身份和功能，为党建引领社会组织提供坚强保障，加强社会组织对党建的向心力，增强党建统战工作在社会组织参与社会治理中的效用，进而进一步夯实党的执政基础。当前在新时代历史阶段，中国共产党需要加强与社会组织等力量的联系，共同为实现中华民族的伟大复兴凝心聚力。新时代对党建引领社会组织提升社会治理效能提出了更高期待，党的十九大呼吁加强社会组织建设，进一步提升了社会组织在国家治理中的重要性。

党建引领社会组织是在党的坚强领导下，形成多主体积极融入社会组织参与社会治理的样态，不断丰富社会组织参与社会治理的资源和制度形式，探索党建引领下多元共治的社会治理格局。党建引领下的社会组织将具体行动纳入国家治理发展布局中，科学统筹和规划。社会组织的稳定运行，对党建活动推进具有重要意义，是党建活动的重要目标考量。在党建引领和社会组织自主性中明确自身职责和工作边界①的前提下，主动摸索党建引领社会组织的经验和做法，在服务社会组织发展中发挥引领作用，增强社会组织服务能力和管理能力。党建引领社会组织还需要依托党建在资源和组织等领域的显著优势，增强社会组织参与社会

① 《关于加强社会组织党的建设工作的意见(试行)》，载《人民日报》2015 年 9 月 29 日。

治理的创新性和能动性，为党建发展和社会组织自我发展提供动力。要推动党建引领社会组织的有效运行，就需要在党建引领下关注社会组织自身的发展，统筹党建和社会组织关系，发挥各自比较优势，推动二者的有效融合和共同发展。党建引领社会组织要根据党建相关制度规约，结合社会组织自身特性，明确党组织和社会组织各自的职责和边界。一是加大对社会组织制度与政策上的扶持力度，二是依托党建优势充分发挥党员的先锋作用。宏观和微观层面的叠加协同助力社会组织参与社会治理。

从实质上而言，社会组织是党与政府作用社会的重要媒介和扩展。随着政府职能的不断变化及社会治理创新度的不断增加，部分政府社会化功能逐步增加，部分事务需要由社会组织参与治理。由于社会组织在解决社会问题和提供社会服务中扮演着重要角色，社会组织成为党和政府参与社会治理的重要补充。党建引领社会组织参与社会治理对党建发展和社会组织发展进行了衔接，充分激活了社会组织参与社会治理的活力，增加了社会组织参与社会治理的主体意识，促进了党建引领下社会主义协商民主与社会治理的关系互动，提升了社会组织参与社会治理的民主协商范围和制度化程度，实现了党内外民主和治理的积极、稳健发展。

三、社会治理能力现代化对党建引领的新诉求

对社会良性发展予以领导的过程中，中国共产党必须要对自己和社会组织两个主体的合作共赢发展模式予以深入的考量。这种考量要求党首先站在政党发展与组织学的角度看，明确党的性质与优势、结构特征；其次要站在社会建设的角度看，明确社会组织发展对党的执政价值；最后要从作用发挥的角度看，明确社会组织的自身目标与价值以及党对社会组织发展的目标期待。

第一，坚持软控制，优化硬控制原则。从社会学的角度看，控制特指社会控制。从狭义的层面上理解社会控制，有控制偏离行为以及越轨行为的意思。社会控制主要分为硬控制和软控制。政权、法律、纪律是一种强制性控制，属于硬控制范畴；社会风俗、道德、信仰和信念等传导社会舆论压力、思想与心理动力、压力，是一种非强制性控制，属于软控制范畴。中国共产党应优化对社会组织的硬控制。中国共产党控制社会组织是为了防止社会组织发展偏离党所设定的方向

与目标，危及党的领导。从宏观看，社会组织不能偏离党的路线方针政策，要受党的意识形态约束。从微观看，社会组织不应存在对抗政权的观念与行为，要受相关党政组织及其领导干部约束与指示。硬控制的形式主要有三种，分别为权力控制、法律控制以及关系转化。对于中国共产党来讲，其所采取的主要硬控制方式就是权力控制以及关系转化的模式。中国共产党党务系统出台的许多政治性或政策性文件往往比相关的法律法规更具有约束作用，但是往往具有松散性和不确定性。同时这种政策文件赋予了国家和地方管理机构更大的自由裁量权，而且往往与政治动态紧紧相连，使地方社团的发展时时面临诸多政治方面的不确定性。① 法律控制较为薄弱还有许多表现：社会组织的相关法律不健全、执法缺位、执法机构力量分散等。

在当前经济全球化与信息、利益、文化多元化下，中国共产党完全通过硬控制的方式对待社会组织已经不太现实。即使党不惜成本实现了对部分社会组织的硬控制，但既会加重党的行政属性，又会加重社会组织的依附性、行政化，结果变成“零和游戏”。各级党委与基层党组织，应该优化其硬控制，完善法律，形成民主、协商与合作的理念与行为。在硬控制思路下，“服从”成为党“领导”社会组织的目的。但领导不是控制，控制是服务社会建设的手段。当前中国共产党的社会组织工作是协商式威权主义，协商威权这一治理社会的模式是新规范的来源。当前地方党委的社会组织管理的探索，以“控制”为主导，以领导政府为途径，培育与服务意识的措施不够。优化硬控制，强化软控制——中国共产党要更灵活地运用社会心理学以及对话、劝说、恳谈和干预等方式的控制，减少硬性资源去处理社会组织的行为活动，更少地使用强制、指示。这就意味着在中国共产党领导社会组织上，一方面，党员干部与党政机构要弱化权力控制，避免转化为上下级关系，要主动参与社会组织发展，注重从立法的层面完善建设工作；另一方面，中国共产党要强化社会组织对整个社会的认同感，从舆论引导和监督方面推进社会组织向前发展，通过党的路线方针政策的科学性时代性、民众与媒体舆论、思想政治工作、党员干部先锋作用于党的组织服务等软力量来领导社会组织的发展。

---

① 谈志林：《走向公民社会：地方社团发展的制度分——以北京市、温州市、哈尔滨市社团为例》，中国社会出版社 2010 年版，第 105 页。

第二，坚持社会化、服务化原则。社会化意味着平等、开放、互动，意味着政党在国家与社会之间的绝对位置离社会更近。“社会化领导”指的是在无行政权力可依托的前提下，中国共产党充分发挥党员的先锋模范作用，依托基层党组织实体，整合各类社会组织，完成党的目标。美国学者罗斯等善于通过社会意识的角度剖析社会化问题，强调其在集体行动中展现意志与能力的群属感。党建发展也是社会需求的产物，其革命胜利的主要原因是党员干部与党的组织融入了社会，党的意识形态与行动成功地动员了社会，获得了社会认同与支持。那时中国共产党的决策并不单单是基于政纲作出的，而是对民众要求予以及时回应，是根据政治地域特点以及社会结构进行调整，在这样的调整与适应下，它才赢得了来自农民的支持，并且取得了革命的胜利。有学者总结到，“中国共产党是由各种历史行为体构成的。除了党员身份外，也有其他身份认同在影响其行为。并非所有人都是共产主义机器上的螺丝钉，他们也是社会的成员，具有家庭和社会的联系，具有个人的生活和欲望，具有不同的社会背景、教育背景以及国家、种族和地区认同，他们深嵌于地方网络。更重要的是，共产党在不同层次之间的关系并不是一种简单的对党中央机械服从的关系。党不过是一个历史、文化的建构而已，它的成功并不仅仅是组织和纪律的成果，也是村落积极分子、区一级的推动者、县一级的实施者和中央、边区的战略家之间的复杂互动的成果。[①] 服务化来源于社会化。政党是控制政权的社会之手，进一步说，政党控制政权是为其所代表的阶级或阶层服务的。中国共产党领导社会组织，应在服务中实现领导。从组织结构与功能看，当前是政党控制政权的组织部分过于发达，其服务社会的组织部分过于弱小。党的基层组织就要从行政执行功能转向服务功能，实现服务方式与途径的多样化：政策服务与立法服务、宏观服务与微观服务、间接服务与直接服务、机构服务与个体服务、精神关怀与物质帮扶等共同推进。

第三，坚持多样化、多元化原则。多样化来源于社会结构的复杂化与多样化。当前由于市场经济的推动，资源流动方式、就业方式、分配方式、组织形式的多样化，导致利益主体多样化、利益诉求多样化、利益解决复杂化。与此相适应，社会领域的思想观念与行为方式多样化不可避免。当前社会组织种类多，每

① 张效芳：《革命与动员建构“共意”的视角》，社会科学文献出版 2011 年版，第 11~12 页。

个组织的成员、运作、活动、项目等方面的差异很大。社会组织体现的文化价值先天具有多样性与差异性。它们绝大部分不谋取政治权力，也很少介入政治权力的争斗。也有部分社会组织代表社会中的弱势群体和政府展开对话，尝试挑战当前不公平的社会关系，为政府政策的改善发挥助推力，对企业的相关不当行为予以约束，将社会的问责期望很好地体现和表达出来。与中国共产党相比，很多社会组织在结构上相对而言较为松散，无论是纪律性，还是组织性都不是特别严格，在服务的范围以及项目方面也比较有限，不过它们的灵活性比较高，能够更大范围地对社会不同的利益诉求予以反映，进行体现。一是从社会组织发展本性来说，其在组织目标和运作上体现自由，不受制于外力，向何处发展、如何发展更多体现为内在推动力。社会组织文化也是如此，公民既有参与社会组织的自由，也有不参加社会组织的自由；有参与这种社会组织的自由，也有参与那种社会组织的自由，等等。二是从社会组织成员的内在需求看，其组织运作与成员相处要体现平等价值观。成员之间是平等的，人人都有发言权，人人都可提供创意。义务的平等带来权利的对等，虽然有创始人、主席等的划分，不过和权利相比，义务更多，和索取相比，服务更多。虽然也存在普通会员和核心会员这样的差别，不过差别的主要体现也在于担负义务的多少以及参与活动的情况。平等，意味着平等参与；民主决策，用民主机制解决组织事宜。三是从社会组织的成员来源、活动方式、价值取向、目标构建等来看，多元化是其客观存在的。首先社会组织成员、会员身份是多元的。当前成员的职业分化是必然的，有的是新社会阶层，有的是党政机关、国企事业单位职工，还有的是大学生、自由职业者等。其次，目标多元化。社会组织的目标往往直接反映社会需求，有的是满足自身兴趣爱好，有的是服务社会及他人、群体，有的是追求组织影响力，追求市场利益，而有的仅仅追求成员交流。四是草根型社会组织或自组织是社会多样群体、多种职业、多类资源的汇聚，再加上自由的结社、自由的表达，其运作充满了自由创意。除了公益作为社会组织主流共享的价值外，新兴的社会组织与传统的官办或半官办社会组织相比，其自身具有共性价值需要党组织加以吸收、提炼和凝聚。但是党组织与社会组织的成员在年龄、背景和价值取向方面有很大的不同，这就造成即便是相同的对话，他们的理解可能也不一样。伴随专业分工的深化，组织成员不同，技术用语可能就不一样。党组织与社会组织存在着规则差异，不同的规则导致不同的行为。当前党组织提供的政治化语言、服务、产品、活动、理念、组织形式等很难吸引青年及社会组织。党组织及其干部要学会使用社会组织的语言，理解社会组织的文化，这是中国共产党领导社会组织良性发展的前提条件。行政管制、单纯党建与资源支持已经不能解决政党有效领导社会组织发展的问题。党组织需要从态度上重视，从行动上直接介入社会领域，对不同社会组织之间的竞争直接予以面对，对不同社会组织所对应的不同利益予以直面衡量，努力追求在民众与社会组织中最具有凝聚力和影响力的目标。

第四，坚持党自身的优化原则。国家治理的现代化，包括党的执政能力的提升，中国共产党领导社会组织良性发展，客观上也促进了中国共产党的组织建设与工作理念发生变化，提升了自身的执政能力。中国共产党必须实现自身的功能科学化，即明晰共有功能与差异功能，实现功能差异的精细化表述与实践。不同层级的党组织，不同领域的党组织，既有相同的功能，也存在不同的职能。中国共产党必须改革自身组织结构，创新信息沟通与交往模式。在每一发展阶段，组织都要针对自己的结构作出具体的决策，比如组织结构应该是什么样的、信息如何流动、什么样的结构需要被废除、什么样的结构需要被改造。① 中国共产党引领社会组织，首先要工作理念开放，方式得当，社会组织都可以团结在党的周围。从当前基层党建的探索看，区域化党建是一种结构开放的实践探索，需要深化研究与试点推广。

从结构上看，一是建立“大党委制”，打破横向较为封闭同时各自为政的模式，组建起党组领导下的、对驻区内的党政部门、企事业单位、新社会组织单位等负责人积极参加的在横向层面上互相联系的领导体制模式。二是党组织结构设置的社会化。依托诸多的社会领域（比如市场和楼宇大厦，再比如新兴社区等），以靠建、派建及联合建这样的形式，在横向层面上建立起彼此联系的党组织，在居住楼栋基础上进行党组织的建设。对此，中国共产党各级党委的工作方式，就需要从依赖行政权力为主，转向依靠协商、榜样、互助等非权力形式为主。在党组织活动的载体上，从依靠行政组织到依靠积极分子与各类社会组织为主。在党群队伍建设上，要从传统体制下党员群众的行政安排，转向

① Doris A. Graber：《沟通的力——公共组织信息管理》，复旦大学出版社 2007 年版，第 82 页。

社会招聘，进行劳动合同管理，构建起专职的工作队伍，以更广的视野从社会中吸纳人才。

从中国共产党与登记在册的社会组织的联系来看，地方各级党委与社会组织形成了一种科层式的组织结构，二者的联系是间接的，即各级党委主要是通过业务主管部门与登记管理部门两条行政渠道来开展党的社会组织工作，同时以基层党组织为中介的党内通道。按照民政部公布的统计数据，从当前社会组织党建的组织覆盖看，截至 2013 年年底，我国注册的社会组织总数量超过了 54 万个，进行了党组建设的社会组织数量就有 8.3 万多个。① 但是社会组织里的基层组织面临着两大困境：一是如何在社会组织发展中起到实质性作用；二是缺乏多管道的下情上达以及缺乏起到约束行政性党组织作用的党内民主制度。各级党委与社会组织主要是政策性联系与行政指导，二者缺乏实质性接触、互动。

第二节　社会组织参与社会治理的党建嵌入模式

根据社会组织参与社会治理的党建嵌入实践，本书试图从组织嵌入、资源嵌入和制度嵌入三个角度深入剖析社会组织参与社会治理党建嵌入的过程和事实。

一、社会组织参与社会治理的党建组织嵌入：构建主体意识

党建组织嵌入坚持和加强党的领导，对进一步夯实党的执政根基具有关键意义，增强社会组织参与社会治理的主体意识。

第一，党建的主体嵌入。组织是具体行为体参与社会治理的外在表现，党组织嵌入社会组织真正实现了党建对社会组织参与社会治理的引领，形式化或悬浮化的党组织难以为社会组织参与社会治理带来实效。有组织的权力能够渗透社会以及汲取或调动物资和人力来达到不同的目标，例如征税、征兵、福利和发展。② 可以说，对社会组织而言，党建的主体嵌入增加了社会组织的归属感和积极性，在很大程度上决定着社会组织参与社会治理的路径依赖和方式方向，

---

① 中国社会组织年鉴编委会编：《中国社会组织年鉴 2014》，中国社会出版社 2014 年版，第 652~665 页。

② ［澳］琳达·维斯、约翰·M. 霍布森：《国家与经济发展——一个比较及历史性的分析》，黄兆辉、廖志强译，吉林出版集团有限责任公司 2009 年版，第 188 页。

决定着社会组织能否真正解决新时代社会治理不平衡不充分的问题和主要矛盾。在党建的主体嵌入中，一是通过调控等方式积极引导和支持社会组织参与社会治理，实现党建主动性和社会组织受动性的衔接，激发社会组织参与社会治理实践的动能。中国建立了省市县等不同层级的建制性组织分布，依托党建可以为社会组织提供多层次的教育、医疗、劳动力、土地等要素和公共服务的组织支持。二是发展和夯实社会组织的党组织和党员基础，确保党组织和党员在社会组织参与社会治理中扮演主体角色，使党建有效嵌入社会组织当中并供给组织保障。依托社会组织中党员积极参与的能动性，扮演党建、政府和社会的桥梁角色，通过统筹安排有序推动社会组织的组织化利益表达、空间营造和平台搭建，实现党建与社会组织在组织上的“聚合”。三是积极引导和激励多主体参与社会组织参与社会治理的架构。积极推动社会组织服务中心公益志愿服务队、社会工作志愿服务队等组织队伍融入社会组织工作可以高效推进社会组织工作，通过激励措施激发居民加入社会组织的热情，完善社会组织组织架构，加强不同组织的主体意识，进一步提升社会组织参与社会治理的活跃度。这样，党建主体嵌入社会组织解决了单靠社会组织难以解决的诸多问题，党建自上而下地嵌入社会组织扩大了社会组织参与社会治理的覆盖面，丰富了社会组织参与社会治理的运行样态。广东省佛山市建立了“1+N+X”的党建架构，在坚强党组织的引领下，建立N个范围内党组织和X个范围外党组织和社会组织的联结网络，依托党建嵌入加强社会组织的动员和整合能力，成为新时代党建引领社会组织提升社会治理效能的典范。

第二，党建的理念嵌入。理念是社会组织参与社会治理的起点和“柔性力量”，社会组织参与社会治理的各个环节都需遵循理念的存在、思维和价值，可以说理念在很大程度上决定着社会治理的高度和效用。理念如何为公共利益服务，并取得更大成效长期以来都是政治家和社会学家们共同关注的话题。事实上，党建理念导入与社会组织参与社会治理是密切联系的，是社会组织在社会治理中的运行、管理和运作的中坚力量。对社会组织参与社会治理而言，党建理念作用具有艰巨性、紧迫性和必要性。在党建引领下，依托有吸引力的党建活动加强社会组织参与社会治理的组织观念与党纪意识，为社会组织参与社会治理的程序和行动提供动力。在过去无党建的社会形态下，社会组织的动员力和组织力较弱，社会组织参与社会治理的效能较低。持续推进理论强党，不断发挥党的先进作用，可谓是中国共产党的显著特点，也是党的建设的基本经验。① 随着党建“方向盘”的号召和引领，社会组织在理念上有了理论方向的指导、战略思路和根本遵循，有利于激发社会组织的活力和战斗力，促进社会组织健康发展。新时代党建理念日益焕发出蓬勃生机，一是党建理念嵌入社会组织彰显了社会主义制度的优越性，通过党建推动价值规范和社会文化传统理念融入社会组织参与社会治理进程中舒缓社会张力，避免了社会组织社会治理的碎片化和离散化，增强了社会组织参与社会治理的和谐度；二是党建理念嵌入社会组织，有利于增强社会组织对党建的情感和认同，通过双方“共同体”作用协同参与社会治理。在党建嵌入社会组织过程中，党建理念普遍得到社会组织的支持和认可并在社会组织中积极渗透、嵌入和引导，社会组织中的党建因素成为社会组织社会治理活力新的增长点，用党建理念协助解决社会治理困境具备现实可行性，使社会组织在潜移默化过程中快速成长。四川省内江市建立“党建引领+组织建设”模式，加强网络党组织的理念嵌入，形成了党的政治功能和服务功能与社会治理参与社会治理的对接。

综而观之，党建的组织嵌入有利于社会组织更好地扮演自身角色，促进社会组织治理体系功能化和主体意识，增强社会组织参与社会治理的效能。党建的主体嵌入和理念嵌入可以更好地吸纳和汇聚社会组织精英，夯实社会组织共同行动的主体责任和思想基石，增加社会组织的组织化程度。可以说，党建的组织嵌入为社会组织面对社会治理中挑战与矛盾和日常运行提供了支撑，具有根本与长期意义。诸多地区积极践行党建组织嵌入，建立“两个覆盖”及“三个同步”等党建新模式，实现了社会组织的有效治理与善治。北京市朝阳区在党建与基层社会建立了区级民主协商会、党政群共商共治会等协商平台，便于党组织更真实地了解社会组织的民意，丰富了党建和社会组织的沟通渠道，有利于党组织更好地解决基层治理的问题和矛盾，增加了社会组织参与社会治理的效能。

二、社会组织参与社会治理的党建资源嵌入：强化内在联系

党建资源嵌入强化了社会组织参与社会治理的内在联系和认同，成为整合内

① 刘红凛：《改革开放以来党内主题教育的发展轨迹、基本经验与基本启示》，载《思想理论教育》2019 年第 9 期，第 74 页。

外部资源的重要载体。资源是社会组织参与社会治理的重要指标，缺乏资源配置的社会组织是难以有效参与社会治理的。在现实社会层面，社会组织力量相对薄弱，在基础设施建设、交通运输和公共服务等领域的资源相对欠缺，与社会组织在社会治理中发挥更大效用的要求和愿望相比，仍存在较大的差距。特别是新时代社会问题日益呈现出精细化、多样化和复杂化的态势，社会困境的不断凸显，社会组织参与、关注和获得的社会资源存在限度，这需要在社会组织参与社会治理进程中嵌入党建资源。

社会组织参与社会治理的党建资源嵌入为社会组织参与社会治理的利益聚合提供了条件和动力，增加了社会组织参与社会治理的内在关系和价值认同。在党建资源嵌入下，社会组织增加了服务大局意识，坚定了为人民服务的价值目标，积极参与社会治理事务。依托强大的合法性和公信力禀赋，党建为社会组织提供和共享市场信息、公益活动等资源，增加了社会组织参与社会治理的经费支持和社会资源，扩展了社会组织参与社会治理的资源福利，扩宽了社会组织的资源范围。应该说，党建资源内涵极为丰富，包括政策支持、关系搭建等多个方面。党建可依托活动载体分配大量的时间和精力展开调研，了解社会实情和社会组织参与社会治理的资源之困，将资源向社会组织倾斜，着力解决社会组织参与社会治理急需的资源治理难题、体制约束等突出问题，进而提升社会组织服务群众和社会的水平、能力和竞争力。一是发挥党建的政治动员、服务能力和平台优势，拓宽社会组织参与社会治理的视野，增强其管理能力。长期以来财政等公共产品对社会组织参与社会治理形成阻滞，党建嵌入可以建立社会组织参与社会治理的激励补偿机制、公共财政机制、扶持资金机制、荣誉表彰机制等为社会组织参与社会治理打通财政政策等资源难关。二是充分发挥党建的政策功能，对社会组织参与社会治理投入更有针对性的、力度更大的政策支持。特别是当市场失灵时，党建依托调控职能为社会组织提供政策倾斜，建立健全党建对社会组织的政策扶持机制，通过政策资源有序流动为社会组织参与社会治理带来资源能量。三是充分发挥党建的主观能动性和正面指引作用，充实社会组织参与社会治理的方法、工作思路，实现政社联动，深化社会组织参与社会治理的整体性治理。加强对社会组织党员队伍的培训，提升社会组织党员服务社会的能力素质与思想意识。党建对社会组织的资源融入实现了党建和社会组织的资源整合，促进了党建和社会组织的彼此协调、资源共享和共识，增加了党建引领社会组织的内在关系和价值认同。如党员志愿者和骨干积极参与社会组织，通过党建资源提升社会组织解决社会问题的能力。

由此可见，党建嵌入社会组织将党建大量资源赋予社会组织，推动了社会组织参与社会治理进程，提高了社会组织社会治理的质量。党建在经济资源和物质资源等资源体系中居于主导地位，在资源获取、资源共享、资源监督等领域拥有重要的话语权。同时，党建自身可为社会组织提供丰富的信息交流和分享资源，持续为社会组织供给宣传、咨询和法律等信息，促进党建和社会组织建立战略性合作、彼此信任和相互支持的关系网络，完善了社会组织参与社会治理的平台和空间。通过党建嵌入社会组织，社会组织社会治理获得合理选择和开放、利用资源的“优势”，使社会组织在社会资源配置和治理中获得更便捷的信息收集、反馈渠道和更大的“收益”，使社会组织参与社会治理的范围得到延伸。如山东省滨州市滨城区市东街道勇于创新，积极探索党建引领下提升社会组织参与社会治理资源的有效途径，将街道丰富的心理、营养、卫生、健身和医疗等资源输送至社会组织，为社会治理提供了更具吸引力和精细化的服务，极大提升了社会组织参与社会治理的效能。近些年，各级党委加强顶层设计，为提升社会组织社会治理效能出谋划策。2020 年 1 月，根据《浙江省人民政府办公厅关于做好行政规范性文件政策解读工作的通知》，浙江省民政厅对《关于加强社会工作专业人才队伍建设加快推进社会工作发展的意见》政策进行了解读，指出：“深入推进社区、社会组织、社会工作‘三社联动’，在社会治理和社会服务中更好发挥专业作用。”①党建资源嵌入为社会组织作用的发挥提供了外部支持和不竭动力。

三、社会组织参与社会治理的党建制度嵌入：塑造共同行动

党建制度嵌入增加了社会组织参与社会治理的共同体意识，强化了社会组织参与社会治理的共同行动能力，增加了社会组织参与社会治理的秩序性、稳定性

① 《〈关于加强社会工作专业人才队伍建设加快推进社会工作发展的意见〉政策解读》，载浙江省人民政府网站，http：//www. zj. gov. cn/art/2020/1/8/art_1582514_41556477. html，访问日期：2021 年 10 月 14 日。

与一致性。党建制度嵌入拓宽了社会组织参与社会治理的制度空间，依托制度引导社会组织积极参与社会治理。党建嵌入社会组织使二者相互形塑并形成共商共建共享的制度体系，使社会组织参与社会治理走向常规化，并让社会组织持续优化社会治理结构和效能。因此，制度嵌入是党建结构性嵌入社会组织参与社会治理效能的重要节点和组成部分。党建的制度支撑与社会治理不同层次功能相互协调、程序互补、协调互动，拓展了社会组织参与社会治理的制度视角。党建的制度支撑解决了诸多社会组织参与社会治理的问题，如社会组织如何高效地参与社会治理，这些问题的回答必须考虑制度的影响。党建制度嵌入社会组织就是将党建中的制度禀赋创造性地融入社会组织的社会治理过程中。

首先，加强制度规范机制建设。借助党建制度嵌入优势，社会组织可以更好地把握社会治理的动态。一是党建制度嵌入将党的先进理论、重大政策应用到社会组织参与社会治理过程中，丰富了社会组织参与社会治理的方法与形式。二是党建制度嵌入为社会组织提供了丰富的、稳定的项目服务，党建还时常通过各种制度渠道购买社会组织服务，党建制度的嵌入将进一步加强社会组织的制度建设，有利于增强社会组织参与社会治理的创新性和可持续性，降低社会组织参与社会治理的成本，使社会组织真正做到有效运转。三是党建制度嵌入增加了社会组织参与社会治理的规范性。党建根据社会组织党员具体表现，在管理和考核中增设优秀、合格和不合格党员类型，在社会性激励与行政性激励下激活社会组织参与社会治理的活力，更好地履行社会组织参与社会治理的职责与使命，让社会组织根据党建制度安排加强参与社会治理的服务意识。同时，党建制度嵌入实现了对社会组织“权力”的监督，完善了社会组织参与社会治理的考评系统。除了积极推动社会组织参与社会治理，党建嵌入社会组织还需要在制度约束和法律约束上积极尝试，规范并积极引领社会组织参与社会治理的行为。如党建与社会组织的联合督查制度、监测研判制度和分派督查制度等制度形式可以实现对社会组织参与社会治理的制度监督和制度约束，最大程度降低社会组织参与社会治理的“随意性”和试错成本，使社会组织在更好的风清气正的社会环境中提升社会治理效能。

其次，形成共同行动合力。党建制度嵌入增加了社会组织参与社会治理的凝聚力，共同为社会组织参与社会治理贡献智慧和力量。依托党建制度平台，社会组织解决社会现实问题的能力进一步提高。在党建的积极宣传和动员下，民政部等部门积极关注社会组织参与社会治理需求，持续在政策和制度规定上向社会组织倾斜，分解社会组织参与社会治理的任务，为社会组织参与社会治理提供了制度保障和能力机理，加快了社会组织参与社会治理的制度化建构进程。党建嵌入社会组织可以提升社会组织关于选举办法与章程的制度化水平，实现对社会组织参与行为的规范化，使社会组织参与社会治理形成稳定机制并在实践运作中有序推进。2015 年 9 月，中共中央办公厅印发了《关于加强社会组织党的建设工作的意见(试行)》，确定了党对社会组织的领导地位，保证了社会中介组织、基金会、民办非企业单位等社会组织参与社会治理中的政治方向正确，对社会组织参与社会治理的健康发展至关重要。近些年，中国各地也加强了党建制度嵌入社会组织参与社会治理的实践，如成立社会组织党群活动服务中心，使社会组织更好地扮演党组织和民众桥梁的角色，更好地化解社会矛盾和分歧，增加社会组织共同参与社会治理行动的效率。

总的来说，党建制度嵌入社会组织有利于社会组织更好地利用优质的党建沟通渠道和环境参与决策、制定任务、履行社会组织的监督权和参与权等“权利”，更好地解决社会突发事件与复杂性事务，更好地实现社会组织参与社会治理的既定目标。离开了党建制度嵌入，社会组织的市场持续竞争力优势和参与社会治理的效能将会大打折扣。尤其是在当前人工智能、大数据、物联网快速发展及农村等地差序格局的社会治理态势下，制度正推动着社会变革，制度在社会组织参与社会治理中的地位不断攀升，任何政策和行为都需要在特定制度下运行。只有社会组织制度健全，社会组织行动才具有科学的方法和可操作性，社会组织的社会治理效率才会得到提升。党建引领下的制度嵌入为社会组织参与社会治理提供了外部推力，形成了社会组织参与社会治理新格局。以十堰市为例，十堰市高度重视社会组织党建工作，积极组织社会组织党组织书记培训，号召社会组织党支部召开党员活动和对《监察法》等知识的学习，使社会组织在管理、文化制度运作下有序参与社会治理，以务实举措破解了社会组织参与社会治理的制度困境。温州市通过党建引领加强社会组织制度化建设，使社会组织日益发达和健全，政社关系极其融洽，成为社会治理改革的先行区。一方面，温州市党组织坚持互惠合作制度模式，贯彻“有所为、有所不为”的原则，培育、支持和规范社会组织健康发展；另一方面，党组织不断健全法制体系，加强对社会组织参与治理的监督管理，积极构建政社合作平台，不断创新政社合作治理方式。①

由此可见，党建与社会组织本是相互独立的，但是党建嵌入社会组织后便产生了更大效能。党建嵌入为社会组织参与社会治理进行了统筹安排并提供了充足的动能，社会组织参与社会治理的党建嵌入形成了网络关系，极大提升了社会组织参与社会治理的效能。党建的适度结构嵌入在社会组织参与社会治理中发挥了推动或调节功能，避免了对社会组织的硬性嵌入或强嵌入，大大增强了社会组织参与社会治理的效能。这其中，党建是治理的核心主体和政治领导核心，党建通过组织、资源和制度三维结构性嵌入模式激发了社会组织参与社会治理的潜能，增强了已有社会组织参与社会治理的生命力，增加了社会组织参与社会治理的身份认同、集体意识和共同行动可能性，使新时代社会组织可以更为灵活、高效地应对社会治理变化。在党建引领下、积极互动、积极变迁下，党建的组织嵌入、资源嵌入和制度嵌入与社会组织交互，共同助力社会组织参与社会治理效能的总体结构性互动网络体系模式见图 6-1。

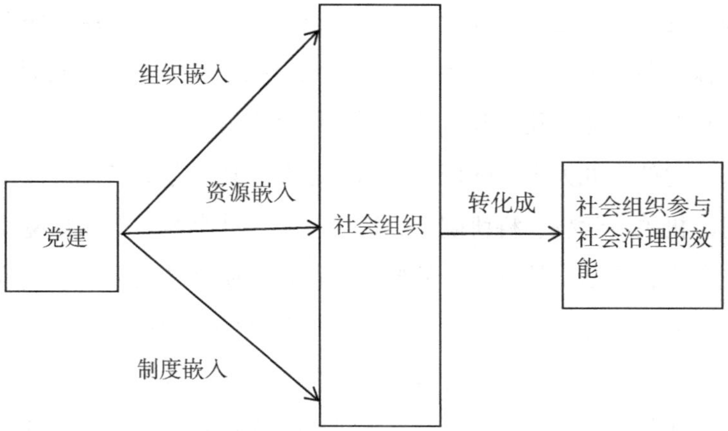

图 6-1　社会组织参与社会治理的党建嵌入分析框架

① 倪永贵：《政府与社会组织合作治理模式创新趋向研究——以温州市为例》，载《北京交通大学学报(社会科学版)》2019 年第 4 期，第 65~66 页。

第三节　党建引领社会组织提升社会治理效能的运行机制

传统社会组织参与社会治理的运行机制依然发挥着一定功能，但必须面对的现实是，新时代社会组织参与社会治理效能需要党建嵌入。新时代社会组织参与社会治理的效能，需在党建引领下构建一套高效、灵活和协调的运行机制，确保党建嵌入社会组织各要素的互动过程、联系方式和运行机理的有序推进。新时代党建引领社会组织提升社会治理效能的运行机制主要包括组织领导机制、参与动能机制、监督评价机制以及制度保障机制。

一、党建引领社会组织提升社会治理效能的组织领导机制

组织领导机制是党建引领社会组织提升社会治理效能的基础条件。社会组织参与社会治理要发挥党建引领政治功能，依托组织领导机制加强对社会组织参与社会治理的有效引领。

首先，着力发挥党建的政治领导功能，强化党组织对社会组织参与社会治理的政治引领。党组织要把党的理论、方针政策正确运用到社会组织参与社会治理实践中，确保社会组织参与社会治理行动与党组织在政治方向和发展道路上同向同行。经过长期的革命、建设和改革，强大的组织力已成为中国共产党的生命力和独特优势。党的十九大报告强调："要以提升组织力为重点突出政治功能，把企业、农村、机关、学校、科研院所、街道社区、社会组织等基层党组织建设成为宣传党的主张、贯彻党的决定、领导基层治理、团结动员群众、推动改革发展的坚强战斗堡垒。"①组织力是一种在互动中产生的"关系力"，体现的是作为主体的政党对于外部环境或者政党自身各个构成部分的作用或影响程度，是政党能动性的体现。② 中华人民共和国成立后，特别是改革开放以来，中国社会和经济面貌发生了翻天覆地的变化，但与此同时在社会层面出现了诚信缺失、社会结构失

① 习近平：《决胜全面建成小康社会　夺取新时代中国特色社会主义伟大胜利——在中国共产党第十九次全国代表大会上的报告》，载新华网，http：//www. xinhuanet. com//politics/19cpcnc/2017-10/27/c_1121867529. htm，访问日期：2021 年 7 月 29 日。

② 赵大朋、简皎洁：《论新时代基层党组织组织力的内涵与建设路径》，载《社会主义研究》2019 年第 5 期，第 121 页。

衡、分配不公等现实问题。同时，在中国城市，社会治理问题突出表现在社区治理层面。因此要破除社会组织参与社会治理的困境，需在城市等不同区域通过吸纳成员、增加覆盖率等方式加强党建对社会组织参与社会治理的组织领导作用，进而实现党建积极引领社会组织参与社会治理。可以说，增强党组织政治功能既是彰显国家机关政治属性的前提条件，也是进一步发挥群团组织和其他社会组织政治作用的现实基础。① 在社会组织参与社会治理的过程中要利用好党组织的政治优势进一步坚定社会组织的政治方向和政治立场，规避社会组织的软弱涣散现象，推动党组织的各项方针政策部署和社会组织理性“诉求”的有效衔接，以达到党组织建设和社会组织的社会治理的统筹和协调效果。

其次，通过思想导引加强与社会组织的联系，提高社会组织参与社会治理的针对性。依托党组织教育、管理和服务引领社会组织参与社会治理，增强社会组织参与社会治理的组织和宣传功能，实现社会组织参与社会治理的“再组织化”。党组织的思想导引为社会治理提供了社会基础和载体，是社会组织参与社会治理的强大后盾。一是培育党组织的价值理念。加强社会组织对党建价值理念的学习和交流，将党组织“以人民为中心”等价值理念传递至社会组织，激发社会组织的活力，促进党组织和社会组织的互信与合作。在组织价值理念运行中，将党的组织引领贯彻到社会组织参与社会治理的全过程，避免党组织和社会组织出现“两张皮”的境地。通过组织价值理念的培育，党组织价值理念处于主导地位，党建与社会组织日益契合与融合并实现在社会功能上的协同治理。二是提升党组织的整合性。要制定社会组织党建工作运行规则，规范管理社会组织党建工作。对于存在党组织的社会组织，强化其组织体系、结构和规范性。同时，需扩大党组织的吸纳度和覆盖面，在新社会组织和新经济组织等类型社会组织中融入党组织因子，完善和整合党组织机构配备。一方面，便于社会组织在党组织引领下有效化解社会矛盾和纠纷，增强社会组织的治理权威性，使社会组织更好地履行其责任和使命并得到更多支持和认可；另一方面，通过党组织触角的延伸着力解决部分基层社会组织边缘化、虚化或弱化的难题，夯实党的执政基础和群众基础。

---

① 程竹汝：《论党的政治能力建设及其着力点》，载《思想理论教育》2019 年第 7 期，第 16~17 页。

二、党建引领社会组织提升社会治理效能的参与动能机制

参与动能机制是党建引领社会组织提升社会治理效能的关键环节。党建引领社会组织参与社会治理的参与动能机制可以畅通社会组织参与社会治理的渠道，避免社会组织参与社会治理陷入“单兵作战”、治理滞后、碎片化或动力不足的情境。依托党建嵌入社会组织方式形成党建与社会组织的合力与叠加效应，实现党建与社会组织的优势互补，夯实社会组织参与社会治理的社会结构基础。党建引领社会组织参与社会治理的参与动能机制既是社会组织参与社会治理的追求和目标，又是解决党建基础需要进一步夯实这一困境重要的手段。尽管1989年后颁布的《社会团体登记管理条例》《民办非企业单位登记管理暂行条例》《基金会管理条例》建立了社会组织“双重管理体制”。但是随着社会环境的变化，该体制对社会组织发展的限制成为短板。目前，社会组织管理政策体系仍尚不完备，突出表现在准入过严、社会组织日常管理受到的干预较多、社会组织自律动力不足等多个方面。

党建引领社会组织参与社会治理的参与动能机制不仅聚焦党组织的引领作用，还关注社会组织的主体地位，提升党建引领社会组织参与社会治理的参与动能。一是廓清政府和社会组织的治理边界。当今社会利益多元化、社会治理难度不断增大，快速转型和变化的社会治理问题仅靠政府力量是不足的，还需社会组织的广泛参与。将社会组织能办的事向社会组织治理倾斜，确定政府和社会组织间的分工和边界，做到政府治理和社会组织治理的平衡和兼顾。二是增强社会组织的参与意识。参与意识弱化必然会大幅降低社会组织参与社会治理的效能。为防范社会组织治理的“参与缺位”，应通过党建引领下群众路线教育等主题活动增强社会组织为关注社会利益的参与意识，为化解社会矛盾提供支持和帮助，提升社会组织服务社会的效能。要牢牢把握社会组织主体内核的“根”与“魂”，问需于社会组织自身管理及参与实践，通过社会组织参与度的扩大和主体性的增强提升社会治理水平。三是彰显和增强社会组织参与社会治理的公共性和草根性。通过多途径增强社会组织参与社会治理的主观能动性，培育社会组织参与社会治理的热情与公共精神。依托社会组织独特的专业化优势，加大社会组织话语权及服务社会和服务公众的力度和融合度。一方面，增加社会组织与政府“项目制”的战略对接，增加社会组织对社会事

务的参与度，提升社会组织参与社会治理的素养和质量；另一方面，增加社会组织参与"学习分享会"等品牌社会公益活动的频度，依托丰富的活动经验和智慧拉近社会组织与社会事务的距离，通过彼此共识的增加为社会的和谐、正义、文明、稳定贡献社会组织的力量。用社会组织行动密切联系群众，厚植社会治理客体的主观感受，与社会建立利益共同体、责任共同体和命运共同体关系。最终，通过社会组织公共责任和实践行动增加社会对各层级社会组织参与社会治理的认同感及向心力，进而推动社会组织参与社会治理向纵深迈进。北京市的"吹哨报告"改革建立了群众问题和社会组织的联系，给乡街赋权，使其"吹哨"管用，极大提升了党建引领社会组织参与社会治理的参与动能。

三、党建引领社会组织提升社会治理效能的监督评价机制

监督评价机制是党建引领社会组织提升社会治理效能的核心抓手。评价机制是党建引领社会组织参与社会治理能力提升的有益探索和不竭动力，监督评价机制是党建引领社会组织提升社会治理效能的重要组成部分。

首先，建立专门社会组织参与社会治理的法律体系，依托网格化管理确定社会组织参与社会治理的职权范围，让社会组织参与社会治理在法制化、责任化的轨道秩序内运行。对于社会组织的腐败或不作为行为，加大惩戒力度，确保社会组织的阳光度和公信力。可考虑建立社会组织党建联席会议，一方面让社会组织党建联席会议各项活动和财政收入做到透明、公正、公开，给予社会公民特定的监督权和建议权，做到党建引领下社会组织的约束性和精细化管理；另一方面，鼓励将社会意见向党建联席会议表达和反馈，有效做到"上传下达、上下联动"，将社会组织参与社会治理的政治素养、能力素质等要素纳入社会组织参与社会治理考评中，最终对社会组织参与社会治理中的矛盾纠纷和实际问题进行有效监督和评价。2019 年湖北省民政工作的要点就是积极引导社会组织规范健康发展。对此，湖北省对社会组织提出了明确要求"进一步贯彻落实'三同步三纳入'，建立社会组织工作协调机制"①，极大优化了社会组织参与社会治理的监督效用。

① 《2019 年全省民政工作要点：引导社会组织规范健康发展》，载湖北省人民政府网站，http：//www.hubei.gov.cn/zhuanti/2019/2019mzgz/2019zw/201902/t20190224_1382815.shtml，访问日期：2021 年 6 月 26 日。

其次，完善监督评价推进落实机制，及时跟踪社会组织参与社会治理的行动效果。数字化和信息化是大数据时代的外在表现。大数据技术的应用和发展，是当代人类网络化社会结构高度发展和孕育的产物，是科学技术发展达到一定层次的结晶。大数据技术及建立在其基础上的大数据思维为人工智能范式的相关研究也提供了可靠的研究进路。① 应利用好大数据平台和先进技术，通过微信、推特、微博等媒介积极推行“互联网+社会组织”“智慧社会组织”“智能社会组织”的宣传工作，通过积极行动赋能将党建与社会组织有机结合，使“党建+社会组织”的“隐性在场”变为“显性在场”，有序推进社会组织的社会治理建设。一是要以社会组织有效动员为目标，创造社会组织参与社会治理高质量发展的监督评价氛围，塑造新时代社会组织参与社会治理的积极形象。二是要增强社会组织在党建工作中的含量，提升社会组织参与社会治理的活跃度，使社会组织参与社会治理的影响力得到巩固和增强。具体而言，提高社会组织的表达能力，鼓励社会组织在社会治理中及时发声，讲好社会组织参与社会治理的故事，贡献社会组织精神和力量。近些年浙江省基层党组织推行“党建+治理”创新模式，党建积极参与社会组织宣传工作，及时跟踪社会组织参与社会治理的行动效果，成为党建引领社会组织参与社会治理的监督评价机制的生动实践。

四、党建引领社会组织提升社会治理效能的制度保障机制

制度保障机制是党建引领社会组织提升社会治理效能的根本保证。党建引领社会组织参与社会治理是一项长期性、整体性和系统性工程，只有建立完善的制度保障机制，才能全面提升社会组织参与社会治理效能。社会治理是一项复杂议题，不仅涉及道德表层，更应关涉制度深层。然而部分社会组织制度缺失，制度执行力欠缺，党建引领社会组织参与社会治理还存在党建领导体制有待进一步理顺和党建工作机制需要进一步协调的难题。而且，在社会组织发展实践中，复杂的制度环境及在此环境里社会组织回应制度而产生的行动逻辑都在相当程度造成了其长远发展的困境。社会组织参与社会治理必须利用好制度的杠杆，建立党建与社会组织共商共建共享的制度体系，依托制度保障机制推动社会组织参与社会

---

① 刘伟伟、原建勇：《人工智能难题的大数据思维进路》，载《新疆师范大学学报(哲学社会科学版)》2018 年第 3 期，第 120~122 页。

治理朝着有序和有效的方向演变。

首先，健全党建引领社会组织的激励制度。激励制度为社会组织人员的深造创造空间，提升党建引领社会组织参与社会治理的生命力、积极性和有效性。各社会的社会治理应因地制宜，根据自身实际和差异化需求制定合适的、标准化的考核标准，加大对社会组织的社会保障、薪酬待遇等方面的激励办法和体系建设，全面提升社会组织参与治理的主观能动性。建立社会组织成员培养制度，为社会组织提供才能施展、干部选拔平台，积极推动社会组织相互间自主合作的开展。以效率、廉洁等评价因子为动力，将社会组织参与社会治理绩效作为关键的指标，建立社会组织激励基金，对社会组织参与社会治理的优秀代表进行表彰和激励。社会组织的激励制度确保了社会组织考核制度得到完善和落地，让社会组织真正融入社会治理，并可产生外溢效应，助推社会组织成长。

其次，完善党建引领社会组织的保障制度。一是加大对社会组织在技术领域的帮助和引导，提升社会组织人才的职业化水平。在新时代社会组织社会治理中，应该积极吸纳优秀人才参与，将其发展为党员。既要守护人才的“内在”主体，还要在党建引领下加强对社会组织人才的社会培训，“外脑”智慧的“充电”。二是建立社会组织经费保障机制。经费是社会组织生存和发展的重要基石。要主动加强对社会组织党建工作的支持，推动党建经费等资金补助和扶持政策向社会组织倾斜。值得注意的是，根据《2018 年民政事业发展统计公报》发布的数据，社会组织捐赠收入由 2014 年的 524.8 亿元迅速上升到 919.7 亿元，出现了喜人的增长态势。① 作为高等教育主体，大学是人类社会发展到特定阶段的产物，承载着文化传承、科学研究、人才培养和社会服务等职能。近年来，各大高校也加大了对高端人才引进的力度。贵州财经大学于 2019 年通过百万元薪酬诚聘海内外英才，通过资金吸引专业性人才进入学校，大大提升了贵州财经大学为国家和贵州省地方政府的经济社会的建言献策和发展助力的质量和效率。三是丰富社会组织资源。资源是社会组织发展的重要保障。从推动社会组织更好地联系、服务群众的目标来看，资源提供和优先采购同样是重要的政策资源，其优势在于更具

① 《2018 年民政事业发展统计公报》，载中华人民共和国民政部网站，http://www.mca.gov.cn/article/sj/tjgb/201908/20190800018807.shtml，访问日期：2022 年 5 月 5 日。

效率和灵活性，可以激发社会组织党建的内在动力。[①] 缺乏有效的资源推动，社会组织参与社会治理的整体水平将受到制约。2018 年 9 月，湖北省民政厅签署了《关于大力培育发展社区社会组织的实施意见》，放宽了社会组织的登记条件，降低了社会组织准入门槛，为社会组织参与社会治理纾困解难。

① 王杨：《论新时代社会组织党建政策工具的优化——基于 2015 年至 2018 年部分省级政策文本的量化分析》，载《社会主义研究》2019 年第 5 期，第 140 页。

第七章　党建引领社会组织提升社会治理效能的路径选择

随着国家政治体制的改革与完善，社会治理多元主体之间通过探寻联合共治的新方法、新途径，构建了“党委领导、政府负责、社会协同、公众参与、法制保障”的多元格局。在此背景下，社会组织参与社会治理的制度障碍逐渐摒破、参与领域逐渐宽阔、参与内容逐渐丰富、参与方式逐渐成熟、参与积极性逐渐提高，初步形成由政府–市场–社会组织–公民组成的多元化网络治理格局。如何进一步地提升社会组织参与社会治理的效能，需要我们一方面从理论思辨的视角提炼党建引领社会组织参与社会治理体系的要素构成，把握其内在逻辑和规律；另一方面从实践探索的视角归纳党建引领社会组织参与社会治理的制度优势，思考如何将党建引领社会组织参与社会治理的制度优势转换为社会治理的效能，加快推进社会治理体系和治理能力现代化。

第一节　党建引领社会组织提升社会治理效能的主体优化

党建引领社会组织参与社会治理是社会发展现代化的重要标志，在提供公共服务、表达人民利益诉求、增强社会自治能力等方面发挥着重要作用。党建引领社会组织参与社会治理存在社会组织党建工作的泛化与虚化等问题，急需扩大两个覆盖范围，进一步提升社会组织的自治意识和治理能力，避免外在环境因素和社会组织主观认识偏差等方面的影响，这就需要对党建引领社会组织提升社会治理效能的主体进行优化。

一、提升党建引领社会组织参与社会治理的覆盖率和区域化管理水平

党建是社会组织参与社会治理所依靠的最直接、最基本的力量，也是直接参与社会组织社会治理的领导核心，党的建设与功能的发挥极大程度上影响着社会组织参与社会治理的成效。因而，加强对党建结构和功能的关注，依托党建引领社会组织参与社会治理至关重要。随着以计划经济和单位制为基础的传统党组织结构与转型后的社会结构之间的内在契合度下降，出现了党建的覆盖盲区及薄弱区域。这既需要扩大党建引领社会组织参与社会治理的覆盖面，也要推动提升其区域化管理水平。

（一）扩大党建引领社会组织参与社会治理的覆盖面

党建引领社会组织参与社会治理，要通过发挥党组织的政治优势、组织优势和资源整合优势，引导社会组织广泛参与社会治理，扩大党组织的覆盖面和影响力。“党组织是执政党用来覆盖和渗透社会民众的组织网络体系的结点，在党与外部经济社会环境的资源交换与交流互动中发挥中介作用”①，要有针对性地增加党建覆盖的广度和深度。一是要积极加强新社会组织的党组织建设，积极推动和完善新社会组织的党建工作。新社会组织是相对于政党、政府等传统组织形态之外的各类民间性的社会组织，包括中介组织、社会团体、基金会、民办非企业单位以及各类群众团队。新社会组织是伴随我国改革开放和社会主义市场经济发展而产生的，在经济、社会生活中的分量越来越重，在吸纳就业、推动经济发展和组织社会等方面发挥着不可替代的作用。早在1994年党的十四届四中全会《关于加强党的建设几个重大问题的决定》就指出：“各种新建立的经济组织和社会组织日益增多，需要从实际出发建立党的组织，开展党的活动。”②2000年，中组部印发了《关于加强社会团体党的建设工作的意见》《关于在个体和私营等非公有制经济组织中加强党的建设工作的意见（试行）》。虽然新社会组织的党建工作在近几年取得了积极进展，但也面临着党建覆盖不全面、定位模糊、工作方式陈旧

① 朱昔群：《政党科学与政党政治科学化》，中央编译出版社2015年版，第335页。

② 《十四大以来重要文献选编》，中央文献出版社1997年版，第966页。

以及组织领导者重视程度不够、专职党务工作者不足等诸多问题，制约了党建在新社会组织中的功能发挥。因此，在加大新社会组织基层党建力度、提高覆盖率的同时，也要积极研究新社会组织的特点，明确党建功能定位，完善党建工作方式，真正发挥基层党组织在该领域领导治理的作用。二是要紧扣新时期人群结构特点，创新党组织设置形式。随着“单位人”向“社会人”的转化，人口流动性和身份多样性的增加，大量人口游离于单位体制之外。党组织设置要根据具体人口流动和人事组织关系变化情况进行动态管理。例如，在片区、楼宇和流动党员集中点建立党组织，按照居民的兴趣爱好在不同群体中建立党组织，不断扩大党建引领社会组织参与社会治理的覆盖面。

扩大党建引领社会组织参与社会治理的覆盖面还要依赖于党的群众工作方式的创新与完善。群众路线是中国共产党的根本工作路线和工作方法，贯穿于党的一切工作中。党的群众路线与社会治理理念高度契合，都是为了维护和实现最广大人民群众的根本利益，把人民群众作为社会主义建设事业的主体和依靠力量，在人民群众的主动参与中保障和实现人民权利。新时期下，党建引领社会组织参与社会治理是党的群众工作的重要内容，也是坚持和践行群众路线的客观要求。但是，新的历史条件也赋予了群众路线新内涵与新要求，需要与党科学执政、民主执政、依法执政的理念相契合，在党建引领实践中不断丰富和发展。党建引领社会组织参与社会治理的工作方式也要推陈出新，获得广大群众发自内心的认同与支持。多地在党建引领社会组织参与社会治理实践中开展了“亮明党员身份”的活动，在工作中设置党员责任岗，规定党员要佩戴党徽，这既是对党员干部的监督，也能通过发挥党员先锋模范作用，增强群众坚定跟党走的信心和决心。同时，新时期党的群众工作要注意通过吸收、学习和借鉴社会工作的专业工作技巧，通过专业社会工作者的加入，提高社会组织工作的专业化水平，提升党建引领社会组织参与社会治理的绩效。

(二)提升党建引领社会组织参与社会治理的区域化管理水平

党建引领社会组织参与社会治理是在社会多元化和结构扁平化的发展趋势以及社会个体分散性、流动性不断加强的背景下进行的。传统党组织条块分割、封闭运行的设置模式已经难以适应当下社会组织的需要。在这种形势下，党建引领社会组织参与社会治理的区域化治理形式在理论和实践上得到了广泛关注。

党建引领社会组织参与社会治理的区域化治理形式，是"以一定的区域作为党的建设的基本单元，按照区域统筹的理念，综合运用现代管理科学和信息科技手段，科学设置党的基层组织，统一管理党员干部队伍，整合使用党建资源阵地，统筹开展党的活动，实现资源配置最优化、组织效能发挥最大化、教育管理效果最佳化、组织工作成本最低化和工作力量配备最强化"①。其中，网格化管理是党建引领社会组织参与社会治理区域化管理的重要形式，主要依托社会网格化结构建立党组织。网格化结构的本质，在于综合考虑社区所辖范围、人口分布情况、企业和社会组织情况等，依据一定的标准把城乡基层社会划分成为"单元网格"，并以此对原有的社区资源、信息、服务体系进行重新整合与协调。可以说，党建引领社会组织参与社会治理的区域化治理形式突破了传统以纵向控制为特征的"单位建党"模式，凸显了扁平化管理和基层资源统筹协调的基本思路，与多元参与、互动协商、合作共赢的社会治理理念相融合。同时，党建引领社会组织参与社会治理的区域化治理形式具有内在耦合性，是实现党组织领导力向社会基层治理延伸的有效途径。在社会治理中，区域化治理有利于增加党组织结构与社会网络结构的契合度，有利于统筹把握、协调"单元网格"内社会各方资源参与社会治理，有利于调动区域内社会组织等社会治理主体的积极性和建设性，提高党建引领社会组织参与社会治理的效能。

二、强化党建引领社会组织参与社会治理的服务功能

社会发展状况以及国家与社会关系是决定党组织生存、运作、功能发挥的关键性外部因素②。随着时代和社会的变迁，党组织的功能及其发挥方式在不同时期体现不同的要求。在社会主义市场经济体制下，服务是党建引领社会组织参与社会治理最有效的非行政权力化的方式。党的十八大指出，要以服务群众、做好群众工作为主要任务，加强服务型党组织建设。党组织服务功能的核心内容是服务于群众利益实现，以群众利益为本的指导思想与以人为本的社会治理理念是完

① 万雪芬：《社会治理下的区域化党的建设思考——基于浙江的实践》，载《理论探索》2013年第3期，第34~37页。

② 朱昔群：《政党科学与政党政治科学化》，中央编译出版社2015年版，第335页。

全一致的，因此要强化党建引领社会组织参与社会治理的服务功能。

第一，加强社会组织服务型党组织建设。服务型党组织建设，不只是发挥单一党组织的服务功能，还涉及党组织在社会治理主体中统筹服务的能力和机制的建设。党组织要充分利用自身的执政优势和组织资源，整合社会组织党务行政、群团组织、经济组织、社会组织等多方力量，协调多方资源，形成服务合力，达到高效地服务于群众的目的。“通过统筹服务的实现进而形成党对社会的影响力和凝聚力，转化为政治意义的服务。”①

第二，丰富社会组织党组织的服务内容和手段。为了避免社会组织的党组织提供的服务流于形式，就要使社会组织服务内容能够切实解决群众的实际困难，从群众的需求来确定服务内容，为解决群众上学、看病、就业、养老、住房等实际困难提供服务。例如，依托城市社区，建立社区养老服务、学龄儿童放学后的托管服务，等等，切实解决了居民的实际困难。在农村，党建引领社会组织参与社会治理要围绕推动科学发展、带领农民致富提供服务。另外，为了适应社会发展，还要积极创新党建引领社会组织的服务手段，探索建立符合群众需求的服务平台，开展有益服务的各类党建活动。当然，在党建引领社会组织参与社会治理的服务手段上不能依靠简单刚性的行政手段，而是依靠相对柔性的协商对话以及经济、法律和文化等多样手段。

第三，提升社会组织党员领导干部的服务意识。要推进党群直联，深化党群“血肉联系”。十八大报告提出要“完善党员干部直接联系群众制度”，这是开展服务型党组织建设主要途径的制度化建设，符合推动党员干部与群众保持最紧密、最经常的联系，提供经常性、全方位服务的制度要求。在社会治理实践中，都出现了各级党员领导干部与固定群众或群众群体的联系机制，党员与群众固定联系，对群众生活长期关注，并提供一对一的帮助和服务。这就为社会组织党员领导干部深入基层群众提供了长效机制和路径，夯实了党建的群众基础。一名党员就是一面旗帜，社会组织党员干部要改变行政化管理的惯性思维，提高服务意识，把群众的疾苦放在首位，通过开展服务，密切与群众的血肉联系。

---

① 高新民：《中国共产党治党理政历史经验》，中共中央党校出版社 2014 年版，第 121 页。

三、发挥党建引领社会组织参与社会治理的双向扶持功能

在社会治理中，通过自上而下的管理和自下而上的自治相结合，实现一定社会基础上的国家与社会的良性互动，这就是善治。面对社会治理中两种权力的交织，要发挥党建引领社会组织参与社会治理的“双向扶持”功能，搭建社会组织与其他主体参与的有效平台，避免党建引领社会组织参与社会治理出现陌生化、边缘化、虚弱化的问题，使社会组织在社会治理的过程中适应治理形式多样化的情况，提升党建引领社会组织参与社会治理的整体成效。

(一)扶持社会自治力量，引导社会组织逐步成长

随着社会治理理念的深化和实践以及群众自治的推进，自上而下的国家行政权力逐步从基层社会的具体事务中退出。但是，由于我国基层群众自治力量孱弱，基层社会包括基层社会组织自我管理、自我教育、自我服务的能力还不够强大，很难完全承接基层社会管理职能，也很难作为平等主体参与协商共治。因而，党建引领社会组织参与社会治理要依托基层党组织担负起引导基层社会成长的任务。一是基层党组织要协调各方资源，调动一切社会力量参与协商共治。基层社会要实现善治，必须要有社会组织这一重要社会力量的参与。基层党组织要正确处理和经济组织、群团组织、基层社会组织、基层群众自治组织之间的关系，焕发各类社会组织活力，积极引导各类组织参与协商互动，发挥各类组织的积极作用。二是基层党组织要积极培养社会组织参与治理的能力。基层党组织依靠提供服务联系群众，赢得群众支持，从而引领群众。社会组织参与社会治理也要在联系群众中创新基层党组织发挥服务功能的形式。党建引领社会组织参与社会治理，发挥社会服务功能，不是简单而直接地向社会组织及群众提供服务，而是要在服务中引导社会组织和群众充分表达利益诉求、积极参与社会治理。在党建引领下，通过建立多方面多层次的沟通协商机制，以“共商共治”的形式凝聚各方共识，为群众办实事、排忧解难和满足需求，不断提高广大社会组织参与服务、自我服务、互助服务的愿望和能力，切实提高党建引领社会组织参与社会治理的水平。

党建引领社会组织参与社会治理要发挥社会力量在社会治理中的作用，进而

培育和发展社会组织。一是社会组织与基层党政组织分工协作。社会组织直接面对居民，以居民的需求为出发点开展活动，而且组织形式多样、结构灵活，有利于开展对特定人群的活动。由其提供的公共服务具有“服务种类多样化、服务内容个性化、服务方式灵活度高和服务需求回应性强等突出特点”①。不同的社会组织服务因对象不同、服务内容不同，提供服务的方式也各异，有效提高了公共服务的针对性和实效性。二是社会组织作为联结基层党政组织与人民群众的桥梁，很好地促进和实现了基层社会力量的协同参与。一方面，社会组织通过动员和吸引群众参与组织活动开展，进而引导群众参与基层公共事务治理；另一方面，群众通过参与社会组织实现自身意愿和利益诉求的表达，“以社会组织形式推动和规范公民力量的持续壮大和良性发展”②。

（二）规范国家行政权力向基层社会延伸行为

长期以来，国家权力对社会事务的过度干预，压制了社会组织自我成长的空间，而单一的行政权力很难解决纷繁复杂的基层社会事务矛盾。基层党组织在领导社会组织参与基层社会治理中，要规范国家权力发挥作用的领域、方式，规范国家权力机构的行为，防止国家权力的不适当扩张。当前，有不少地方积极探索“政社分离、各归其位”，合理界定政府与基层社会组织在基层社会治理中的职能，将不同性质的事务处理各归其位，取得了良好的效果。

综上所述，党建引领社会组织参与社会治理的“双向扶持”功能，在社会组织与国家行政权力间搭建了沟通协调的平台，为国家的向下治理延伸和基层社会组织的向上发育扩展提供了弹性空间。更重要的是，基层党组织在“双向扶持”的过程中，使自身有效融入社会治理之中，为更好地发挥自身作用开辟了更广阔的空间。

首先，要理顺基层党组织、基层政府和社会三者的关系，明确各自的角色定位和职能发挥边界。在坚持发挥基层党组织“总揽全局、协调各方”的领导作用下，基层政府要处理好在基层事务处理中既不“越位”又不“缺位”的关系。不“越

---

① 谢舜、王玉生、傅金鹏：《发挥社会组织在社会治理中的重要作用》，载《广西日报》2014 年 4 月 22 日。

② 严国萍、任泽涛：《论社会管理体制中的社会协同》，载《中国行政管理》2013 年第 4 期，第 68~71 页。

位”就是要积极转变职能，改变在社区管理和公共服务领域包揽一切的传统理念和行为方式，简政放权，减少对社会事务的介入，从本应由社会组织承担的社会管理任务中抽离出来，从对社会组织行政化干预中抽离出来，真正把属于社会的权力归还于社会。不“缺位”就是面对社区社会组织的发展，承担起“宏观管理者、组织协调者、资源支持者、监督评估者的角色”①，推动社会组织健康有序发展。

其次，通过基层政府购买社会组织服务的形式，为社会组织提供业务上的生存空间。基层政府将原来由自身承担的为社会发展和人民日常生活提供的公共服务，转交或委托给相应的社会组织来完成，并通过直接支付费用、提供场地或政策优惠等多种形式对社会组织给予切实支持，有效地激励与帮助了社会组织发展，提升了公共服务产品质量。

再次，随着社会组织的蓬勃发展，关于社会组织的法治建设逐步加强。但总体而言，目前关于社会组织的政策法规是不完善的，例如对于其定位、组织结构、人员和资金管理等很多方面缺乏具有系统性、操作性的专门规定。当前应当着力改革和完善现行社会组织登记注册和管理制度，切实降低审批门槛，为其合法化提供依据。此外，还应当围绕社区社会组织发展，完善资金、税收、社会捐赠以及服务收费等方面各项扶持政策，在一定程度上向社会组织倾斜。

最后，加大基层党组织对社会组织发展的资金和人才支持力度。针对社会组织资金来源单一、缺乏保障、经费相对匮乏的现象以及专业人才队伍极度缺乏的问题，基层党组织要着力为基层社会组织的发展提供资金和人才保障。一是在提供资金支持方面，可以通过加大财政投入、税收减免优惠、场地提供优惠，积极打造社区内政府部门、企业、社会组织和公众共同参与的资源平台，让社区社会组织能够积极吸纳资金或其他社会资源；可以通过购买公共服务的形式，向基层社会组织支付一定的费用，支持其运行。二是加强人才队伍建设。积极加强社会工作者队伍建设，培养社会工作专业人才，通过设立正式编制职位，纳入政府财政拨款序列等方式，把专业人才吸纳到基层社会组织任职。稳定待遇，将基层社会组织的人才纳入行业人才体系，兑现其所对应行业或主管部门专业技术人才待

---

① 陆继峰：《社区社会组织发展：当前困境与对策分析》，载《社科纵横》2018年第1期，第93~97页。

遇。利用多种形式，加强对专业人才以及基层社会组织工作人员的培训力度，帮助他们提高工作水平。

第二节　党建引领社会组织提升社会治理效能的机制优化

随着社会治理议题复杂化的程度不断加深，党建引领社会组织参与社会治理的难度进一步增加。未来要确保党建引领社会组织更深更实地参与社会治理，应该转变社会组织在社会治理中的角色，推动党建的覆盖性从“形式合理”走向“实质合理”，完善党建引领社会组织参与社会治理的机制。

一、完善党建引领社会组织参与社会治理的适应机制

主体精准定位、明确关系定位以及流程再造组成的适应性战略是充分保证党建引领社会组织参与社会治理的前提条件。

（一）党建引领下促进社会组织的作用发挥

由于对社会组织缺乏广泛的认知和政策的支持与规范，社会组织具有明显的“弱自主性”和“依附性”。① 为了充分发挥党建引领下社会组织在社会治理领域的功能和作用，首先需要党在角色定位上将社会组织的培育与发展纳入社会主义现代化建设，完善国家治理体系，提高国家治理能力和现代化治理水平的长远规划中；其次需要各级政府将社会组织的培育与发展提升到自身事业建设与发展的高度，要充分认识到中国民间社会发展进程的推进、国家与社会关系的重构、党与社会关系的提升、政府的经济体制改革和行政体制改革的顺利进行，都离不开社会组织的发育与壮大。党建引领下促进社会组织的作用发挥为增强社会组织参与社会治理的适应性提供了基础。

（二）重塑党、政府与社会组织之间的互动关系

我国长期处于“强政府、弱社会”状态，即整体社会由政府以家长角色进行管理。而在党领导下建立的网络治理模式中，呈现出左右联动、上下打通的全方

① 康晓光：《依附式发展的第三部门》，社会科学文献出版社 2011 年版，第 97 页。

位监督与协作的平铺式网络关系。这种平等互助的网络关系有赖于党对社会组织的分类控制与引导。社会组织具有双重属性：既是一种挑战力量，又是一种辅助力量。① 因此，一个追求自身利益最大化的政府必然会依据不同类型社会组织的挑战能力和提供公共物品的种类来制定不同的策略选择、管理方式。康晓光、韩恒教授把我国现有社会组织分为 8 类，在进行调查后，认为中国共产党和政府正是采用了分类控制策略：需要严格控制的就严格控制，如政治反对组织和一些具有国外背景的组织；需要进行松绑的就放松控制，如公益性、慈善类组织等；不需要控制的就自由发展。重塑党、政府与社会组织之间的互动关系将进一步增加社会组织参与社会治理的适应性。

（三）推进党建引领社会组织参与社会治理的流程再造

社会组织参与社会治理所依据的秩序和规范，所遵守的步骤和方法都需要党改变传统的政府管理模式下的操作流程，根据新的理论知识和实践经验，结合当前我国经济社会发展状况，对社会组织参与社会治理的整个程序进行流程再造，实现党建引领社会组织的“职能导向”向“流程导向”的转变。具体而言，主要表现在以下几个方面：其一，党加快转移政府职能，实现社会治理的专业化和精细化；其二，党促进社会组织对政府转移职能的衔接，建立多样化、多层次的公共服务供给体系；② 其三，党构建社会组织与政府间的协同联动机制，增强双方的合作意识。推进党建引领社会组织参与社会治理的流程再造将极大扩展社会组织参与社会治理的适应性空间。

二、畅通党建引领社会组织参与社会治理的信任机制

社会治理需要权威的政府，只有具有公信力的政府才能得到最大程度上的支持。党建引领赋予了社会组织价值目标的追求，使得其能与社会治理在价值终点选择上达成一致。但社会治理需要多元主体参与，特别是在党组织引领的网络治理语境下，社会组织要加强与政府、市场等治理主体的沟通与交流、协调与配

---

①　康晓光、韩恒：《分类控制：当前中国大陆国家与社会关系研究》，载《开放时代》2018 年第 2 期，第 30~41 页。

②　周本顺：《加快推进社会体制改革，加强和创新社会管理》，载《十八大报告辅导读本》，人民出版社 2012 年版，第 272 页。

合，通过联合行动实现共同治理，而信任则是这个治理网络得以维系的基本条件，畅通党建引领社会组织参与社会治理的信任机制极其重要。

第一，以全面的信息公开作为立信之法，提高党建引领社会组织参与社会治理的透明度。社会组织不同于政府组织，其公信力具有天然的缺陷。社会组织的设立往往是基于特定的目的，由特定的社会群体共同参与，其约束力和保障性要弱于政府组织。因此，无论是社会组织内部还是社会大众，信息公开是增强外界了解和提升组织内部凝聚力的客观需求。党建引领的示范效应体现在：引导社会组织由被动的强制公开向主动的自愿公开转变；助力社会组织信息公开制度的建立，明确依申请公开和强制公开的具体范畴；督促检查社会组织信息公开的质量，细化信息公开的质量标准，优化信息公开的方式方法；协助畅通信息公开的渠道，提升信息公开的能力，保障信息公开的及时性和全面性，以增强社会组织的公信力。

第二，以基层党组织道德建设作为守信之根，防止党建引领社会组织参与社会治理的腐败化。社会组织缺乏强有力的外部监管，更多的是依靠内部自律，因此对社会组织成员的道德标准要求较高。党建引领社会组织参与社会治理是通过加强党建对社会组织成员和行为的约束防止社会组织腐败现象的产生。首先，引导社会组织树立公共精神和契约精神，促进组织群体达成普遍的公共服务意识和观念。从设立目的上，强调社会组织的公益性，强调服务意识；其次，督促社会组织落实社会主义核心价值观，在社会组织发展过程中衡平不同位阶上的价值需求，培养社会组织成员的责任性、自由性、自主性、自律性相统一的主体道德人格；最后，协助社会组织成员培育公益道德信仰，通过树立奉献、互助、友爱等伦理道德信仰，使得成员获得精神上的成就与愉悦，增强为人民服务的道德意识。

第三，以提升组织自身能力作为强信之途，实现党建引领社会组织参与社会治理的长远发展。社会组织的发展壮大离不开社会公众发自内心的信赖，而这种信赖又必然是建立在社会组织自身能力的提升基础之上。社会组织自身能力的强弱决定了其服务的水平和范围，更决定了其专业化程度及服务质量。党建引领提升社会组织参与社会治理能力主要通过以下几个方面得以实现：一是通过市场化运营机制，建立职业化治理团队。党建引领除了在政治方向及道德建设方面的引导外，更应在团队管理、市场化运作等方面为社会组织提供帮助。通过帮助社会组织提升自身能力，从而促进其服务质量的提升，提高其为社会公众和政府提供公共产品和专业化服务的水平，促进社会组织的长远发展。二是党建引领社会组织自律机制的建立，增强其自我约束能力。社会组织缺乏完善的外部监督体系，而社会组织又代行了许多公共服务职能，充当了利益分配主体的角色。因此，加强对社会组织的监督必不可少。三是动员社会力量共同参与社会治理，增强社会公众对社会组织的认同感。党建引领社会组织参与社会治理通过收集民意、整理需求和和谐表达的方式增加了社会公众对社会组织的信任，便于社会组织收集真实的民意，党建引领社会组织参与社会治理的信任机制得到有效实现。

三、改进党建引领社会组织参与社会治理的合作机制

合作机制形成让政府、社会组织、市场以及新型公民等多元主体充分整合与利用社会资源，统一思想展开联合行动，形成协同互动的多元主体合作治理的局面。在社会组织参与社会治理过程中，改进党建引领社会组织参与社会治理的合作机制可以有效提升社会组织参与社会治理的效能。

一是搭建完善的信息交流平台，推进治理信息共享机制建设。信息的交流与共享是合作机制建立的前提，因此信息平台的建设是党建引领社会组织参与社会治理的合作机制形成的基础。值得注意的是，为了使得社会组织在社会治理中发挥更大优势，政府应当拓宽其信息公开的渠道和方式，使社会组织及时地了解国家政策及社会治理的实际需要，从而搭建与政府合作治理的平台。

二是整合与利用合作资源，拓宽合作范围。政府与社会组织在资源的利用方面各有优劣，政府能集中优势资源办大事，其资源收集、利用的广度和深度均要强于社会组织，但在管理成本和管理效率上相较于社会组织又处于明显劣势。而社会组织虽在资源的搜集和开发方面弱于政府，但其组织灵活性及利用效率等方面皆高于政府。因此，只有通过对党建引领社会组织参与社会治理的合作资源的弥合和拓展，才能最大程度地发挥政府与社会组织各自的优势，促进社会治理效率的提升。

三是消除身份疑虑，促进平等合作。社会组织参与社会治理最大的障碍在于身份性认同，即合法性疑虑，由此也导致了社会治理中各治理主体难以实现真正

的平等合作。社会组织无论是身份还是参与的方式、运营的模式均依赖于政府部门的授权或者允许，以此获得合法性认同。因此，在党建引领社会组织参与社会治理下消除社会组织的合法性疑虑后，应倡导社会组织与政府之间的平等合作，以平等主体之间的权利义务关系去调整和约束社会组织和政府，真正实现党建引领社会组织参与社会治理的合作共治。

四、创新党建引领社会组织参与社会治理的扶持机制

尽管目前我国社会组织的发展路径已经初成体系，社会组织在我国正处于蓬勃发展时期，但社会组织同样面临发展难度大、转型难度高的问题。在党建引领社会组织参与社会治理过程中，扶持行动涉及政治、经济、文化、法律等各领域，当前虽然政府制定出台了多项扶持政策，但扶持目标单一，扶持范围较窄，尚未形成全面长效的扶持机制，政策的效度和力度对于社会组织参与社会治理以提高国家治理水平来说还远未达到预期目标，因此需要创新党建引领社会组织参与社会治理的扶持机制。

一是要优化顶层设计，构建党建引领社会组织参与社会治理的政治扶持体系。社会组织参与社会治理作为实现国家治理能力与治理体系现代化的新课题、新任务，需要在党建引领下与行政体制改革、经济体制改革以及社会体制改革等多方统筹，通力合作，构建起良性互动的网络化社会治理体系。要注重发挥党建引领作用，推动社会组织的培育和融合，使各类社会组织发展遍地开花。为构建政府、社会组织、市场等多元主体合作治理格局夯实基础。① 当然，构建党建引领社会组织参与社会治理的政治扶持体系要因地制宜制定社会组织培育政策，有的放矢地实现社会治理需求。社会组织的培育必须从社会治理的需求出发，而不同地区、不同行业对社会治理的需求又有所区别。因此，政府需要广泛调研，在深入了解本地区、本行业社会治理的缺陷基础上，有针对性地扶植社会治理机构，从而实现社会治理的目标。同时，要以发展的眼光扶植以新兴产业、优势产业、高端产业为特征的联合会或行业协会，为社会组织参与社会治理的创新发展提供有效服务。社会创新是社会发展的动力，社会组织只有紧跟经济社会发展新

① 蔡礼强：《培育扶持民间组织的效果与措施：基于政策工具的比较分析》，载黄晓勇主编：《中国民间组织报告》，社会科学文献出版社 2013 年版，第 92 页。

常态的步伐才能真正了解社会治理的发展需求和方向。

二是要设计多渠道、多方位的党建引领社会组织参与社会治理的经济扶持政策，保障社会组织发展的资金需求。目前政府支持社会组织参与社会治理的方式包括政府购买社会组织服务、政府纯资金扶持、税费减免优惠政策等。在政府购买社会组织服务上，要从购买方式、购买服务的社会组织种类、购买服务涉及的公共领域以及购买服务的资金设置等方面进行创新，以保证社会治理服务的有效性；在政府纯资金扶持上，要加大对扶持资金的监管，保证专款专用，严格执行各项财务制度，解决因资金问题对社会组织发展产生的不利影响；在税费减免优惠政策上，应从完善税费减免优惠制度入手，找出问题根源并加以改善。另外，对于未开展社会组织免税资质认证的地区督促其尽快开展此项工作，详细制定公益援赠的税前扣免程序，保证党建引领社会组织顺利吸纳社会资金。

三是要统筹党建引领社会组织参与社会治理的综合培育体系，保障社会组织的全方位发展。社会组织的发展不仅需要长效的孵化机制，更依赖于组织管理培训、组织文化建设、组织能力培养以及组织人才开发等各方面的扶持培育。在组织人才保障方面，要根据社会组织的需要，有针对性地培养能承担起特定社会治理职能的人才队伍，加强其业务培训，提升其业务能力。同时，大力提升社会组织工作人员的待遇，包括五险保障、福利保障等方面，让其能安心和舒心地工作。在社会组织文化建设方面，要形成独特且符合其行业特性的社会组织文化，将社会主义核心价值观与社会组织文化建设相结合，通过文化建设统一思想认识，树立正确的思想道德评价标准，从而提升社会组织的行动力和战斗力，为党建引领社会组织参与社会治理提供重要的思想保障。

五、提升党建引领社会组织参与社会治理的网络维护机制

在社会组织参与社会治理过程中，社会组织在不同公共领域间可能形成联合治理或互为竞争的关系，如何将矛盾与冲突进行化解，保护网络治理中的社会组织主体的合法权益；如何维护整体网络的运行秩序与状态，优化整个网络的效率与功能是影响社会组织充分发挥治理效能的重要因素。在网络治理模式之中，党建引领社会组织参与社会治理需要提升网络维护机制。

一是要改进党建引领社会组织参与社会治理的监管模式。社会组织不具有政

府组织的公共属性，但履行了政府组织公共服务的职能，党建引领下的监管不仅是民政部门对社会组织设立的审批，更多的是类政府部门化的日常监管。首先，需要明确社会组织的活动方式和活动范围，对于要嵌入党建的内容，在活动方式上要突出公益属性，在活动范围的设定上要局限于其承担的社会治理功能；其次，要强化日常监管，登记管理机关和业务主管单位在对于社会组织的监管上要划清职责、分工明确，落实到人、落实到岗，建立起严肃的管理问责制度；最后，要引入社会监督，包括舆论监督、公众监督等，保证社会组织在阳光下运行。对社会合作治理所产生的冲突和调解过程能够产生一种公众压力，有效消除调解中出现的单向控制情况。

二是要完善党建引领社会组织参与社会治理的冲突化解机制。社会合作治理从应然性的角度而言，反映的是社会各治理主体价值取向的一致，但从实然层面而言，各治理主体之间必然会产生冲突，包括各自利益的取舍、治理方式的差异、职能的交叉等，需要通过常态化的冲突化解机制予以解决。而行政调解手段是促进矛盾化解和合作深入的有效手段，对其程序的完善具有重要的意义。因此，要设立针对社会治理冲突化解的行政调解部门，并对其工作职能、运行流程、调解方式、调解时限等进行明确，从而实现党建引领社会组织参与社会治理行政调解的网格化管理、高效化运行。同时，要强化行政调解的效力，赋予其能到司法部门申请强制执行的法律效力，从而保证党建引领社会组织参与社会治理行政调解的权威效应。

三是要建立科学的党建引领社会组织参与社会治理评估指标。评估就是运用科学的标准、方法和程序对评估对象进行客观评定和等级划分,① 评估是实现科学化管理及制度创新的前提。科学的党建引领社会组织参与社会治理评估指标的建立，不仅能客观地反映社会组织在社会治理中的功能作用，更能凸显社会组织在参与社会治理中存在的问题。通过指标体系的评价，可以反过来促进社会组织自身的完善，也能促进党建引领社会组织参与社会治理机制的创新。

党建引领不仅是社会组织参与社会治理正确政治方向的保障，更是社会组织高效参与社会治理的前提。党建引领为社会组织利用政府部门的政策红利、信息

① 彭国甫：《对政府绩效评估几个基本问题的反思》，载《湘潭大学学报（哲学社会科学版）》2004 年第 3 期，第 6~11 页。

共享、资金扶持、行政调解等提供了桥梁，也为社会组织自身建设提供了道德支撑及文化支撑，为社会组织的培育及强大提供了可行性路径。

第三节　党建引领社会组织提升社会治理效能的体制优化

党建引领社会组织参与社会治理存在党建引领的工作机制不够突出的问题，因此必须完善和优化党建引领社会组织参与治理体制，充分发挥体制的作用、激发社会组织发展的活力，进一步提升党建引领社会组织参与社会治理效能的效率。这就需要及时消除我国社会管理体制中的弊端，不断优化和改革社会组织管理体制，提升党建引领社会组织参与社会治理的内生化水平和制度化水平。而所要改革的社会组织管理体制，应该是一个系统性、综合性的体制，涵盖政府、社会组织、政府与社会组织的合作、政府对社会组织的支持以及社会组织的运作等方面，综合起来，包括监管体制、支持体制、合作体制、治理体制以及运行体制五个方面。

一、夯实党建引领社会组织参与社会治理的监管体制

监管体制主要是对社会组织管理机构而言的，包括管理机构的设置、权力分工、权力边界以及权力运行等方面，由注册登记制度、备案制度、分类管理制度以及税务财政支持制度、纪检监察制度等组成。一方面，履行监管职能是政府管理部门的权责所在，是基本工作和任务。同时，对社会组织的监管要从源头抓起，加强注册登记环节的管理，建立和完善登记备案制度。为此应当从四个方面入手：一是发挥“互联网+”的优势，建立一站式网络服务平台，使社会组织通过平台申报监管内容；二是完善信息公开制度，强化社会监督；三是增大随机抽查力度，保持对社会组织的压力；四是增加异常名录管理制度，完善社会组织信用约束功能。① 对于各职能管理部门，要注重联动、整合，形成监管合力，实施分类管理。要按照统一登记、各司其职、协调配合、分级负责、依法监管的要求，努力构建“既要管好、又要管活”“既要规范、又要灵活”“既要控制、又要发展”的社会组织监管新体制。首先，管理社会组织的目的是要促进社会组织的良性发

---

① 赖伟军：《社会组织综合监管机制与体系构建》，载《大社会》2018 年第 1 期，第 18~19 页。

展，要充分发挥社会组织在社会、经济、政治、文化、生态文明建设以及公益慈善、社会服务方面的作用。其次，对社会组织进行规范管理要把社会组织的运行关进制度的笼子里，只有这样，才能发挥监管体制的根本性、稳定性作用，构建监管长效机制。同时，对于社会组织的监管也需要灵活掌握尺度和原则。最后，在社会组织运行过程中要进行风险控制，包括对政治风险、社会风险的控制。但是这种控制不是对社会组织的完全控制、绝对控制，而是在社会组织依法自治有序发展的基础上降低和消除各类风险。只有这样，我国的社会组织监管体制才能长期稳定运行和发挥作用。

夯实党建引领社会组织参与社会治理的监管体制要提升社会组织参与社会治理的法治化水平。党的十八大强调，法治是治国理政的基本方式。社会治理是国家治理的重要内容，推进社会治理法治化建设是应有之义。党的十八届四中全会把进一步"推进法治社会建设"作为全面依法治国的重要内容，第一次明确提出"提高社会治理法治化水平"的概念，并将"坚持系统治理、依法治理、综合治理、源头治理"作为提高社会治理法治化水平的重要途径。社会组织社会治理法治化是工作的重点之一，具有重要的基础性作用。

首先，法治化是推进社会组织参与社会治理的必然要求。党的十八大以来，法治在社会治理中的重要地位和作用日益凸显。法治是社会治理的本质要求。社会治理理念的核心在于多元主体的参与共治，各主体间的平等是协商共治的前提，确立的规则和程序是协商共治的保障。因而，社会治理在这些方面的要求与法治的内涵、特质是不谋而合的。法治强调所有主体地位的平等即法律面前人人平等，并以强制性功能保障平等性的实现，在全社会营造公平公正风气。这也正是社会治理的核心要义和得以实现的社会基础。此外，法治通过"有法必依、执法必严、违法必究"的强制性功能，为社会运行提供确定的规则遵循，提供稳定的心理预期，从根本上克服人治带来的不确定性和无序性。在各类社会组织参与的现代社会治理体系中，多种社会组织主体在平等基础上，发挥各自功能优势，互动合作，"需要具体的制度化的法律体系对其参与社会治理的方式、途径进行规范和协调，才能实现有序参与"，① 在不同社会组织主体发生利益纠纷时，需

① 胡一峰：《困境与对策：关于提高社会治理法治化水平的思考》，载《领导科学论坛理论》2014 年第 4 期，第 25 页。

要确定性的解决路径和有共识的处理依据。这些都需要由法治来提供和实现。目前，我国社会组织参与社会治理还处在初级阶段，党领导社会组织参与社会治理面临着法治建设与社会治理需求不相适应的问题，其中比较突出的是社会组织参与社会治理法律体系不完善，相关立法和制度建设缺失。主要表现为：第一，现行的社会组织法规制度严重滞后并制约着社会组织发展。目前对社会组织没有相应的法律予以规定，只有《社会团体登记管理条例》《民办非企业单位登记管理暂行条例》《基金会管理条例》等法规。第二，法规不完善。《民办非企业单位登记管理暂行条例》没有明确民办非企业单位的财产归属，民间非营利组织财产不能分配的原则与《中华人民共和国民办教育促进法》第 51 条“民办学校在扣除办学成本、预留发展基金以及按照国家有关规定提取其他的必需的费用后，出资人可以从办学结余中取得合理回报。取得合理回报的具体办法由国务院规定”相抵触。第三，实体性规范少，程序性规范不完善。现行的社会组织登记管理法规，只是解决了怎么登记的问题，还不能完全解决能不能登记的问题。此外，各级政府或教育行政部门依据《中华人民共和国民办教育促进法》审批的民办教育机构名称与《民办非企业单位名称管理暂行规定》有冲突。第四，缺乏相关领域的系统性立法和整体性立法。在现有城乡社区治理法律体系中，还没有从社会治理本身出发的整体性和统领性的主干立法，城乡社区自治组织、社会团体、社区公民等基层社会治理主体的法律地位并不明确，参与治理的权利缺乏法律保障，等等。

当然，立法的不完善已经影响到社会组织社会治理的健康运行和长远发展。良法是善治的前提。党作为基层社会治理的领导者，要发挥总揽全局、协调各方的核心作用，把握社会组织参与社会治理的全局和方向，推动基层社会治理的健康发展，就要着力于推动社会组织参与社会治理的相关立法工作，为社会组织的社会治理工作打下坚实基础，提供充分的法律保障。可以考虑从以下几个方面加强社会组织参与社会治理立法。一方面，要完善社会组织参与社会治理立法体系，填补立法空白。首先，建议加快《社会组织法》立法进程，《社会组织法》是社会组织参与社会治理的综合性和整体性立法，有利于明确党组织、基层政府、社会组织、公民个人参与社会治理的权利、义务及程序，实现社会治理主体权责关系明晰化、法治化；其次，加快修订《社会团体登记管理条例》《民办非企业单位登记管理暂行条例》《基金会管理条例》。密切配合管理体制改革，将新的管理体制以制度化的形式明确下来，建立以统一的直接登记为主，部门间协调监管、分类指导、重点支持为辅的社会组织管理和发展新体制，逐步构建社会组织统一监管体系和促进社会组织健康发展的新格局，规范和促进社会组织的健康发展。另一方面，坚持与时俱进，根据社会发展新形势和治理理念的新要求，对社会组织参与社会治理领域已有的法律法规进行完善。对于法律法规中不适应社会发展新变化或者规定不科学的地方，要借鉴和吸取已被实践证明的成熟经验，进行相应的立、改、废。完善与社会组织治理相关的法律法规中的程序性规定，为社会组织参与机制以及社会矛盾的解决提供制度性通道，提高法律法规的可操作性。例如，完善社会组织登记备案程序规定，降低社会组织的审批门槛，推进合法化。同时加快社会组织参与社区治理相关领域的专门立法，如针对社会组织资金运行管理、公共服务体系建设等方面的立法，并做好各层面立法的统筹，形成科学合理的立法体系，在此基础上真正发挥社会组织的实际作用。

其次，坚持以党建统领社会组织参与社会治理的法治化建设。党组织是社会组织参与社会治理的领导核心，也是社会组织参与社会治理的重要参与主体，对社会组织参与社会治理的法治建设起着重要的引导、推动、监督作用。党建的法治化水平、党员干部的法治能力，深刻地影响着社会组织参与社会治理的法治化建设进程。第一，树立依法领导社会组织参与社会治理的自觉意识。在全面推进依法治国、建设社会主义法治国家的战略背景下，党领导社会组织参与社会治理，牢固树立法治理念和法律意识至关重要。深刻认识到社会组织、居民群体等平等参与治理的主体对基层党组织具有依法办事的要求。目前我国基层党组织中一些党员领导干部法治意识不强，严重影响了党对社会组织参与社会治理的领导成效。党的领导干部要牢固树立法治意识、依法领导的自觉意识，在领导社会组织社会治理中，把依法合规摆在突出位置，对法律怀有敬畏之心，牢记法律红线不可逾越、法律底线不可触碰，确保在法治轨道上推动各项工作的开展。第二，提高依法领导社会组织参与社会治理的能力。依法治国是党领导人民治理国家的基本方略。在社会建设领域推进法治社会建设，实现从社会管理向社会治理的转变，要求党不断改进领导方式，实现领导活动与法治原则、法治精神相结合，实现党的领导方式法治化。“所谓党的领导方式法治化，是指党的领导有明确的法律根据，有充分的法律保障，有具体的职权范围，有法定的活动程序。”①党依法领导社会组织参与社会治理，就是要坚持运用法治化领导方式，在宪法和法律范围内活动，依法办事、依法决策、依法接受监督，依法为社会提供服务，并引导社会组织和群众用法律手段解决社会生活问题。作为参与基层社会治理的党员干部，要带头尊法学法、自觉守法用法，牢固培养和树立法治思维，并且在实践中不断完善领导方式、提升领导艺术，提高运用法治思维和法治方式服务群众、协调多元利益、化解矛盾、推动发展的能力。第三，积极培育社会组织的法律意识，塑造社会治理的法治氛围。法治的力量来源于社会群体对法治的信仰和拥护。只有社会群体内心真正信仰拥护法律，才能有依法办事、遵纪守法的自觉性，法律才能发挥作用、树立权威，社会治理的法治化才能真正实现。因此，党推进社会组织社会治理法治化进程，要加大法治的宣传教育力度，积极引导和支持社会组织理性表达利益诉求，合法维护自身权益，坚决制止情绪化、非理性和违法的表达行为方式。引导社会组织把各种社会矛盾纠纷的解决引入法治化轨道，强化法律在维护群众权益、化解社会矛盾中的权威地位。同时，按照十八届四中全会提出的“推进覆盖城乡居民的公共法律服务体系建设，加强民生领域法律服务”的要求，积极建立社会组织法律援助项目，面向社会组织提供法律援助服务，帮助社会组织在遇到法律问题或者权利受到侵害时及时有效地获得法律帮助。

二、强化党建引领社会组织参与社会治理的支持与合作体制

强化党建引领社会组织参与社会治理的支持体制至关重要。党建引领社会组织参与社会治理的支持体制是培育、帮扶社会组织发展壮大的制度、体制、机制的总称，由社会组织培育制度、扶持制度以及社会组织税收优惠制度等组成。党建引领社会组织参与社会治理支持体制是政府运用公共资源培育、扶持社会组织成长和发展的一种国家制度。在我国进入全面决胜小康社会、实现中华民族伟大复兴的征程中，社会组织承担了大量的公共管理和社会服务事务，有的社会组织虽不承担公共事务，但是也为社会公益事业作出了贡献，奉献了自身的价值。社会组织的非营利性对社会组织筹集资源的渠道做了严格的限制，以营利为目的的社

① 匡克：《论法治国家与党的领导法治化》，载《社会科学》2019年第7期，第5页。

会资本和资源不能进入社会组织，社会组织只能依靠社会捐赠等少量方式筹集资金，常常陷入资金不足的困境。为了解除社会组织发展的后顾之忧、推动社会组织健康发展，各国纷纷通过建立社会组织支持体制来为社会组织提供资金支持。美国对社会组织的支持比例能够占到社会组织运作资金的30%~40%，一些西欧和北欧国家支持的比例甚至高达60%~70%。我国对社会组织的支持处于刚起步阶段，力度远远比不上西方发达国家的支持力度，社会组织支持体制还存在较大的增长空间。目前党建主要通过三种方式对社会组织进行支持：一是为社会组织搭建孵化平台，提供其生存和发展必需的资源和服务，增强其自我发展能力；二是通过专门基金的形式引导社会组织完善法人治理结构和制度；三是为新社会组织提供发展资助或项目支持。政府购买服务也是促进社会组织健康发展的重要途径。除此之外，良好的社会生态环境也是推动社会组织健康发展的重要因素。社会组织支持体制，既是为社会组织的发展输血，同时也是使社会组织具有造血功能。只有这样才能真正实现社会组织的自我发展。在强化党建引领社会组织参与社会治理支持体制的过程中，要尊重社会组织发展规律，强化引导作用，建立激励机制打造竞争平台，营造支持社会组织发展的氛围。应当指出的是，对社会组织的支持，需要全社会的共同支持，而并不仅仅只依靠政府的力量。来自社会的力量，包括志愿者行动，来自企业对公益的支持以及非政府力量创办的社会组织孵化平台等，都需要在支持体制内进行规制和规范，进而构建良性运作的社会组织支持机制。

强化党建引领社会组织参与社会治理的合作体制要加强现代国家、党与社会组织间的合作。国家是通过民众的授权来掌握公权力而服务人民的，而社会组织本身也是为民众的公益和公共事务服务的，在服务民众的利益上来说，国家、党和社会具有目的的统一性。同时，在明确各方主体职责的前提下，国家和社会组织之间的合作可以大力推动公共事业的发展。国家与社会组织之间的合作机制是社会组织以自身的专长和技能辅助公权力履行社会职能，涵盖服务供给合作、政策制定与执行合作以及针对特定议题展开的民主协商和联合行动等，充分体现了政治公共性与社会公共性之间的紧密联系。供给服务合作就是政府和社会组织围绕购买服务建构合作的体制机制；政策制定与执行合作，就是政府在科学、民主决策的过程中，通过制度化的机制来充分发挥社会组织的决策咨询专长和政策倡导作用，影响政策的制定和执行；针对特定议题展开的民主协商和联合行动就是使社会组织负责人或其代表在两会的框架下积极献言献策，履行参政议政职能。除此之外，政府和社会组织就某一主题(比如环保、疾控、普法教育等)开展共同行动也是党建引领社会组织参与社会治理合作体制的主要内容。

三、优化党建引领社会组织参与社会治理的运行体制

党建引领社会组织参与社会治理的运行需要满足高效、公开、透明和问责的原则，因此，社会组织的运行体制就是指基于绩效管理而构建的组织运行制度。该运行体制由科学合理的内部治理结构、高度透明的信息公开制度、较强的专业能力建设以及适度的市场化企业化方向等因素构成。社会组织的公益性、志愿性和社会性的特点决定了其要依靠科学合理的内部治理结构不断提升党建引领社会组织参与社会治理的效能。在党建引领社会组织参与社会治理过程中，社会组织的决策要民主、公开，管理要职业、高效，监督要公正、透明，尤其要满足公众特别是捐赠者的知情权，为此需要将社会组织及其公益活动信息通过适当的渠道依法、准确、完整、真实地公示出来以满足群众的监督权并防止侵占和私分公益款项等违法乱纪现象的发生。随着民众对社会公共事务的要求越来越高，社会组织的能力、水平和素质建设就显得更加重要。一方面，政府不断加大购买服务的力度，使大量资源向社会组织集中，迫使社会组织能力和服务水平不断提高；另一方面，面对日益加剧的竞争，专业化能力和职业化队伍就成为社会组织运营体制中不可多得的稀缺资源。虽然社会组织不同于企业，不以追求商业利益作为根本出发点。但是，面对社会组织公益资金的保值增值、项目的管理和运作以及筹资都需要借鉴市场化模式，通过市场化、企业化方式来运作。

党建引领社会组织参与社会治理运行体制的优化是政府、政党引导、社会广泛参与的社会公共运行体制，是多元参与、多元协商和合作的现代运行体制。社会组织治理的实质就是社会组织的利害相关者对社会组织的监督和制衡体制。①十九大报告提出要“打造共建共治共享的社会治理格局”，现代社会组织治理体制同样需要打造共建共治共享的新格局。现代社会是人民当家作主的社会，是以人民民主方式解决社会问题的多元共治社会，要充分发挥社会主义协商民主的作

① 李红艳：《我国社会组织治理问题思考》，载《学理论》2019 年第 6 期，第 68~71 页。

用，坚持“有事好商量，众人的事情众人商量”的原则，坚持社会各界联动协作，推动社会治理多元主体之间的协商，在“党委领导、政府负责、社会协同、公众参与、法治保障”的社会治理体制中发挥社会大众自治共治的作用。在党建引领社会组织参与社会治理中，要推动社会组织积极参与社会公共事务，协助党委政府在履行公共管理职能方面发挥作用，提升管理成效。为此，需要政府完善规章制度、转变政府职能，同时提高社会组织高效参与社会治理的能力。要优化党建引领社会组织参与社会治理的运行体制，不能缺少公众监督、媒体监督以及第三方社会组织等源于社会的监督。社会监督作为外部监督具有覆盖面广、社会影响大且监督成本低的优势，对推动社会组织健康发展具有独特的作用。① 这种监督应当在制度化规范化的体制机制下运转。比如以会员或志愿者的形式吸引公众的参与，以信息公开、财务透明等形式接受社会的监督。

总之，在坚持“政社分开、权责明确、依法自治”原则的基础上，完善并优化包括监管、支持、合作、治理和运行体制在内的社会组织管理新体制，必将推动党建引领社会组织参与社会治理的高质量发展。

① 桔平：《国家治理体系现代化视域下的社会组织发展》，载《经济师》2019 年第 10 期，第 10~11 页。

结　　语

在构建共建共治共享社会治理共同体战略背景下，社会组织在社会治理中的作用越来越被重视。通过社会组织来弥补“政府失灵”和“市场失灵”的缺陷，既符合时代发展的规律，也符合现实需要。在中国共产党的正确领导下，社会组织坚持以人民为中心的正确目标导向，必将让中国社会组织进入高质量发展的快车道①，成为参与社会治理不能忽视的重要角色和关键一环，也有望成为中国经济发展新的增长点，成为社会治理现代化的重要标志。

研究发现，各地大量选择政府购买社会组织服务，并让社会组织参与社会治理。与此同时，社会组织在一定程度上也具备了参与社会治理的能力，这体现在三个方面：

其一，社会组织初步建立起了有效的内部管理机制，具备一定的组织能力，其扁平化的组织结构和非权威化的关系网络，在与服务对象开展工作、提高服务效率方面有独到的优势；此外，社会组织利用其系统的开放性，能够有效整合组织的内外部资源；加之组织分工灵活，人员与资金均以成员互助合作的方式实现，有利于根据自身的需要主动参与，并增进组织的凝聚力。

其二，社会组织具备一定的社会动员能力。有效的自我管理与运行离不开居民参与，尽管社会组织没有动员社会参与的政治资本、经济资本，但组织骨干所表现出来的业务能力和奉献精神，组织骨干在社会动员中对各种动员策略的运用，以及社会组织对宣传、激励、说服和服务动员方法的实施，无不彰显出社会组织动员社会参与的能力。

其三，社会组织具备一定的资源整合能力。资源整合能力的强弱是影响运行

① 据 2021 年 2 月 9 日民政部中国社会组织政务服务平台统计显示，各级民政部门共登记社会组织超过 90 万个，其中全国性社会组织 2292 个。

机制能否持续运转的关键。社会组织充分调动自身并不丰富的社会资本，采取不同互动形式与社会多元主体进行互动，构建起政府、企业、社区“两委”、媒体和专家团队等综合主体的社会支持网络，展示了社会组织通过社会互动整合资源的能力。

组织能力、社会动员能力和资源整合能力较强的社会组织呈现出较强的独立性和专业性，为参与社会治理打下坚实的基础。

社会组织因其自身能力有机会参与并提升社会治理效能，而效能最大化的上限则主要取决于四个方面的影响因素：其一，具有中国特色的社会组织理论体系能否构建和完善，从理论上为社会组织有效参与社会治理提供理论支撑；其二，社会组织参与社会治理的制度合法性和业绩合法性能否有效提升；其三，社会组织普遍面临资源困境，对行政资源具有较强的依附性，由此产生独立性不足的问题，容易使自身陷入发展的瓶颈或参与社会治理的表面化和功利化；其四，社会组织的社会治理效能上限也取决于社会组织自身能力的完善度。

本书发现，党建引领社会组织参与社会治理，明显提升了其社会治理效能，主要体现在以下几个方面：一是党建引领有助于社会组织的成长，如帮助社会组织完善自身内部治理机制，带来资源支持和合法性支持；二是党建引领可以运用多重制度优势优化社会治理现代化的治理主体、完善治理规则和机制、准确把握治理目标等；三是统计结果显示，党建强的社会组织在社会治理效能方面明显强于无党建的社会组织，党建强的社会组织往往获得了更多的政府购买服务。

党建引领社会组织提升治理效能，源自党组织的先进性和党组织在处理社会组织介入社会治理所具有的天然优势，即政治领导力、思想引领力、群众组织力和社会号召力。党是领导一切的，也在历史和现实中反复证明是可以领导好一切的。党加强对社会组织的领导，可以确保社会组织沿着正确方向发展，不断增强社会服务能力，获得社会认同和政治认同。目前，党加强对社会组织的领导主要通过党建工作的开展实现组织嵌入、资源嵌入与制度嵌入。

同时，必须指出的是，不同的社会组织党建工作的力度和效度存在明显差别。不少社会组织面临党建工作不扎实、泛化、虚化的问题，而导致这些问题产生的原因是思想上不重视、工作机制缺乏创新性。

本书认为，必须从顶层设计上、从思想上高度重视党建引领社会组织参与社会治理。除此之外，需要不断优化党建引领社会组织参与社会治理的体制机制，主要包括三个方面：一是要进行治理主体上的优化，不断拓展党组织在社会组织的覆盖范围、提升党组织领导水平和服务能力；二是要进行治理机制上的优化，从理论上重新审视党、政府、市场和社会组织等治理主体的关系，划清政府、市场和社会的边界，明确各自的权、责、利，厘清党建工作的业务范围和工作原则；三是要进行治理体制上的优化，建立社会组织参与社会治理的现代监管体制，构建社会组织参与社会治理的现代合作体制，优化现代社会组织参与社会治理的运行体制。

党建引领社会组织社会治理效能研究是一项复杂的系统工程，实际上包含着三个系统，即党建系统、社会组织系统和社会治理系统，极具复杂性和挑战性。特别是由于疫情原因部分调研计划终止，致使部分调研地点的数据缺失，难以实现区域比较研究。

当前，党建引领社会组织高质量发展以及社会组织参与社会治理日益成为显学，为我们深入研究提供了更为广阔的视角和更为丰富的范本。下一步，我们将集中精力展开两个方面的研究：一是对党建引领社会组织参与社会治理的效能进行区域比较研究；二是对党建引领社会组织参与社会治理提升治理效能开展类型学的分析。我们认为，通过继续深入开展这两项研究，有助于我们深化党建引领社会组织提升社会治理效能的认识，更好地发挥党建引领对社会组织效能提升的积极作用。

附件1：社会组织发展状况调查问卷

您好！我们正在开展一项关于党建引领下的社会组织社会治理效能的调查研究，旨在为我国党建引领社会组织建设提供切实有效的研究材料。同时，以期对社会治理体系良性运行产生一定的实践指导意义。

在此我们诚邀您参与本调研，您的意见和建议对研究工作十分重要。我们会对您填写的信息保密，谢谢！

A. 组织成立背景、办公场所及出资情况

A1. 贵组织的全称：______________

A2. 贵组织正式登记成立的时间是____年____月

A3. 贵组织注册资金：________万元，以何种方式______出资

[1]政府相关职能部门

[2]企业

[3]自然人

[4]其他____

A4. 贵组织成立的原因

[1]政府部门发动成立

[2]政府部门倡议，企业自愿成立

[3]行业自发成立

[4]原有政府部门转制而成

[5]上级组织的分会(分支机构)

[6]其他____

A5. 关于贵组织的办公场所，请在以下选项中选择

[1]自有产权

[2]租赁使用

[3]会员企业提供

[4]组织领导或成员家中

[5]临时借用

[6]没有独立的办公场所

[7]其他____

B. 人力资源建设情况

B1. 贵组织是否有专职工作人员

[1]有，人数__人

[2]无

B2. 贵组织现有专职工作人员的年龄结构

[1]30岁以下____ 人

[2]30~35岁____ 人

[3]36~45岁____人

[4]46~55岁____ 人

[5]56~60岁____人

[6]60岁以上____ 人

B3. 贵组织的会长(理事长)专兼职情况

[1]专职

[2]兼职

B4. 贵组织的秘书长专兼职情况

[1]专职

[2]兼职

C. 财务情况

C1. 贵组织会费收取情况(已收会费总额/应收会费总额)：______

C2. 贵组织年度总收入：______ 万元(选填)

其中：

[1]业务主管单位资助________元

[2]社科联，科协资助__________元

[3]企业赞助__________ 元

[4]承接、接受委托或购买服务收入__________ 元

[5]会费收入__________元

[6]社会捐款__________元

[7]经营收入__________

[8]投资性收入__________元

[9]其他________

C3. 贵组织的会费及其他收入能否满足日常开支

[1]完全能满足

[2]基本能满足

[3]不能满足

D. 内部管理情况

D1. 贵组织的领导人(会长、副会长、理事长、副理事长)的产生方式

[1]业务指导单位直接任命

[2]业务指导单位提名，等额选举产生

[3]前任会长(理事长)或理事会提名，会员大会或理事会等额选举产生

[4]会员大会或理事会差额选举产生

[5]根据会费/赞助费的缴纳数额排序决定

[6]其他____

D2. 贵组织秘书长的产生方式

[1]政府部门派遣或者任命

[2]根据章程经民主程序选举产生

[3]公开招聘

[4]其他____

D3. 贵组织理事会召开情况

[1]只要组织有需要即召开

[2]每季度召开一次或一次以上

[3]每年召开两次或两次以上

[4]每年只召开一次

[5]一年未召开一次

D4. 贵组织理事会召开时，理事平均到会率

[1]30%以下

[2]30%~50%

[3]50%~70%

[4]70%~90%

[5]90%以上

E. 承接政府职能转移情况

E1. 您认为本组织与政府相关部门的联系

[1]非常密切

[2]关系一般

[3]联系不多

[4]不好说

E2. 近三年来，贵组织是否承接过政府职能转移

[1]是

[2]否

E3. 贵组织近三年来承接的政府职能转移项目，采取何种方式获取？请在以下选项中选择：______（可多选）

[1]据法律法规进行授权

[2]由政府公共平台集中招标采购

[3]签订长期合作协议

[4]签订短期合作协议

[5]定向补贴

[6]协办

[7]其他方式________

F. 服务与活动开展情况

F1. 贵组织的服务功能定位是：______（可多选）

[1]学术交流	[2]知识普及	[3]决策咨询
[4]科技评价	[5]科技服务	[6]科技奖励
[7]组织自律	[8]文化建设	[9]其他_____

F2. 贵组织主要的活动方式：______（可多选）

[1]政策建议、提案	[2]收集资料、提供信息
[3]提供资金、物资等援助	[4]提供公益文化服务
[5]培训、研修、训练	[6]组织考察、学术交流活动
[7]出版刊物	[8]举办展览
[9]举办学术论坛、讲座及沙龙	[10]其他_____

问卷到此结束，谢谢您的配合！

附件 2：党建引领下社会组织提升社会治理效能的评估

社会组织管理人员访谈提纲

A1. 调查地点：

A2. 被访者所在社会组织：

A3. 被访者姓名：

A4. 被访者联系电话：

B1. 调查员姓名：

B2. 调查时间：____年__ 月__ 日

一、社会组织概况

(一)社会组织的组织运行和活动经费情况

1. 当前社会组织的运行模式及机制
2. 当前社会组织的人力资源问题及建设状况
3. 当前社会组织的经费来源

(二)社会组织的内部管理与组织活动

1. 社会组织的内部管理情况，存在的核心问题
2. 社会组织的社会服务与组织活动开展情况
3. 社会组织承接政府职能转移主要困境及难点

二、党建嵌入社会组织的基本情况

(一)社会组织内部党建工作覆盖率

1. 社会组织管理层和党组织班子成员双向进入、交叉任职的情况

2. 员工/成员对党组织的知晓度

3. 党组织是否做好联系工作，确保组织党员不分散挂靠不同的上级党组织

(二)组织建设健康度

1. 是否开展学习型、服务型党组织建设，创建市、区、社区优秀党组织

2. 党组织是否三年一次换届选举，保证组织建设的正常化

3. 党组织是否积极宣传正能量，营造积极向上的组织(此处的组织是指社会组织)发展环境

4. 党组织是否确保党员党费收缴率达 100%

三、社会组织与党建的关系

(一)社会组织与党建的联动

1. 党组织负责人是否定期参加上级党组织工作例会，以及完成上级党组织交办的任务

2. 社会组织与上级党组织是否搭建协商渠道或平台，以及互动频度

3. 是否在党组织的指导下建立工会组织

4. 是否在党组织的指导下建立团组织

5. 党组织是否与工会或团组织开展联动活动(近一年)

6. 是否和其他党组织开展过互动联动活动(近一年)

7. 党组织是否每季度组织一次党员活动，党组织生活正常有序

8. 社会组织行政方与党组织是否定期沟通

9. 社会组织管理人员是否加入党组织，以及参与党组织的活动

10. 社会组织中的党支部书记与工会主席、团支部书记是否定期沟通联系

（二）社会组织内党建信息公开程度

1. 党组织是否在社会组织中做到党务公开，有党建文化墙或机构网站等宣传阵地

2. 党组织是否每年都有工作计划，年底形成工作总结，有条件的单位在单位内做到党务公开

3. 党组织是否主动及时向单位宣传政府政策，向组织党员群众宣传党的方针政策

（三）社会组织与党建工作目标的关联度

1. 社会组织是否以服务群众，增进服务对象的福祉为出发点

2. 社会组织工作者在需求评估阶段、服务开展阶段和项目评估阶段是否扎根基层，深入服务对象生活情境中，摸排服务对象的需求和问题，提供精准精细的服务

3. 党组织活动是否融入社会组织业务工作

4. 党组织活动是否融入社会组织日常管理活动

5. 党组织活动是否融入社会组织的组织文化建设

6. 作为党员的社会组织所有者和管理者，是否积极参加党的生活，遵守党的章程，履行党员义务，拥护党的决定

（四）社会组织与党建关系质量

1. 党组织在社会组织内每年开展一次党内的满意度测评结果

2. 党组织在社会组织内每年开展一次党外群众的满意度测评结果

四、社会组织的党建绩效

（一）社会组织党建示范力

1. 是否积极创建社区党建工作示范点、区级党建工作示范点、市级党建工作示范点

2. 是否达到两年内提交入党申请的员工不少于该单位总人数的 1%

3. 是否每年培育一名优秀党员

4. 党组织星级评比情况

5. 党建工作或活动是否被媒体正面报道

(二)社会组织党建工作保障度

1. 上级党组织的党员活动经费是否用于党内教育活动

2. 是否党费上缴全额返还全部用于党内教育活动

3. 是否每年年底召开党员大会，向全体党员说明党建经费的使用情况

4. 每年是否开展有影响力的党群工作(推进精神文明建设或助推单位文化建设)

(三)社会组织党建发展创新能力

1. 近两年是否提出过关于体制机制创新的设想

2. 是否借助互联网开设党员论坛、支部 QQ 群、微信群等党员沟通交流平台

3. 是否利用大数据平台，通过互联网、微信、QQ 等现代化手段，搭建起“智慧党建”平台，培养公民的表达自身利益，参与社区决策的意识

4. 是否围绕党建活动内容、拓展服务的功能和范围，创新党建内涵

(四)党建吸引力

1. 开展入党启蒙教育，保证每年有一定数量的入党申请人及入党积极分子

2. 是否三年内发展培养党员人数不少于社会组织员工数的 1%

3. 是否做好入党积极分子培养工作，以及及时上报参加上级党组织入党积极分子培训班的人员

4. 是否每名入党积极分子都设两名入党联系人，每季度和入党积极分子沟通思想工作情况

五、党建提升社会组织效能的情况

(一)党建对社会组织的理念引领情况

1. 党组织是否对社会组织的重要事项决策、重要业务活动、大额经费开支、

接收大额捐赠、开展涉外活动等提出意见，确保社会组织的业务活动符合章程和国家相关法律法规要求

2. 是否积极组织开展主题党日活动，将党组织活动融入社会组织，且活动载体和形式新颖、有成效

3. 是否积极参加中心党委组织的各类会议培训

4. 是否在进行重要决策、项目开展等中，党组织给予意见与指导

5. 是否贯彻落实上级党委工作要求及时到位，对要求完成的各项党建工作能及时研究部署落实

（二）党建对社会组织的技术引领情况

1. 党组织是否为社会组织提供丰富的项目服务（决策咨询、科技评价、科技服务、文化建设、知识普及等），是否通过购买技术服务等方式，将技术引入社会组织（此处可进行深度访谈，挖掘典型案例）

2. 党组织是否通过定期不定期地组织人才培训，为社会组织输入精英（此处可进行深度访谈，挖掘典型案例）

3. 党组织是否通过项目的引进，提升了服务质量与技术效率

（三）党建对社会组织的资源引领情况

1. 党建对社会组织的物质资源输入，社会组织年度通过党建获得社会资源（资金投入、党费支持、资源提供、优先采购）的情况（开放性回答，搜集经验案例，借由此丰富、细化调查问卷）

2. 党建经费等资金补助和扶持政策向社会组织倾斜的情况

3. 信息等非物质资源输入

  a. 党建是否（如何）为社会组织提供丰富的信息交流和分享资源，持续为社会组织供给宣传、咨询和法律等信息

  b. 如何促进党建和社会组织建立战略性合作、彼此信任和相互支持的关系网络，以完善社会组织的共享平台和空间

4. 党建嵌入如何为社会组织输入人才以及社会组织的社会资本如何得到提升

六、党建引领社会组织社会治理的效能的客观指标

(一)社会治理的效率

1. 社会组织参与社会治理或进行公共服务的数量
2. 社会组织是否为公众提供了更快和更便捷的服务
3. 社会组织是否较过去为公众提供了质量更好的服务
    a. 社会治理目标达成情况
    b. 社会治理(公共服务)的改善程度
    c. 社会治理的响应速度
    d. 社会治理过程中的透明度
4. 党建嵌入背景下的社会组织在市场中是否更具备竞争力

(二)社会治理的能力

1. 社会组织内部规范管理的能力
    a. 内部制度的完整度、执行度
    b. 岗位是否明晰
    c. 目标完成的程序
2. 社会组织动员能力
    a. 社会组织筹资的能力是否得到增强
    b. 社会组织资源配置效率以及资源整合的能力是否得到增强，在哪些方面得到增强
3. 社会组织项目管理的能力，公关策划、合作、项目执行能力

(三)社会组织可持续发展的能力

1. 党建通过为社会组织提供丰富的项目服务，降低项目的成本
2. 党建通过技术衔接，增强社会组织参与社会治理的创新和可持续发展
3. 社会组织社会网络是否有发展，呈现出什么样的发展
4. 组织人数与规模发展状况

5. 社会组织人才的技能提升及发展情况

6. 党建引领下社会组织的线上与线下的宣传、扩散及融合

七、党建引领社会组织社会治理的效能的主观指标(满意度测评)

(一)感知评价

公众在享受社会组织服务后对自身需要和自我利益实现的主观感受，包括对自我价值实现的感受和社会价值实现的感受。

(二)满意度

1. 公众对社会组织服务的总体满意程度

2. 对社会组织实施公共服务或社会治理的各个环节(内容、过程、信息、环境)的评价

(三)公众对社会组织的信任程度

公众对社会组织的行为与公共活动保持信心的态度以及支持态度

(四)公众对社会组织的参与(提高)程度

(五)社会组织的知晓度(社交媒体宣传、口碑评价等)

附件 3：课题访谈对象列表

序号	代码 （姓名首字母缩写）	性别	访谈地点	单位及职务	备注
1	CJX	男	武汉市 JX 区	区民政局副局长	湖北省
2	ZW	女	武汉市 JX 区	区民政局科长	湖北省
3	XXL	女	武汉市 JX 区	区五老协会 关爱艺术团团长	湖北省
4	GQ	男	武汉市 JX 区	区五老协会副会长	湖北省
5	ZXG	男	武汉市 JX 区	区武术协会副会长	湖北省
6	YAJ	男	武汉市 JX 区	区太极运动协会负责人	湖北省
7	WB	男	武汉市 JX 区	海淀实验外校 党总支副书记	湖北省
8	ZY	女	武汉市 JX 区	海淀实验外校 部门主管	湖北省
9	YSS	女	武汉市 JX 区	海淀实验外校 新闻编辑	湖北省
10	XC	女	武汉市 JX 区	海淀实验外校 教务职员	湖北省
11	HSY	女	武汉市 JX 区	海淀实验外校 教师	湖北省
12	JGL	男	武汉市 JX 区	海淀实验外校 教师	湖北省
13	LLL	女	武汉市 JX 区	海淀实验外校 教师	湖北省

续表

序号	代码（姓名首字母缩写）	性别	访谈地点	单位及职务	备注
14	JZJ	男	武汉市QS区	益公社社工发展中心社工	湖北省
15	WDW	男	武汉市QS区	益公社社工发展中心社工	湖北省
16	LYB	女	武汉市QS区	益公社社工发展中心文员	湖北省
17	QL	女	武汉市QS区	益公社社工发展中心社工	湖北省
18	YZD	男	武汉市JA区	万帮社工服务中心负责人	湖北省
19	DM	女	武汉市JA区	万帮社工服务中心项目主管	湖北省
20	WQL	女	武汉市JA区	万帮社工服务中心职工项目主管	湖北省
21	YJ	女	武汉市JA区	万帮社工服务中心区域督导	湖北省
22	ZJL	女	武汉市JA区	万帮社工服务中心行政专员	湖北省
23	LJJ	女	武汉市JA区	万帮社工服务中心区域督导	湖北省
24	QXQ	男	武汉市JA区	万帮社工服务中心社工	湖北省
25	TX	女	武汉市JA区	万帮社工服务中心社工	湖北省
26	ZLW	女	武汉市JA区	万帮社工服务中心社工	湖北省
27	QF	男	武汉市JA区	万帮社工服务中心社工	湖北省

续表

序号	代码（姓名首字母缩写）	性别	访谈地点	单位及职务	备注
28	ZXX	女	武汉市JA区	万帮社工服务中心 社工	湖北省
29	TQ	女	武汉市JA区	万帮社工服务中心 社工	湖北省
30	PC	女	长沙市	爱眼公益基金会 综合部/志愿服务部副部长	湖南省
31	LXY	女	桂林市七星区	区委组织副部长	广西壮族自治区
32	GXD	男	桂林市七星区	区新的社会阶层人士 联谊会党支部	广西壮族自治区
33	HRB	男	桂林市七星区	区文学艺术届联合会主席	广西壮族自治区
34	HQZ	男	桂林市	桂林北京商会 党支部书记	广西壮族自治区
35	WL	男	桂林市	桂林北京商会 党支部委员	广西壮族自治区
36	QHX	女	桂林市	桂林湖北商会负责人	广西壮族自治区
37	ZMY	女	桂林市	桂林北京商会负责人	广西壮族自治区
38	ZH	男	桂林市	桂林江苏商会负责人	广西壮族自治区
39	DYY	女	桂林市	桂林湖南商会 秘书处秘书	广西壮族自治区
40	FHH	女	桂林市	民办教育联合会 支部书记	广西壮族自治区
41	LMG	男	桂林市	万禾农产品有限公司 支部书记	广西壮族自治区
42	WM	女	桂林市七星区	萃发科技有限公司	广西壮族自治区
43	ZY	男	桂林市	桂林南药股份有限公司	广西壮族自治区
44	FYH	女	桂林市	才华教育投资有限公司	广西壮族自治区
45	YZL	男	铜仁市	黄家寨产业协会 青年湖村主任	贵州省

续表

序号	代码 （姓名首字母缩写）	性别	访谈地点	单位及职务	备注
46	XP	男	铜仁市	黄家寨产业协会 青年湖村副主任	贵州省
47	LHQ	男	铜仁市	黄家寨产业协会 监督委员	贵州省
48	LCY	男	铜仁市	黄家寨产业协会 青年湖村委员	贵州省
49	ZLZ	女	铜仁市	黄家寨产业协会 青年湖村委员	贵州省
50	LYH	男	铜仁市	黄家寨产业协会 工作人员	贵州省
51	WJS	男	铜仁市	黔东中学 教务处主任	贵州省
52	HA	男	铜仁市	黔东中学 学生管理处	贵州省
53	ZY	男	铜仁市	黔东中学 班主任	贵州省
54	YTS	男	铜仁市	黔东中学 教师	贵州省
55	YJH	男	铜仁市	黔东中学 教师	贵州省
56	ZXF	女	铜仁市万山区	区志愿服务联合会 工作人员	贵州省
57	LY	女	铜仁市万山区	区志愿服务联合会 工作人员	贵州省
58	LYD	女	铜仁市万山区	区志愿服务联合会 工作人员	贵州省
59	SSS	女	铜仁市万山区	区志愿服务联合会 工作人员	贵州省

续表

序号	代码 （姓名首字母缩写）	性别	访谈地点	单位及职务	备注
60	WGL	男	铜仁市万山区	区志愿服务联合会工作人员	贵州省
61	WXQ	女	铜仁市万山区	区志愿服务联合会工作人员	贵州省
62	YH	女	铜仁市万山区	区志愿服务联合会工作人员	贵州省
63	YSX	男	铜仁市万山区	区志愿服务联合会工作人员	贵州省

附件4：调研安排

一、调研目的

(1)通过对各地实践探索说明社会组织党建情况，考察社会组织党建的现实性和有效性，全面厘清党建引领社会组织提高治理效能的必要性与充分性。

(2)认真分析社会组织党建调查数据和各地实践经验，围绕着“红色阵地”“党建标杆”“三社联动”“典型引领”等做法，阐明社会组织党建何以有效促进基层社会治理的效能。

(3)深度剖析社会组织党建中的难点与盲点，其中既包含体制机制方面的障碍，又包括具体工作方法上的不足。重点抓住影响党建引领社会组织治理效能的关键因子，构建数据模型并推导其内在的逻辑关联。

(4)全面总结中国共产党与社会组织之间的关系，结合各地在政党主导与社会发展中取得的基本成效、主要做法和经验，提炼出“嵌入式”党建路径、社会组织的“反向”嵌入路径以及社会组织与党建的“双向赋权”路径等不同模式。

二、调研方法

1. 文献研究法

收集各种相关档案和文献、各种年鉴、相关文件、统计报表、工作总结、经验汇报、会议记录、人员表册、合同协议等，作为调查的补充材料。

2. 问卷调查法

课题组精心设计了《社会组织发展状况调查问卷》《党建引领下的社会组织提升社会治理的效能评估》(社会组织工作人员调查表)，以及《社会组织管理人员访谈提纲》等调查工具，用来统计与分析、梳理和归纳大量数据、资料，将质性研究与量化研究相结合，得出实践结论。

3. 实地访谈

分别选择省(市)社会组织管理局、省(市)社会组织联合党委书记等、社会组织负责人代表(含社会团体、民办非企业单位与基金会三大类)以及省外社会组织等若干人员填写问卷，并进行深度的实地访谈，充分掌握各相关单位对当前党建引领社会组织提升社会治理效能的认知及看法，了解社会组织通过党建如何实现组织资源整合、渠道拓展，在维系生存发展的基础上推动社会发育和社会建设进程。由此提出科学、可操作、可行的基层社会治理政策、措施等。

三、调研组织

调研由武汉工程大学曹胜亮教授牵头，由武汉工程大学马克思主义学院抽调力量组成3个调研组，分为问卷调查组、深度访谈组与数据分析组。其中采取判断抽样法发放问卷，回收有效问卷至少300份，深度访谈50人次左右，以全面掌握有关党建引领社会组织提升治理效能的情况、数据及材料。

四、调研对象与内容

主要包括以下调研对象与内容：

一是主管单位及领导。省社会组织管理局、省社会组织总会、市民政局社会组织管理科、省(市)社会组织党委办公室、联合党委等分管领导或负责人。

(1)社会组织与党建嵌入过程中突出的共性问题。从全局上认识与把握社会组织与党建嵌入过程中的各种阻碍与问题。结合现实情况，针对问题进行分类与归纳，在后续研究中有望开展学理探讨。

(2)党建引领社会组织提升社会治理效能的正面典型。包括实践探索中的有效经验与做法，或已经成熟的工作模式，作为研究支撑材料。

二是研究主体。社会组织(社会团体、民办非企业单位、基金会三种类型，其中以前两种为主)及机构发起人、负责人等。如各组织的理事长、秘书长、项目主任、党支部书记、党建负责人、工作人员等。

(1)党建引领下社会组织的基本情况及特点。包括当前社会组织的组织运行和活动经费来源情况、社会组织的内部管理与组织活动。社会组织内部党建工作覆盖率、组织建设健康度等情况。

（2）党建引领下的社会组织提升治理效能评估。围绕课题调查问卷与访谈提纲展开，结合实地调查的资料、数据与案例等，进行全面刻画。

①社会组织与党建的关系（社会组织与党建的联动、社会组织内党建信息公开程度、二者目标的关联度、二者的关系质量）。

②社会组织的党建绩效（社会组织内的党建示范力、党建工作保障度、党建发展创新能力、党建吸引力）。

③党建提升社会组织效能的情况（党建对社会组织的理念引领、技术引领、资源引领情况）。

④党建引领社会组织提升治理效能的客观（社会治理的效率、能力、可持续发展能力）、主观指标（感知评价、满意度、信任度、参与度和知晓度）。

五、时间安排

第一阶段（2020 年 8 月上旬）：研究、起草、确定调研方案，组成联合调研组。

第二阶段（2020 年 8 月下旬）：召开参与调研人员座谈会，统一思想认识，部署调研工作。

第三阶段（2020 年 9 月上旬—11 月下旬）：首先，开展试调查，及时发现调查问卷或访谈提纲中的不当之处，完善后继续开展调研工作。

随后，分成若干小组到相关部门、单位进行实地调研，包括调查问卷与深度访谈。具体安排见附表 1 至附表 5。

附表 1　　**调研安排一**

1	调研地点与对象	省社会组织管理局、市民政局社会组织管理科、省社会组织党委办公室、联合党委等负责人。
2	调研时间	2020 年 9 月上旬
3	调研任务	开座谈会，从面上掌握和了解湖北社会组织发展历程、阶段、数量及特点，党建引领社会组织过程中面临的共性问题等。
4	调研人员	3~5 人

附表 2

调研安排二

1	调研地点与对象	社会团体及其发起人、负责人。
2	调研时间	2020 年 9—10 月
3	调研任务	(1)完成《社会组织发展状况调查问卷》约 120 份； (2)开座谈会或访谈，其中包括社会组织工作人员调查表，社会组织管理人员座谈或访谈。
4	调研人员	5~7 人

附表 3

调研安排三

1	调研地点与对象	民办非企业单位及其负责人、干事。
2	调研时间	2020 年 9—10 月
3	调研任务	(1)完成《社会组织发展状况调查问卷》约 155 份； (2)开座谈会或访谈，其中包括社会组织工作人员调查表，社会组织管理人员座谈或访谈。
4	调研人员	5~7 人

附表 4

调研安排四

1	调研地点与对象	基金会单位 2~4 个，以及会长、理事长等核心成员。
2	调研时间	2020 年 9—10 月
3	调研任务	(1)完成《社会组织发展状况调查问卷》约 5 份； (2)开座谈会或访谈，其中包括社会组织工作人员调查表，社会组织管理人员座谈或访谈。
4	调研人员	3~5 人

附表 5

调研安排五

1	调研地点与对象	省外社会组织(北京、上海、广州等地，比照党建引领社会组织提升治理效能的典型模式或做法，如“北京方案”“枢纽型”社会组织中的党建引领、“互联网+”党建等先进经验)。
2	调研时间	2020 年 11—12 月

续表

3	调研任务	(1)完成《社会组织发展状况调查问卷》约 20 份； (2)开座谈会或访谈，其中包括社会组织工作人员调查表，社会组织管理人员座谈或访谈。
4	调研人员	3~5 人

第四阶段(12 月下旬)：进行数据录入与分析，整理与提炼访谈素材，集中讨论并得出调查结论。

说明：(1)根据已公布的最新统计数据，湖北省社会组织总量为 29882 家，其中社会团体有 12449 家、民办非企业有 17277 家、基金会有 156 家。故在调查抽样与问卷数量分配上参考了三类社会组织在总量中所占的比例。

(2)在调研过程中，既要注意不同社会组织在党建引领过程中的纵向发展理路，同时也要注重党建引领社会组织在治理效能过程中在各地实践的横向对比。

(3)当前方案为预期计划，在调查实施过程中一切以实际情况为准。

参 考 文 献

一、国内文献

（一）马克思、恩格斯、毛泽东、邓小平等著作类

[1]马克思恩格斯选集(第1—4卷)[M]. 北京：人民出版社，2012.

[2]毛泽东文集(第1—2卷)[M]. 北京：人民出版社，1993.

[3]邓小平文选(第2卷)[M]. 北京：人民出版社，1994.

[4]胡锦涛文选(第3卷)[M]. 北京：人民出版社，2016.

[5]胡锦涛. 在省部级主要领导干部提高构建社会主义和谐社会能力专题研讨会上的讲话[M]. 北京：人民出版社，2005.

[6]十四大以来重要文献选编(上)[M]. 北京：中央文献出版社，2011.

[7]十六大以来重要文献选编(下)[M]. 北京：中央文献出版社，2008.

[8]习近平关于社会主义社会建设论述摘编[M]. 北京：中央文献出版社，2017.

[9]习近平关于社会主义政治建设论述摘编[M]. 北京：中央文献出版社，2017.

[10]习近平谈治国理政(第1—3卷)[M]. 北京：外文出版社，2014.

[11]习近平. 论坚持全面深化改革[M]. 北京：中央文献出版社，2018.

[12]党的十九大报告辅导读本[M]. 北京：人民出版社，2017.

[13]中共中央关于坚持和完善中国特色社会主义制度推进国家治理体系和治理能力现代化若干重大问题的决定[M]. 北京：人民出版社，2019.

[14]中国共产党章程[M]. 北京：人民出版社，2017.

（二）国内书著类

[1]俞可平. 治理与善治[M]. 北京：社会科学文献出版社，2000.

[2]俞可平. 论国家治理现代化[M]. 北京：社会科学文献出版社，2015.
[3]俞可平等. 中国公民社会的制度环境[M]. 北京：北京大学出版社，2006.
[4]俞可平. 中国公民社会的兴起与治理的变迁[M]. 北京：社会科学文献出版社，2002.
[5]李培林. 社会改革与社会治理[M]. 北京：社会科学文献出版社，2014.
[6]刘绪海. 社会组织治理的公共政策研究[M]. 桂林：广西师范大学出版社，2014.
[7]王名. 社会组织论纲[M]. 北京：社会科学文献出版社，2013.
[8]谢海定. 中国民间组织的合法性困境[M]//吴玉章. 社会团体的法律问题. 北京：社会科学文献出版社，2004.
[9]王名. 中国民间组织30年——走向公民社会[M]. 北京：社会科学文献出版社，2008.
[10]王名，刘培峰等. 民间组织通论[M]. 北京：时事出版社，2004.
[11]周雪光. 组织社会学十讲[M]. 北京：社会科学文献出版社，2003.
[12]康晓光. 依附式发展的第三部门[M]. 北京：社会科学文献出版社，2011.
[13]林尚立. 当代中国政治形态研究[M]. 天津：天津人民出版社，2000.
[14]师晓霞. 中国共产党执政期间执政党与社会关系研究[M]. 北京：人民日报出版社，2010.
[15]谈志林. 走向公民社会：地方社团发展的制度分析——以北京市、温州市、哈尔滨市社团为例[M]. 北京：中国社会出版社，2010.
[16]邓国胜. 非营利组织评估[M]. 北京：社会科学文献出版社，2001.
[17]王名，刘培峰等. 民间组织通论[M]. 北京：时事出版社，2004.
[18]刘培峰. 自由结社及其限制[M]. 北京：社会科学文出献版社，2007.
[19]翟鸿祥. 行业协会发展理论与实践[M]. 北京：经济科学出版社，2003.
[20]苏永钦. 经济法的挑战[M]. 台北：五南图书出版公司，1985.
[21]张效芳. 革命与动员建构“共意”的视角[M]. 北京：社会科学文献出版社，2011.
[22]周雪光. 组织社会学十讲[M]. 北京：社会科学文献出版社，2003.
[23]卢汉龙等. 新中国社会管理体制研究[M]. 上海：上海人民出版社，2015.

[24]王邦佐等. 执政党与社会整合——中国共产党与新中国社会整合实例分析[M]. 上海：上海人民出版社，2007.
[25]黄晓勇. 中国民间组织报告(2009—2010)[M]. 北京：社会科学文献出版社，2009.
[26]黄晓勇. 社会组织蓝皮书：中国社会组织报告(2019)[M]. 北京：社科文献出版社，2019.
[27]黄晓勇. 中国社会组织报告(2016—2017)[M]. 北京：社会科学文献出版社，2017.
[28]朱昔群. 政党科学与政党政治科学化[M]. 北京：中央编译出版社，2015.
[29]朱昔群. 政党科学与政党政治科学化[M]. 北京：中央编译出版社，2015.
[30]高新民主编. 中国共产党治党理政历史经验[M]. 北京：中共中央党校出版社，2014.
[31]周本顺. 加快推进社会体制改革，加强和创新社会管理[M]//十八大报告辅导读本. 北京：社会科学文献出版社，2013.
[32]易轩宇. 社会组织参与社会治理的机制创新研究[M]. 湘潭：湘潭大学出版社，2017.
[33]王名. 社会组织与社会治理[M]. 北京：社会科学文献出版社，2014.
[34]俞可平. 治理与善治[M]. 北京：社会科学文献出版社，2000.
[35]马庆钰等. 社会组织能力建设[M]. 北京：中国社会出版社，2011.
[36]曹胜亮. 社会转型期我国经济法价值目标实现理路研究——以马克思主义利益理论为视角[M]. 武汉：武汉大学出版社，2015.
[37]曹胜亮. 转型与建构：社会中间层组织与社会治理创新[M]. 武汉：华中科技大学出版社，2018.

(三)国内论文类

[1]俞可平. 全球治理引论[J]. 政治学，2000，3.
[2]谭俊峰，陈伟东. 深度贫困地区脱贫攻坚路径研究——以嵌入性理论为视角[J]. 天津行政学院学报，2018，5.
[3]张康之. 论参与治理、社会自治与合作治理[J]. 行政论坛，2008，6.

[4]贺国锋. 论我国社会转型期社会控制机制的转换[J]. 特区理论与实践, 1996, 9.

[5]张勇杰. 多层次整合：基层社会治理中党组织的行动逻辑探析——以北京市党建引领“街乡吹哨、部门报到”改革为例[J]. 社会主义研究, 2019, 6.

[6]丁晓强, 黄亚玲. 新时代党建引领社会组织融入社会治理的新探索——关于平湖样本的调查考察[J]. 上海党史与党建, 2019, 7.

[7]伏威. 政府与养老服务社会组织合作的优化路径研究[J]. 延边大学学报(社会科学版), 2020, 1.

[8]李利冬, 张振东, 郁娇. 充分发挥学会党建的政治引领作用[J]. 学会, 2019, 2.

[9]刘志辉, 杨书文. 政府购买社会组织公共服务的公共性论纲[J]. 理论月刊, 2019, 10.

[10]张丽. 滨州市滨城区市东街道 探索党建引领社会组织发展新模式[J]. 中国社会组织, 2019, 19.

[11]陈东辉. 基层党建引领社会治理创新的探索与路径[J]. 理论与改革, 2019, 3.

[12]王杨. 论新时代社会组织党建政策工具的优化——基于 2015 年至 2018 年部分省级政策文本的量化分析[J]. 社会主义研究, 2019, 5.

[13]钱坤. 从“管理”走向“服务”：枢纽型社会组织的实践困境、功能转型与路径选择[J]. 兰州学刊, 2019, 11.

[14]陈思, 凌新. 社会治理精细化背景下社会组织效能提升研究[J]. 理论月刊, 2017, 1.

[15]刘莹. 论街镇综合执法改革中的社区社会组织建设[J]. 长白学刊, 2018, 3.

[16]孙浩, 龚承. 社会组织承接公共服务效能的评价及提升研究[J]. 湖北大学学报(哲学社会科学版), 2016, 5.

[17]王浦劬. 国家治理、政府治理和社会治理的含义及其相互关系[J]. 国家行政学院学报, 2014, 3.

[18]周红云. 国际治理评估指标体系研究述评[J]. 经济社会体制比较, 2008, 6.

[19]刘明, 杨党校. 社会转型与社会治理研究[J]. 党史文苑, 2007, 4.

[20]董晓宇. 公共管理的由来及其与公共行政的内在差异[J]. 北京行政学院学报，2004，1.
[21]俞可平. 治理与善治引论[J]. 马克思主义与现实，1999，5.
[22]覃敏健. 善治理论视野下的"和谐社会"建设[J]. 行政论坛，2007，1.
[23]江必新，李沫. 论社会治理创新[J]. 新疆师范大学学报(哲学社会科学版)，2014，2.
[24]孙晓莉. 多元社会治理模式探析[J]. 理论导刊，2005，5.
[25]王名. 走向公民社会——我国社会组织发展的历史及趋势[J]. 吉林大学社会科学学报，2009，3.
[26]黄振海. 促进我国社会组织发展的若干思考[J]. 学术界，2011，157.
[27]李俊群. 从制度供求的角度看当前社会组织的运行状况[J]. 社团管理研究，2011，1.
[28]张海军. "社会组织"概念的提出及其重要意义[J]. 社团管理研究，2012，12.
[29]周浩集. 中国民间组织概念的发展变迁[J]. 学习论坛，2010，3.
[30]陈洪涛. "社会组织"概念的政策与理论考察及使用必要性探析[J]. 社团管理研究，2009，6.
[31]丁惠平. 支持型社会组织的分类与比较研究——从结构与行动的角度看[J]. 学术研究，2107，2.
[32]夏雨. 社会组织分类治理研究[J]. 大连海事大学学报(社会科学版)，2019，1.
[33]周浩集. 中国民间组织概念的发展变迁[J]. 学习论坛，2010，3.
[34]王诗宗，宋程成. 独立抑或自主：中国社会组织特征问题重思[J]. 中国社会科学，2013，5.
[35]田凯. 国外非营利组织理论述评[J]. 学会月刊，2004，10.
[36]纪莺莺. 当代中国的社会组织：理论视角与经验研究[J]. 社会学研究，2013，5.
[37]敬又嘉. 从购买服务到合作治理——政社合作的形态与发展[J]. 中国行政管理，2014，7.

[38]金家厚. 转型期的社会管理：我国非政府组织的发展定位与模式构建[J]. 云南社会科学，2003，5.
[39]蒋永穆，黄晓渝. 中国特色社会组织：内涵厘清与体系架构[J]. 上海行政学院学报，2016，5.
[40]余娴丽，蔡晓良. 中国特色社会组织理论初探[J]. 辽宁行政学院学报，2014，4.
[41]马德坤. 21世纪以来党和政府的社会组织建设理论创新述略[J]. 当代世界与社会主义，2016，4.
[42]王名，张严冰，马建银. 谈谈加快形成现代社会组织体制问题[J]. 社会，2013，3.
[43]范明林. 非政府组织与政府的互动关系——基于法团主义和市民社会视角的比较个案研究[J]. 社会学研究，2010，3.
[44]蒋永穆，黄晓渝. 中国特色社会组织：内涵厘清与体系架构[J]. 上海行政学院学报，2016，5.
[45]范明林. 非政府组织与政府的互动关系——基于法团主义和市民社会视角的比较个案研究[J]. 社会学研究，2010，3.
[46]羌洲，曹亚楠. 社会治理体制改革的演进和对民族地区社会治理的启示[J]. 西北民族大学学报，2015，1.
[47]黄晓春，周黎安. 政府治理机制转型与社会组织发展[J]. 中国社会科学，2017，11.
[48]周学荣. 社会组织参与社会治理的理论思考与提升治理能力的路径研究[J]. 湖北大学学报(哲学社会科学版)，2018，6.
[49]张小锋，张涛. 社会组织在中国网络社会治理中的作用[J]. 哈尔滨工业大学学报(社会科学版)，2017，6.
[50]马金芳. 社会组织多元社会治理中的自治与法治[J]. 法学，2014，11.
[51]曹胜亮，程夏静. 促进社会中间层发展的经济法制度建构初——基于政府与市场利益关系的博弈为视角[J]. 湖北第二师范学院学报，2015，10.
[52]刘大洪，李华振. 政府失灵语境下的第三部门的研究[J]. 法学评论，2005，6.

[53]谭日辉. 社会组织发展的深层困境及其对策研究[J]. 湖南师范大学社会科学学报，2014，1.
[54]于浩. 大数据时代政府数据管理的机遇、挑战与对策[J]. 中国行政管理，2015，3.
[55]张仲涛，刘以妍. 大数据背景下政府激发社会组织活力研究[J]. 学习论坛，2016，5.
[56]廖冲绪，张曦. 共建共治共享社会治理格局的逻辑进路、时代内涵与路径创新[J]. 行政与法，2020，3.
[57]张国磊，马丽. 新时代构建社会治理共同体的内涵、目标与取向——基于党的十九届四中全会《决定》的解读[J]. 宁夏社会科学，2020，1.
[58]李友梅. 中国社会治理的新内涵与新作为[J]. 社会学研究，2017，6.
[59]广州市民政局. 构建共建共治共享社区治理工作格局建设幸福广州[J]. 中国社会组织，2019，3.
[60]任中平. 成都市构建新型村级治理机制的经验与价值[J]. 党政研究，2014，5.
[61]刘琦，杨茜. 构建新时代"枫桥经验"与共享共治社会治理格局的路径研究[J]. 长春理工大学学报(社会科学版)，2019，3.
[62]李佃来. 哈贝马斯对当代政治哲学的贡献[J]. 东岳论丛，2019，8.
[63]王名，蔡志鸿，王春婷. 社会共治：多元主体共同治理的实践探索与制度创新[J]. 中国行政管理，2021，12.
[64]卢芳霞，刘开君. "枫桥经验"在重大社会风险防控中的应用[J]. 中国领导科学，2020，4.
[65]康晓强. 有效发挥社会组织在化解社会矛盾方面的积极作用[J]. 教学与研究，2014，2.
[66]李晓斐. 当代乡贤：地方精英抑或民间权威[J]. 华南农业大学学报(社会科学版)，2016，4.
[67]程昆. 论基层社会矛盾预防化解机制的完善与创新[J]. 科学社会主义，2015，6.
[68]韩振峰. 人民立场是中国共产党的根本政治立场[J]. 党建，2017，3.

[69]姜强强，张晓东. 以人民为中心：习近平新时代中国特色社会主义思想的价值核心[J]. 江西社会科学，2018，12.

[70]胡伯项，艾淑飞. 习近平以人民为中心的发展思想探析[J]. 思想教育研究，2017，1.

[71]邓红，尚娜娜. 论新时代中国共产党“以人民为中心”的执政理念[J]. 华南理工大学学报(社会科学版)，2018，1.

[72]杨云霞，庄季乔. 马克思共享发展思想在中国劳动关系中的实践[J]. 西安财经学院学报，2019，1.

[73]朱霁. 共享发展的实现机制探讨[J]. 当代经济管理，2018，12.

[74]李树业. 习近平治国理政总方法论：坚持问题导向[J]. 领导科学论坛，2020，15.

[75]郑琦. 社会组织党建：目标取向与实践逻辑[J]. 求实，2017，10.

[76]徐越倩，张倩. 社会组织党建与业务融合何以可能——基于动力-路径的分析[J]. 北京行政学院学报，2019，6.

[77]何历宇. 论中国社会工作发展的两个分析维度[J]. 上海行政学院学报，2014，3.

[78]李玉良. 论新时代党的社会号召力建设——兼论党建引领基层社会治理创新[J]. 中共云南省委党校学报，2019，2.

[79]彭军. 完善社会组织监管机制促进社会治理创新[J]. 中国民政，2015，5.

[80]马长山. 智慧治理时代的社会组织制度创新[J]. 学习与探索，2019，8.

[81]康晓光，韩恒. 分类控制：当前中国大陆国家与社会关系研究[J]. 社会学研究，2005，6.

[82]唐文玉. 行政吸纳服务：中国大陆国家与社会关系的一种新诠释[J]. 公共管理学报，2010，1.

[83]刘鹏. 从分类控制走向嵌入型监管：地方政府社会组织管理政策创新[J]. 中国人民大学学报，2011，5.

[84]王向民. 分类治理与体制扩容：当前中国的社会组织治理[J]. 华东师范大学学报(哲学社会科学版)，2014，5.

[85]孙晓莉. 多元社会治理模式探析[J]. 理论导刊，2005，5.

[86]胡亮. 从战“疫”看如何发挥党建引领社会组织参与社会治理的作用[J]. 湖南日报，2020，9.
[87]蒋卓晔. 党建引领中国社会治理的实践逻辑[J]. 科学社会主义，2019，2.
[88]张勇杰. 多层次整合：基层社会治理中党组织的行动逻辑探析——以北京市党建引领“街乡吹哨、部门报到”改革为例[J]. 社会主义研究，2019，6.
[89]赵大鹏. 新形势下“两新”党组织功能的激活与实现：挑战与对策[J]. 理论月刊，2019，2.
[90]何艳玲，李妮. 为创新而竞争：一种新的地方政府竞争机制[J]. 武汉大学学报(哲学社会科学版)，2017，1.
[91]练宏. 注意力竞争——基于参与观察与多案例的组织学分析[J]. 社会学研究，2016，4.
[92]张小劲，李春峰. 地方治理中新型社会组织的生成与意义——以H市平安协会为例[J]. 华中师范大学学报(人文社会科学版)，2012，4.
[93]吴新叶. 党建引领基层社会治理的新趋势及其应对[J]. 国家治理，2017，1.
[94]吴新叶. 党建引领社会治理的中国叙事——兼论国家-社会范式的局限及其超越[J]. 人文杂志，2020，1.
[95]黄晓春. 当代中国社会组织的制度环境与发展[J]. 中国社会科学，2015，9.
[96]周俊. 政府与社会组织关系多元化的制度成因分析[J]. 政治学研究，2014，5.
[97]刘建军，孙杨程. 使基层治理创新运转起来：联动网络与中国社区公共物品提供[J]. 江苏行政学院学报，2017，5.
[98]周悦，崔炜. 社会参与理论下的农村社区建设现状分析与机制构建[J]. 前沿，2012，11.
[99]胡金强. 非政府组织参与社会治理的困境及路径选择[J]. 企业导报，2012，20.
[100]马长山. 智慧治理时代的社会组织制度创新[J]. 学习与探索，2019，8.
[101]刘鹏. 从分类控制走向嵌入型监管：地方政府社会组织管理政策创新[J]. 中国人民大学学报，2011，5.
[102]王向民. 分类治理与体制扩容：当前中国的社会组织治理[J]. 华东师范大

学学报(哲学社会科学版)，2014，5.
[103]孙晓莉. 多元社会治理模式探析[J]. 理论导刊，2005，5.
[104]李图强，张会平. 社会治理中的关系探究[J]. 学海，2014，4.
[105]黄一玲，焦连志. 当前"两新"组织的党建新生态与党建路径创新[J]. 江西师范大学学报(哲学社会科学版)，2015，4.
[106]陈家喜. 构建自主性与制度化的平衡：执政党治理改革的新议程[J]. 社会科学研究，2016，1.
[107]文晓波，钟志奇. 我国社会管理体制的历史变迁与改革路径研究[J]. 地方治理研究，2016，2.
[108]俞可平. 中国治理变迁30年(1978—2008)[J]. 吉林大学社会科学学报[J]. 2008，3.
[109]陶国根. 善治理论视野下党的执政能力提升[J]. 中共成都市委党校学报，2010，3.
[110]周进萍. 共建共治共享：社会治理的中国话语与行动体系[J]. 中共福建省委党校学报，2018，7.
[111]陈宇. 国家级新区社会治理创新：现状与思路——以南京江北新区为例[J]. 黑龙江社会科学，2020，1.
[112]郑杭生. 改革开放三十年：社会发展理论和社会转型理论[J]. 中国社会科学，2009，2.
[113]周庆智. 基于公民权利的城市社区治理建构[J]. 学习与探索，2015，3.
[114]史云贵，屠火明. 基层社会合作治理：完善中国特色公民治理的可行性路径探析[J]. 社会科学研究，2010，3.
[115]鄯爱红. 以党建引领基层治理体制机制创新[J]. 中国党政干部论坛，2018，12.
[116]曹胜亮，沈虹飞. 基层党组织政治功能实践的考量[J]. 学校党建与思想教育，2020，4.
[117]叶敏. 新时代党建引领社会治理格局的实现路径[J]. 湖南师范大学社会科学学报，2018，4.
[118]郭文. 社会组织党建工作要实现"三个统一""三个转变"[J]. 前进，2020，8.

[119]曹胜亮，吕溪. 社会中间层组织与社会治理创新研究[J]. 河南社会科学，2018，8.

[120]曹胜亮. 全面推进依法治国的困境与求索——以国家治理体系和治理能力现代化为视角[J]. 法学论坛，2015，1.

[121]曹胜亮. 国家治理能力现代化与社会治理创新的互动与契合[J]. 湖北行政学院学报，2017，5.

[122]张康之. 合作治理是社会治理变革的归宿[J]. 社会学研究，2012，3.

[123]曹海军，刘少博. 新时代“党建+城市社区治理创新”：趋势、形态与动力[J]. 社会科学，2020，3.

[124]曹胜亮，黄莎. 转型期社会管理模式的困境与价值选择[J]. 河南社会科学，2017，11.

[125]杨阳，冯凌宇. 党建引领社会组织参与城乡社区发展治理研究[J]. 中共成都市委党校学报，2020，1.

[126]孙莉莉，钟杨. 社会组织参与社会治理的绩效评估：理论框架和评估模型[J]. 宁夏社会科学，2018，5.

[127]叶敏. 政党组织社会：中国式社会治理创新之道[J]. 探索，2018，4.

[128]曹胜亮. 转型期我国传统社会管理模式的四个困境[J]. 中国社会科学文摘，2018，4.

[129]樊红敏，张玉娇. 县域社会治理评价体系：建构理路与评估框架[J]. 河南师范大学学报(哲学社会科学版)，2017，1.

[130]韩小凤，苗红培. 我国社会组织的公共性困境及其治理[J]. 探索，2016，6.

[131]张娅. 党建引领基层社会治理的逻辑、现状及优化路径——以湖北省为例[J]. 湖北行政学院学报，2019，3.

[132]许爱梅，崇维祥. 结构性嵌入：党建引领社会治理的实现机制[J]. 党政研究，2019，4.

[133]殷荣林. 社会组织党建：实践、问题与建议——基于浙江省湖州市的调研[J]. 党政干部学刊，2018，1.

[134]郑晓华，左弼臣. 党联系新社会组织的模式完善研究[J]. 社会主义研究，

2012，4.

[135]马超峰，薛美琴. 组织资源禀赋与社会组织党建嵌入类型——基于南京市社会组织的案例分析[J]. 学习与实践，2020，6.

[136]龙翠红. 政府向社会组织购买服务：嵌入性视角中的困境与超越[J]. 南京社会科学，2018，8.

[137]陈义平. 社会组织参与社会治理的主体性发展困境及其解构[J]. 学术界，2017，2.

[138]段妍. 党建引领基层社会治理智能化与精细化思考[J]. 人民论坛·学术前沿，2019，20.

[139]吴新叶. 党对非政府组织的领导——以执政党的社会管理为视角[J]. 政治学研究，2008，2.

[140]中共武侯区党校课题组. 新时期社会组织党建工作困境与出路——以成都武侯区为例[J]. 中共成都市委党校学报，2016，5.

[141]陈家喜. 我国新社会组织党建：模式、困境与方向[J]. 中共中央党校学报，2012，2.

[142]薛美琴，马超峰. 关系网络再造：社会组织联合党建的行动逻辑[J]. 探索，2020，6.

[143]吴晓林. 党如何链接社会：城市社区党建的主体补位与社会建构[J]. 学术月刊，2020，5.

[144]陆建华. 大陆民间组织的兴起——对北京三个绿色民间组织的个案分析[J]. 中国社会科学季刊，2000，32.

[145]陈家喜. 强化组织渗透性：社会组织党建的发展方向[J]. 中国党政干部论坛，2015，10.

[146]郁建兴，沈永东. 调适性合作：十八大以来中国政府与社会组织关系的策略性变革[J]. 政治学研究，2017，3.

[147]何海兵. 探索城市基层党建引领社区治理新路[J]. 党政论坛，2017，7.

[148]杨妍，王江伟. 基层党建引领城市社区治理：现实困境、实践创新与可行路径[J]. 理论视野，2019，4.

[149]范明林，程金. 城市社区建设中政府与非政府组织互动关系的建立和演

变——对华爱社和尚思社区中心的个案研究[J]. 社会，2007，5.
[150]曹海军，鲍操. 社区治理共同体建设——新时代社区治理制度化的理论逻辑与实现路径[J]. 理论探讨，2020，1.
[151]唐兴军. 从嵌入耦合到驱动引领：社会组织党建的逻辑与路向[J]. 江西师范大学学报(哲学社科版)，2020，1.
[152]邹东升. 党建引领基层社会治理：探索、短板与完善[J]. 国家治理，2019，2.
[153]葛亮. 制度环境与社会组织党建的动力机制研究——以Z市雪菜饼协会为个案[J]. 社会主义研究，2018，1.
[154]景跃进. 将政党带进来：国家与社会关系范畴的反思与重构[J]. 探索与争鸣，2019，8.
[155]荣奎桢，陆奇斌. 企业与社会组织联盟研究综述——基于企业社会视角[J]. 管理现代化，2020，2.
[156]郑维伟. 从组织架构到微观行动：20世纪50年代的党群组织与社会统合[J]. 开放时代，2018，5.
[157]郑雄飞，王提. 从单一到多元：新中国农村土地生产经营模式的演变路径探析[J]. 学术研究，2020，2.
[158]严宏. 社会组织党建中的“事实”“规范”与“价值”——基于新时代视角对现有研究的进一步探讨[J]. 理论与改革，2019，3.
[159]朱前星. 中国共产党的社会整合及其功能调适研究——社会治理现代化视角[J]. 宁夏社会科学，2018，4.
[160]鄢一龙. 党的领导与中国式善治[J]. 行政管理改革，2002，1.
[161]陶传进，张欢欢. 分类支持：社会组织管理的一个新视角[J]. 新视野，2020，2.
[162]刘红凛. 改革开放以来党内主题教育的发展轨迹、基本经验与基本启示[J]. 思想理论教育，2019，9.
[163]赵淑梅. 新时代加强党的建设路径——基于提高党的长期执政能力的思考[J]. 中国特色社会主义研究，2019，3.
[164]赵建军. 技术本质特性的批判性阐释[J]. 自然辩证法研究，2001，3.

[165]赵大朋，简皎洁. 论新时代基层党组织组织力的内涵与建设路径[J]. 社会主义研究，2019，5.
[166]程竹汝. 论党的政治能力建设及其着力点[J]. 思想理论教育，2019，7.
[167]刘伟伟，原建勇. 人工智能难题的大数据思维进路[J]. 新疆师范大学学报(哲学社会科学版)，2018，3.
[168]王杨. 论新时代社会组织党建政策工具的优化——基于 2015 年至 2018 年部分省级政策文本的量化分析[J]. 社会主义研究，2019，5.
[169]纪莺莺. 从“双向嵌入”到“双向赋权”：以 N 市社区社会组织为例——兼论当代中国国家与社会关系的重构[J]. 浙江学刊，2017，1.
[170]王诗宗，宋程成. 独立抑或自主：中国社会组织特征问题重思[J]. 中国社会科学，2013，5.
[171]韩清波，刘建佳. 新时代社会组织党建工作的价值维度[J]. 湖南工业大学学报(社会科学版)，2017，6.
[172]万雪芬. 社会治理下的区域化党的建设思考——基于浙江的实践[J]. 理论探索，2013，3.
[173]谢舜，王玉生，傅金鹏. 发挥社会组织在社会治理中的重要作用[N]. 广西日报，2014-04-22.
[174]严国萍，任泽涛. 论社会管理体制中的社会协同[J]. 中国行政管理，2013，4.
[175]陆继峰. 社会组织发展：当前困境与对策分析[J]. 社科纵横，2018，1.
[176]赖伟军. 社会组织综合监管机制与体系构建[J]. 大社会，2018，1.
[177]李红艳. 我国社会组织治理问题思考[J]. 学理论，2019，6.
[178]桔平. 国家治理体系现代化视域下的社会组织发展[J]. 经济师，2019，10.
[179]胡一峰. 困境与对策：关于提高社会治理法治化水平的思考[J]. 社会管理，2017，4.
[180]匡克. 论法治国家与党的领导法治化[J]. 社会科学，2019，7.
[181]康晓光，韩恒. 分类控制：当前中国大陆国家与社会关系研究[J]. 开放时代，2008，2.
[182]易轩宇. 社会协同治理中社会组织的博弈评价与优化对策[J]. 甘肃社会科

学，2014，6.
[183]彭国甫. 对政府绩效评估几个问题的反思[J]. 湘潭大学学报(哲学社会科学版)，2004，3.
[184]王向民，李小艺，肖越. 当前中国的社会组织培育发展研究：从结构分析到过程互动[J]. 上海：华东师范大学，2018，6.
[185]姜晓萍. 国家治理现代化进程中的社会治理体制创新[J]. 中国行政管理，2014，2.
[186]李图强，张会平. 变革社会中创新型社会组织的建立[J]. 北京工业大学学报(社会科学版)，2014，5.
[187]叶敏，吕亚奇，王阳. 街面空间的权力脱嵌与治理重构——以上海市郊区F镇为例[J]. 北京行政学院学报，2018，3.
[188]刘笑霞. 论我国政府绩效评价主体体系的构建——基于政府公共受托责任视角的分析[J]. 审计与经济研究，2011，3.
[189]吴绍琪，冉景亮. 政府绩效评估主体的研究[J]. 软科学，2006，3.
[190]张继亮，王映雪. 政府与社会组织协同治理效能提升的三重维度[J]. 学术交流，2018，6.
[191]曹胜亮，胡江华. 新时代社会组织参与社会治理创新的理论困境和路径选择[J]. 武汉理工大学学报(社会科学版)，2021，5.
[192]向羽. 新时代社会组织参与社会治理的现实困境与应对策略[J]. 中共济南市委党校学报，2022，1.
[193]吴志成. 西方治理理论述评[J]. 教学与研究，2004，6.
[194]崔开云，徐勇. 中国共产党对社会组织的政治整合问题分析——基于观念、机构和行动的综合性视角[J]. 教学与研究，2018，6.

(四)硕博论文类

[1]姜郸. 中国城市社区互动式治理研究[D]. 长春：吉林大学，2020.
[2]龙丽波. 习近平新时代全面从严治党思想研究[D]. 西安：陕西师范大学，2018.
[3]刘永梅. 中国共享发展理念塑造研究[D]. 长春：吉林大学，2018.

[4]罗光华. 城市基层社会管理模式创新研究[D]. 武汉：武汉大学，2011.
[5]张忠华. 中国共产党人民立场研究[D]. 北京：中共中央党校，2018.
[6]李慧凤. 社区治理与社会管理体制创新[D]. 杭州：浙江大学，2011.
[7]常亮. 民族地区纠纷司法解决机制研究[D]. 北京：中央民族大学，2013.
[8]仰义方. 新媒体时代党的社会领导力研究[D]. 北京：北中共中央党校，2015.
[9]孔建华. 当代中国网络舆情治理：行动逻辑、现实困境与路径选择[D]. 长春：吉林大学，2019.

(五)国内报纸类

[1]在庆祝中国人民政治协商会议成立 65 周年大会上的讲话[N]. 人民日报，2014-09-22.
[2]胡亮. 从战“疫”看如何发挥党建引领社会组织参与社会治理的作用[N]. 湖南日报，2020-02-18.
[3]田良木，沈晓丹. 中国科协国家统计局首次发布资料我国现有科技社团 146 个[N]. 人民日报，1988-06-11.
[4]决胜全面建成小康社会夺取新时代中国特色社会主义伟大胜利——在中国共产党第十九次全国代表大会上的报告[N]. 光明日报，2017-10-28.
[5]中国共产党第十九届中央委员会第四次全体会议公报[N]. 人民日报，2019-11-01.
[6]习近平. 在参加十二届全国人大第二次会议上海代表团审议时的讲话(2014 年 3 月 5 日)[N]. 人民日报，2014-03-06.
[7]唐文玉. 开拓当代中国社会组织发展特色之路[N]. 社会科学报，2017-01-03.
[8]中共中央关于加强党的政治建设的意见[N]. 人民日报，2019-02-28.
[9]关于加强社会组织党的建设工作的意见(试行)[N]. 人民日报，2015-09-23.
[10]习近平. 决胜全面建成小康社会 夺取新时代中国特色社会主义伟大胜利——在中国共产党第十九次全国代表大会上的报告[N]. 人民日报，2017-10-28.
[11]范鹏. 如何提高基层社会组织服务能力[N]. 中国社会报，2012.

[12]常纪文. 社会组织参与环境公益诉讼瓶颈亟待突破[N]. 中国青年报，2016-01-06.

[13]中国共产党第十九届中央委员会第四次全体会议公报[N]. 人民日报，2019-11-01.

[14]在参加十二届全国人大第二次会议上海代表管审议时的讲话(2014年3月5日)[N]. 人民日报，2014-03-06.

[15]习近平在上海考察时强调. 深入学习贯彻党的十九届四中全会精神，提高社会主义现代化国际大都市治理能力和水平[N]. 光明日报，2019-11-03.

[16]十二、带领人民创造更加幸福美好生活(习近平新时代中国特色社会主义思想学习纲要)(13)——关于新时代中国特色社会主义社会建设[N]. 人民日报，2019-08-07.

[17]郁建兴. 辨析国家治理、地方治理、基层治理与社会治理[N]. 光明日报，2019-09-30.

(六)电子文献类

[1]习近平. 中国共产党的领导是中国特色社会主义最本质的特征[EB/OL]. [2018-01-03]. 人民网，http://theory.people.com.cn/n1/2018/0103/c416126-29742857.html.

[2]国务院办公厅关于政府向社会力量购买服务的指导意见(国办发〔2013〕96号)[EB/OL].[2013-09-30]. 中央政府门户网站，http://www.gov.cn/zwgk/2013-09/30/content_2498186.htm.

[3]詹成付. 中国社会组织工作要自觉肩负起新时代的历史责任——学习党的十九大报告初步体会[EB/OL].[202-10-08].中国社会组织网，http://www.chinanpo.gov.cn/3201/107017/index.html.

[4]中共中央办公厅国务院办公厅印发《关于改革社会组织管理制度促进社会组织健康有序发展的意见》[EB/OL].[2016-08-21].中央政府门户网站，http://www.gov.cn/zhengce/2016-08/21/content_5101125.htm.

[5]中共中央国务院关于加强和完善城乡社区治理的意见[EB/OL].[2017-06-12]. 中央政府门户网站，http://www.gov.cn/zhengce/2017-06/12/content_

5201910.htm.

[6]民政部办公厅关于印发《培育发展社区社会组织专项行动方案(2021—2023年)》的通知(民办发〔2020〕36号)[EB/OL].[2021-03-01].中国社会组织网,https://txy.chinanpo.gov.cn/api-k/pages/knowledgefrontend/policies_detail.html?id=137023a5f0294530b9a422131531441a&userid=ddcd8f7212af489588c83dd036f7dffe&thenmeName=null&pageType=advanced.

[7]民政部发布《"十四五"社会组织发展规划》[EB/OL].[2021-10-08].中国社会组织网,https://txy.chinanpo.gov.cn/api-k/pages/knowledgefrontend/policies_detail.html? id = fd8941e5bdf54c969faad9a631dc50af&userid = ddcd8f7212af489588c83dd036f7dffe&thenmeName =% E7% BB% BC% E5% 90% 88&pageType = index.

[8]2019年10月31日中国共产党第十九届中央委员会第四次全体会议. 中共中央关于坚持和完善中国特色社会主义制度推进国家治理体系和治理能力现代化若干重大问题的决定[EB/OL].[2019-10-31].人民网,http://cpc.people.com.cn/n1/2019/1106/c64094-31439558.html.

[9]2013年11月12日中国共产党第十八届中央委员会第三次全体会议. 中共中央关于全面深化改革若干重大问题的决定[EB/OL].[2013-11-12].人民网,http://cpc.people.com.cn/n/2013/1115/c64094-23559163.html.

[10]中组部负责人就《关于加强社会组织党的建设工作的意见(试行)》答记问:《大力加强社会组织党建工作》[EB/OL].[2015-09-29].人民网,http://politics.people.com.cn/n/2015/0929/c1001-27645128.html.

[11]易军. 落实两个全覆盖,推进社团组织党的建设[EB/OL].[2017-05-03].人民网,http://dangjian.people.com.cn/n1/2017/0503/c117092-29251712.html.

[12]中华人民共和国民政部. 2021民政事业发展统计公报[EB/OL].[2022-08-26].http://www.mca.gov.cn/article/sj/tjgb/.

[13]邓国胜. 中国NGO问卷调查的初步分析[EB/OL].[2006-05-30].https://www.docin.com/touch/detail.do? id=1833700281.

[14]中华人民共和国民政部. 2020民政事业发展统计公报[EB/OL].[2021-09-10].http://www.mca.gov.cn/article/sj/tjgb/.

二、国外文献

(一)国外译著类

[1][美]理查德·H. 霍尔. 组织：结构、过程与结果》[M]. 张友星等，译. 上海：上海财经大学出版社，2003.

[2][德]马克斯·韦伯. 经济与社会[M]. 北京：商务印书馆，1997.

[3][美]多丽斯·A. 格拉伯. 沟通的力——公共组织信息管理[M]. 上海：上海复旦大学出版社，2007.

[4][美]埃莉诺·奥斯特罗姆. 公共事物的治理之道[M]. 余逊达，译. 上海：三联书店，2000.

[5][美]莱斯特·M. 萨拉蒙. 公共服务中的伙伴——现代福利国家政府与非营利组织的关系[M]. 王凯，译. 北京：商务印书馆，2008.

[6][美]W. E. 哈拉尔. 新资本主义[M]. 冯韵文，等译. 北京：社会科学文献出版社，1991.

[7][美]詹姆斯·N. 罗西瑙. 没有政府的治理——世界政治中的秩序与变革[M]. 张胜军，刘小林，等译. 南昌：江西人民出版社，2001.

[8][英]卡尔·波兰尼. 大转型：我们时代的政治与经济起源[M]. 冯钢，刘阳，译. 杭州：浙江人民出版社，2007.

[9][美]詹姆斯·N. 罗西瑙. 没有政府的治理[M]. 张胜军，等译. 南昌：江西人民出版社，2001.

[10][美]斯蒂芬·格德史密斯，威廉·艾格斯. 网络化治理：公共部门的新形态[M]. 孙迎春，译. 北京：北京大学出版社，2008.

[11][美]查尔斯·J. 福克斯，休·T. 米勒. 后现代公共行政——话语指向[M]. 楚艳红，曹沁颖，吴巧林，译. 北京：中国人民大学出版社，2002.

[12][美]迈克尔·巴泽雷. 突破官僚制：政府管理的新愿景[M]. 孔宪遂，译. 北京：中国人民大学出版社，2002.

[13][美]约翰·克莱顿·托马斯. 公共决策中的公民参与：公共管理者的新技能与新策略[M]. 孙柏瑛，等译. 北京：中国人民大学出版社，2005.

[14][英]戴维·米勒. 布莱克维尔政治思想百科全书[M]. 北京：中国政法大学出版社，2011.

[15][中]邓正来，[英]亚历山大. 国家与市民社会——一种社会理论研究路径[M]. 北京：中央编译出版社，1999.

[16][美]米格代尔. 社会中的国家[M]. 李杨，郭一聪，译. 南京：江苏人民出版社，2013.

[17][美]斯科特. 制度与组织——思想观念与物质利益[M]. 姚伟，王黎芳，译. 北京：中国人民大学出版社，2010.

[18][美]杰弗里·菲佛，杰勒尔德·R. 萨兰基克. 组织的外部控制对组织资源依赖的分析[M]. 北京：东方出版社，2006.

[19][美]加布里埃尔·A. 阿尔蒙德，小 G. 宾厄姆·鲍威尔. 比较政治学：体系、过程和政策[M]. 曹沛霖，译. 上海：上海译文出版社，1987.

[20][美]塞缪尔·亨廷顿. 变革社会中的政治秩序[M]. 李盛平，等译. 北京：华夏出版社，1998.

[21][英]戴维·米勒，韦农·波格丹诺. 布莱克维尔政治学百科全书[M]. 邓正来，译. 北京：中国政法大学出版社，2002.

[22][美]西摩·马丁·李普塞特. 一致与冲突[M]. 张华青，等译. 上海：上海人民出版社，1995.

[23][美]迈克尔·巴泽雷. 突破官僚制政府管理的新愿景[M]. 北京：中国人民大学出版社，2002.

[24][美]斯科特. 制度与组织——思想观念与物质利益[M]. 姚伟，王黎芳，译. 北京：中国人民大学出版社，2010.

（二）国外著作、论文

[1]Gerard Elstrom. New Challenges for Political Philosophy[M]. London：Macmillan Press Ltd.，1997.

[2]Mark Granovetter. Economic Action and Socail Structure：The Problem of Embeddedness[J]. The American Journal of Sociology，1985.

[3]Ansell C.，Gash A. Collaborative Governance in Theory and Practice[J]. Journal of

Public Administration Research and Theory, 2007.

[4] Brettell, Anna, Environmental Non-governmental Organizations in the People's Republic of China: Innocents in a Coopted Environmental Movement [J]. The Journal of Pacific Asia, 2000.

[5] Patricia M. Thornton. The Advance of the Party: Transformation or Takeover of Urban Grassroots Society? [J].The China Quarterly, 2013, 213(1): 1-18.

[6] E. S. Savas. Privatization and Public-Private Partnerships[M].Seven Bridges Press, LLC, 2002.

[7] Eva Sorensen, Jacob Torfing. Theories of Democratic Network Governance[M]. Palgrave Macmillan, 2008.

[8] Edward L. Glaeser. The Governance of Not-For-Profit Firms[M]. Massachusetts: Harvard University and NBER, 2001.

[9] Lester M. Salamon, Odus V. Elliot. Tools of Government: A Guide to the New Governance[M]. Oxford: Oxford University Press, 2002.

[10] Bouckaet G. Governance: A Typology and Some Challenges [M]//Massey A., Johnston K. Handbook of Public Administration and Governance. Massachusetts: Edward Elgar Publishing Limited, 2015.

[11] Ro Harmel, Ko Zandana. Parties and It's Conditions[M]. Essex: Longman Press, 1982.

[12] Hernes, Gudmund. Structural Change in Social Processes[J]. American Journal of Sociology, 1976.

[13] Meyer, John W., Brain Rowen. Institutionalized Oganizations: Formal Strcture as Myth and Ceremony[J]. American Journal of Sociology, 1977.

[14] Suchman M. C. Managing Legitimacy: Strategic and Institutional Approaches[J]. Academy of Managemengt Review, 1995.

[15] Scott. Institutions and Organizations[M]. Thousand Oaks, Calif: Sage Publications, 1995.

后　记

直到案几上打印出来的稿纸落片成塔，我才终于得以舒展久久攥着的心情。科研不易！

基层万万里，研究路漫漫。从聚焦“党建引领”“社会组织”“治理效能”的研究主题，到确定“党建引领社会组织提升社会治理效能的逻辑机理与实践策略研究”作为选题，到埋头做文献综述、夯实研究基础，再到该研究项目获2019年国家社会科学基金立项；从进一步凝聚问题意识，逐题设计调研问卷，到先后深入武汉市江夏区、咸宁市、贵州省贵阳市、广西壮族自治区桂林市调研走访，再到字斟句酌地撰写研究报告；及至初稿形成，又请同行专家批评指正，反复几易其稿，这才定下稿来。历时四年，终教我懂得，追风赶月莫停留，平芜尽处是春山！

故事肇始于四年前的盛夏，因多次深入社会组织调查，社会组织党建这一问题跃入我的研究视阈。我意识到，社会组织在不同的历史阶段承担着不同的使命。我更关注的是，在新的历史时期，中国社会活力显著增强，社会组织形式、社会结构、社会利益格局都在发生深刻的变化，社会组织参与社会治理面临着大量亟待解决的问题以及实践过程中的困境和瓶颈。在我深入观察的几个案例中，党建作为一则重要的变量，深刻影响着社会组织参与社会治理的效能。然而这只是感性上的认识，党建在引领社会组织参与社会治理过程中究竟有着怎样的作用？是否可以用理性的工具去评估它？甚至，在我心中还萌生出更宏大的愿景，是否能在此基础上找到党建引领社会组织参与社会治理的优化路径？这些困惑点燃了我求知的火种。少年何妨梦摘星，敢挽桑弓射玉衡。而我深知，青衿之志，唯有履践致远！

在最初申报研究课题时，我原本计划主要在党史·党建学科范畴开展研究。

直至推进研究时，我才恍然意识到党建引领社会组织参与社会治理这一研究主题的复杂性——涉及"治理""社会治理"，必然需要大量的社会学、政治学文献研究基础；涉及对党建引领社会组织社会治理效能的评估模型，则需要运用经济学、统计学的相关研究工具。跨多个学科的研究课题，实施起来远比我当初设想的艰辛！

依然记得，为了梳理被称为"学术迷雾"的"治理"及"社会治理"概念，我们搜罗了包括治理理论创始人詹姆斯·N. 罗西瑙《没有政府的治理》、科恩的《社会理论与市民社会》以及国内学者俞可平《治理与善治》《中国治理变迁 30 年》，张康之先生的《为了人的共生共在》、李培林的《社会改革与社会治理》等十余部学术专著及百余篇中外文文献。通过扎实阅读、团队研学、探讨的方式，在把握一般学理的"治理"的基础上，进一步总结了改革开放 40 多年来中国社会治理理念与方式的变革轨迹，由此才得以奠定本书的理论基础。

依然记得，为了获得详实的研究案例和数据，研究团队成员从繁忙琐碎的日常工作压力中抽身出来，舍弃自己休息及陪伴家人的时间，踏上调研的征程。在调研行程中，我始终无法忘怀那些牵动人心的经历：在 A 区民政局，由于对接单位对我们需求的样本特性把握不清，因而白白耗费访谈时间，又不得不焦急地另寻样本；在 B 市，由于接洽人工作安排变动，致使我们不得不在原地等待半天；还有由于前期有效样本量不足，我们为此焦急万分，最后只得广泛求助、发动熟人帮助我们牵线、联系调研单位……还有那些——团队成员在途中因车马劳顿中暑含着藿香正气水访谈的场景、白天调研晚上回住宿点不知疲惫热火朝天地讨论着当天访谈的收获的场景……最终我们得到《社会组织发展状况调查问卷》50 份、《党建引领下的社会组织提升社会治理的效能评估(社会组织工作人员调查表)》360 份，这每一份都凝聚了课题组成员的心血与汗水！这些都深深刻画在了我的心底，在我疲惫、懈怠时深深召唤着我，梦想尚未实现，同志仍需努力。

依然记得，初稿成型时正值去年隆冬，而最后终稿的完善已到今年盛夏。放假后的半月，团队成员们每日从早到晚聚在单位小楼的会议室中，逐章逐句审读，依据大家的意见修改。而后的长达一个半月的盛夏，我就独自扎在办公室的方寸间，仿佛一个修行者。握着打印出来的成稿，反复咀嚼、推敲，在一行行密密的文字间批注下思考的痕迹，直至最终定稿。这一刻，我感觉我好像跨过了漫长的寒冬。那些无数守候种子发芽的日子，那些静夜里流下的眼泪，成为这部研究著作的肥料。

与大雁齐飞，目之所及皆是广袤天空。我要郑重地感谢本研究团队的成员们：董苾茜、颜欣、兰洁、沈虹飞、彭扬帆、杨铭、王威、严郁洁、刘铭清……经历了三载春秋的磨合与共进，我们已然不只是默契的研究队友，而更像是团结同心的家人。我们一同越过了黑夜，战胜了坎坷，然后发现，昨天还是山重水复疑无路，今日轻舟已过万重山。

一本书稿画上句号，但这不代表研究既已完结。面向社会治理体系和治理能力基本实现现代化的战略目标，当前社会组织在党建引领下结合行业优势和自身特点，主动融入基层社会治理大局，为政府、市场主体、村(社区)居民群众提供了各类专业化、志愿化服务，有效提升了基层社会治理的效能和质量。但是，发展中又会涌现出新的问题，如社会组织党建意识薄弱导致内生动力匮乏、社会组织自律性不足与信任困境、社会组织在治理实践中面临制度不畅等，这就需要基层实践者与学界研究者共同发力，找寻问题的最优解。

走过了万水千山，收获一路锦绣繁华；未来的无限美好，仍然需跋山涉水来绘就。唯愿我们不只眼里有星辰大海，脚下更有不畏征途坎坷的勇气和毅力！